职场新人商务礼仪

康 娜 著

内容简介

本书从商务活动常用礼仪规范的相关理论和操作要领出发,旨在帮助从事商业事务和商业服务的职场新人根据自身的实际条件塑造良好的职场形象,做到形象专业、礼节得体、秀外慧中,具体包括:优雅得体的仪态、举止;规范的语言,真挚的情感;同时掌握一定的技巧、方式,能够顺畅地与人进行有效的沟通、交流,从而有助于商务活动取得成功,并不断提升所在企业的公众形象。

图书在版编目(CIP)数据

职场新人商务礼仪/康娜著. —北京:北京大学出版社,2015.7
ISBN 978-7-301-25977-1

Ⅰ.①职… Ⅱ.①康… Ⅲ.①心理交往–礼仪 Ⅳ.①C912.1

中国版本图书馆 CIP 数据核字(2015)第 138939 号

书　　　名	职场新人商务礼仪
著作责任者	康　娜　著
策 划 编 辑	李　玥
责 任 编 辑	李　玥
标 准 书 号	ISBN 978-7-301-25977-1
出 版 发 行	北京大学出版社
地　　　址	北京市海淀区成府路 205 号　100871
网　　　址	http://www.pup.cn　新浪微博:@北京大学出版社
电 子 信 箱	zyjy@pup.cn
电　　　话	邮购部 62752015　发行部 62750672　编辑部 62765126
印 刷 者	北京富生印刷厂
经 销 者	新华书店
	787 毫米×1092 毫米　16 开本　12.25 印张　315 千字
	2015 年 7 月第 1 版　2015 年 7 月第 1 次印刷
定　　　价	28.00 元

未经许可,不得以任何方式复制或抄袭本书之部分或全部内容。
版权所有,侵权必究
举报电话:010-62752024　电子信箱:fd@pup.pku.edu.cn
图书如有印装质量问题,请与出版部联系,电话:010-62756370

前　言

明末清初的教育家颜元曾说："国尚礼则国昌,家尚礼则家大,身尚礼则身正,心尚礼则心泰。"在构建和谐社会、实现中国梦的进程中,礼仪的重要性更是日益凸显,它使我们的社会生活更加有序,使人际关系更为和谐、融洽。

礼仪不仅是社会生活的要求,也是一个人、一个集体乃至一个国家精神文明的象征。礼仪发展到今天,已成为经济生活中的重要组成部分。随着中国经济与国际接轨的步伐加快,要想在竞争中脱颖而出,就要学会如何得体地与人交往,并通过个人交往为商务活动创造进一步发展的良好契机。在现代职场中,一个人如果拥有丰富的礼仪知识,并能够根据不同的场合应用不同的交际技巧,往往会令事业如鱼得水。所谓:"人无礼则不立,事无礼则不成",这也对初入职场的新人提出了更高的礼仪素养要求。

本书共十二章,主要阐述了商务活动中常用礼仪规范的相关理论和操作要领。本书旨在帮助从事商业事务和商业服务的职场新人根据自身的实际条件塑造良好的职场形象,做到形象专业、礼节得体、秀外慧中,具体包括:优雅得体的仪态、举止;规范的语言,真挚的情感;同时掌握一定的技巧、方式,能够顺畅地与人进行有效的沟通、交流,进而成功开展工作,不断提升所在企业的公众形象。

在内容上,作者根据自己多年从事礼仪教育和企业入职员工培训的经验,将当下职场新人所需要的最新商务礼仪知识提炼出来,辅助以作者对入职员工培训现场的图片,形象直观,具有很强的实用性和可操作性,能够满足读者的实际需要。限于作者的水平以及礼仪内容的日益更新,书中难免有不妥之处,敬请专家和广大读者批评指正!

康娜
淄博职业学院
2015 年 6 月

目　　录

第一章　商务礼仪概述 …………………………………………………… (1)
　　一、礼仪的含义 ………………………………………………………… (1)
　　二、礼仪的起源与发展 ………………………………………………… (3)
　　三、商务礼仪的含义和特点 …………………………………………… (5)
　　四、商务礼仪的原则与功能 …………………………………………… (6)

第二章　商务人员职场形象设计 ………………………………………… (8)
　　一、商务人员仪容礼仪 ………………………………………………… (8)
　　二、商务人员服饰礼仪 ………………………………………………… (16)
　　三、商务人员仪态礼仪 ………………………………………………… (28)

第三章　商务人员交际礼仪 ……………………………………………… (35)
　　一、见面礼仪 …………………………………………………………… (35)
　　二、交谈礼仪 …………………………………………………………… (41)
　　三、介绍礼仪 …………………………………………………………… (51)
　　四、名片礼仪 …………………………………………………………… (53)

第四章　商务人员办公礼仪 ……………………………………………… (57)
　　一、办公室礼仪 ………………………………………………………… (57)
　　二、电讯礼仪 …………………………………………………………… (60)
　　三、商务文书礼仪 ……………………………………………………… (66)

第五章　商务人员拜访与接待礼仪 ……………………………………… (72)
　　一、商务拜访礼仪 ……………………………………………………… (72)
　　二、商务接待礼仪 ……………………………………………………… (74)
　　三、馈赠礼仪 …………………………………………………………… (78)

第六章　商务人员宴请礼仪 ……………………………………………… (85)
　　一、宴请的分类 ………………………………………………………… (85)
　　二、宴会的组织程序礼仪 ……………………………………………… (86)
　　三、赴宴礼仪 …………………………………………………………… (90)
　　四、西餐礼仪 …………………………………………………………… (95)

第七章　商务人员会议礼仪 ……………………………………………… (102)
　　一、一般会议礼仪 ……………………………………………………… (102)
　　二、专题会议礼仪 ……………………………………………………… (106)

第八章　商务人员谈判礼仪 ……………………………………………… (121)
　　一、谈判准备礼仪 ……………………………………………………… (121)

二、谈判座次礼仪 …………………………………………………………… (123)
三、谈判过程礼仪 …………………………………………………………… (123)
四、谈判的礼仪原则 ………………………………………………………… (126)

第九章　商务人员仪式礼仪 …………………………………………………… (129)
一、签约仪式礼仪 …………………………………………………………… (129)
二、开业典礼仪式礼仪 ……………………………………………………… (132)
三、剪彩仪式礼仪 …………………………………………………………… (135)
四、庆典仪式礼仪 …………………………………………………………… (137)

第十章　商务人员求职面试礼仪 ……………………………………………… (142)
一、求职应聘前的准备礼仪 ………………………………………………… (142)
二、求职应聘中的礼仪 ……………………………………………………… (145)
三、求职应聘后的礼仪 ……………………………………………………… (147)

第十一章　商务服务礼仪 ……………………………………………………… (149)
一、商场服务礼仪 …………………………………………………………… (149)
二、酒店服务礼仪 …………………………………………………………… (154)
三、导游服务礼仪 …………………………………………………………… (162)

第十二章　商务人员涉外礼仪 ………………………………………………… (166)
一、涉外礼仪的基本原则 …………………………………………………… (166)
二、涉外迎送礼仪 …………………………………………………………… (168)
三、礼宾次序与国旗悬挂礼仪 ……………………………………………… (170)
四、涉外会见与会谈礼仪 …………………………………………………… (172)

附录 ……………………………………………………………………………… (176)

参考文献 ………………………………………………………………………… (187)

第一章　商务礼仪概述

中国素有"礼仪之邦"的美称,讲"礼"重"仪"是我们中华民族的优良传统,源远流长的礼仪文化更是先人留给我们的一笔宝贵财富。正所谓"国尚礼则国昌,家尚礼则家大,身尚礼则身正,心尚礼则心泰"。礼仪使我们的日常生活更加有序,使人际关系更加和谐。随着我国经济与世界经济的日益接轨,商务人员在进行商务活动时如何运用好礼仪规范,已经成为企业竞争取胜的一个重要因素。

一、礼仪的含义

中国的礼仪文化,历史悠久,内容丰富,具体表现为礼貌、礼节、仪式等。要想真正了解礼仪的含义,首先应该搞清楚什么是"礼""仪"以及一些相关名词的含义与联系、区别。

(一) 礼、仪

礼仪是一个复合词,由"礼"和"仪"两部分组成。据许慎的《说文解字》解释:"礼,履也,所以事神致福也。"因此,"礼"的本意是敬神。《辞海》对"礼"的注释有三:① 本谓敬神,引申为表示敬意的通称;② 表示敬意或表示隆重举行的仪式;③ 泛指奴隶社会或封建社会贵族等级制的社会规范和道德规范。后人把"礼"引申为礼貌、礼节,作为人际交往的一种沟通手段,它包含了人与人之间要互尊、互敬、互爱的意思。

按《辞源》解释,"仪"有两层含义。其一是指容止仪表,如《诗经·大雅》所言:"令仪令色,小心翼翼。"其二是指法度、标准,正如《国语·周》中所说:"度之于轨仪。"《淮南子·修务训》中说:"设仪立度,可以为法则。"礼仪后来演绎为一种手段和制度,并且有专门的行政部门,如礼部等。

英语中"礼仪"一词"Etiquette"是由法语演变而来的,其原意是指法庭上的"通行证",用来发给进入法庭的每一个人,上面写有进入法庭时应遵守的事项,作为人们入庭后的行为准则。后来,其他各种场合也都制定了相应的行为规则,这些规则由繁而简,形成体系,逐渐得到人们的公认,成为共同遵守的礼仪规范。

由此可见,礼仪是指人们在社会交往中,彼此之间为了表示尊重、友好而约定俗成的、共同遵循的行为准则与规范。它包含了三层含义,即:礼貌、礼节、仪式。如迎接外国国家元首或政府首脑的检阅仪仗队和鸣放礼炮,开业庆典的剪彩,商务活动的签约仪式,大型工程建设的启动奠基仪式,电影、电视剧开拍前的开机仪式及拍摄结束后的关机仪式等,都是礼仪的一种表现形式。

礼仪作为一种文化现象,属于上层建筑范畴。它随着社会经济的发展而变化,随着人类文明的进步而不断发展丰富和完善。礼仪从属于伦理道德,必须符合伦理道德的准则规范。

语言（包括书面和口头的）、行为表情、服饰器物是构成礼仪最基本的三大要素。一般地说，任何重大典礼活动都需要同时具备这三大要素才能够完成。

（二）礼貌、礼节、仪式

1. 礼貌

礼貌是指在人际交往中，通过言语、动作向交往对象表示谦虚和恭敬。礼貌是待人接物时的外在表现，它通过言谈、举止、表情、姿态等形式，来表示对他人的敬重。礼貌侧重于表现人的品质和素养。礼貌包括礼貌语言和礼貌行为两个方面。

礼貌语言作为一种有声语言，它要求人们说话时应和气谦虚，言谈得体，多用敬语，不讲粗话和脏话，如使用"女士""先生""老师""您好"等敬语；"欢迎光临""我能为您做点什么"等谦语；"贵姓""请问你们是否有预订""令尊、令堂"等雅语。礼貌行为则是一种无声的语言，如微笑、点头、致意、鞠躬、握手、拥抱、鼓掌等。礼貌行为需要通过人们的仪容、仪表、仪态来体现。在不同的国家、不同的民族，处于不同的时代和不同的行为环境中，表达礼貌的形式会有所不同，但在相互尊重、友好相处这一点上却是相同的，在诚恳、谦恭、和善、适度的要求上也是一致的。如果一个人衣冠不整、出言不逊、冷漠自负、动作粗俗，就是对他人的不尊重，就是不礼貌。礼貌应当是一个人良好道德品质的真实体现。

2. 礼节

礼节是指人们在日常生活和社交场合相互问候、致意、祝愿、慰问以及给予必要协助与照顾的惯用形式，是礼貌的具体表现方式，是礼貌在仪表、仪容、仪态及语言、行为等方面的具体要求。如见到客人时主动微笑问候、握手寒暄，得到别人帮助时说声谢谢来表示感激之情等礼节。

在国际上，由于各国风俗习惯和文化传统的不同，具体礼节的表达方式存在很大差异，如我国的握手礼、致意礼；日本、朝鲜的鞠躬礼，欧美国家的拥抱、亲吻礼，南亚国家的合十礼，少数国家的吻手礼、吻脚礼、拍肚皮、碰鼻子礼等，都是礼节的具体表现形式。

因此，我们要了解各国、各民族的礼节和它们不同的风俗习惯，并借助这些礼节，适时表达对他人的尊重与友好。

3. 仪式

仪式是一种较为正式的礼节形式，是一种重大的礼节。它体现了对所实施行为的重视程度。在举办仪式时，要遵循严格的规范化、程序化。如古代的帝王上朝、官员出行、祭拜天地、祭祀鬼神等仪式，现代的升旗仪式、奠基仪式、开业典礼等都是比较隆重的仪式。人们通过仪式可以表达一定的思想、情感或愿望。仪式的内容和形式因目的的不同可以分为迎送仪式、签字仪式、开幕式、闭幕式、颁奖仪式等。

（三）礼貌、礼节、礼仪的联系与区别

礼貌、礼节和礼仪都是人们在相互交往中表示尊重、友好的行为，三者是相互联系、相辅相成的。从本质上说，三者是一致的，但又各有其自身的特殊含义和要求。

礼节是礼貌的具体表现，礼貌是礼节的规范。礼节与礼貌的相互关系是：没有礼节，就无所谓礼貌；有了礼貌，就必然伴有具体的礼节。礼仪则通过礼貌、礼节得以体现。三者的区别在于，礼貌是表示尊重的言行规范；礼节是表示尊重的惯用形式和具体要求；礼仪则是表示敬意而举行的仪式。

有礼貌而不懂礼节就容易失礼,内心虽有对他人的尊敬友好之意,却不知如何来表达,就会在与人交往时出现尴尬、紧张或手足无措等现象。不懂礼貌,只学些表面的礼节形式,就难免机械模仿、故作姿态,让人感到虚情假意。因此,讲礼貌、懂礼节应当是内在品质与外在形式的统一。

二、礼仪的起源与发展

礼仪作为中华民族文化的基础,有着悠久的历史。礼仪的形成与发展,经历了一个从无到有,从低级到高级,从零散到完整的渐进过程。了解礼仪的起源及其历史演变,有助于我们更准确地把握礼仪的本质,更全面地理解礼仪文化,并通过对传统礼仪文化的扬弃,更好地指导我们的商务活动实践。

（一）礼仪的起源

礼仪起源于人类最原始的两大信仰：一是天地信仰,二是祖先信仰。礼仪是原始人为祭祀天地神明保佑五谷丰登、风调雨顺,祈祷祖先显灵、拜求免灾赐福而举行的一项敬神拜祖的仪式。

早在旧石器时代,我国的原始民族在游牧生活中已经形成了一些对后世颇具影响的礼仪规范。原始的政治礼仪、宗教礼仪、婚姻礼仪等在这一时期均有雏形。据考证,距今约50万年前的北京山顶洞人,就有了礼的观念和实践。山顶洞人缝制衣服用来遮羞御寒,把贝壳串起来挂在脖子上来满足审美的要求;族人死了,要举行宗教仪式,并在死人身上撒赤铁矿粉以期死者能够得到超度。这是迄今为止在中国发现的最早的葬礼仪式。这种宗教仪式中包括了参与者在活动过程中的交际礼仪。

到了新石器时代晚期,人际交往礼仪已初成规模。根据半坡遗址和姜寨遗址提供的民俗学资料表明,那个时代,人们在交往中已经注重尊卑有序、男女有别了。在房子里,家庭成员按照长幼席地而坐,老人坐上边,小辈坐下边;男人坐左边,女人坐右边。他们用两根中柱把主室分为两个半边,右边中柱是女柱,左边中柱是男柱,男女成年时在各自的柱子前举行成人仪式。这种礼仪在今天的纳西族中仍然传承。

炎黄时期,传统礼仪已渐至严密,且逐渐被纳入礼制的范畴。这一时期处于我国原始社会后期,是私有制、阶级和国家逐渐形成的时期,因而反映在礼仪上,也是由氏族社会的交际礼仪向阶级社会的交际礼仪逐步过渡的时期。历史上有过"礼理起于大一,礼事起于遂皇,礼名起于黄帝"之说。《商君书·画策》说:"神农之世,男耕而食,妇织而衣,刑政不用而治,甲兵不起而王。神农既没,以强胜弱,以众暴寡,故黄帝作为君臣上下之义、父子兄弟之礼、夫妇妃匹之合,内行刀锯,外用甲兵,故时变也。"足见当时的社交礼仪之盛。

尧舜时代,国家已初具雏形,同时,民间交际礼仪得到了进一步的丰富和发展。延续几千年的重要礼节如拜、揖、拱手等,此时已广泛地运用于社交活动之中。据文献记载,尧舜时代的礼仪已经具有了系统性。《书经·虞书·舜典》说:"慎徽五典,五典克从,纳于百揆。"即为官者必须五典完美。所谓"五典",指父义、母慈、兄友、弟恭、子孝等五常,或说父子有亲,君臣有义,夫妇有别,长幼有序,朋友有信。由以上可见,早在公元前21世纪的原始社会,礼仪文化已在中华大地上深深地扎下了根。

（二）礼仪的形成与发展

礼仪，作为一种意识形态，属于历史的范畴。它世代相传，并随着社会政治、经济状况的变化而不断地发展变化。

1. 礼仪的形成

商代的"礼"，主要是用来祭祀祖先和天神，西周时期继承了夏、商代之"礼"，又赋予"礼"新的内容，把"礼"逐渐演化、充实，用以调整人们之间的关系，其礼仪典籍留世甚多。《仪礼》《周礼》《礼记》就是后世称道的"三礼"著作。

《仪礼》中的内容分为冠、婚、丧、祭、射、乡、朝、聘八礼，多为礼俗。《周礼》作为我国历史上第一部记载"礼"的书籍，为后世儒家的经书。这些典章制度不仅从文字上确立了礼制的历史，而且还从概念上承认了包括交际礼仪在内的礼俗历史。《周礼》中的内容为天官、地官、春官、夏官、秋官之职掌，实则经纬万端，包举万事万物，是一部治国安邦的汇典。《礼记》的主要内容是阐述礼仪的作用和意义。这三部"礼"书对后代施政教化、治国安邦、培育人格、规范行为都起过不可估量的示范作用。但是随着社会的发展，属于政教法制、朝章国典的内容，已不属礼仪范畴了。《周礼》的内容繁杂缛节，属于礼仪范畴的"五礼"及帝王诸侯的车马服饰、饮食起居、宫室道路之制已难为今所用。可是，"五礼"是我国上古礼仪的总汇，内容广泛琐细。所谓"五礼"，就是吉礼、凶礼、宾礼、军礼、嘉礼的总称。吉礼，就是祭祀之礼，祈神赐神，求吉神如意，故曰吉礼。凶礼，就是别人遭受不幸时的哀悯吊唁抚恤之礼。宾礼，就是"以宾礼亲邦国"，以接待宾客之礼，是指天子与诸侯之间的往来之礼。军礼，是指军旅操演、征讨伐战之礼，是用来"同邦国"的，即用军队使各邦国服从。嘉礼，是融洽人际关系、沟通联络人们感情的礼仪，反映普通群众的日常生活习俗礼仪。可见，《周礼》的内容无所不包，并且相当系统和完备，后来经过儒家孔子从伦理道德上加以阐释，孟子从"四德合一"（即仁、义、礼、智）加以倡导，荀子对"礼"与"义"加以论述、演义，使"礼"从祭祀起源，逐渐演化成为人们交往中的礼节，从而使礼仪世代传承。

2. 礼仪的发展

夏、商、西周三代时期，中国社会已进入奴隶社会。奴隶主为了维护本阶级的利益，巩固统治地位，修订了比较完备的国家礼仪制度，提出了许多礼仪概念，确定了崇古重礼的文化传统。

周代后期，礼仪开始分流，礼仪制度成为国礼，交际礼仪所在的礼俗逐渐成为家礼。春秋时期，三代之礼在许多场合废而不行，一些新兴利益集团开始创造符合自己利益和社会地位的新礼，学术界百家争鸣。以孔子、孟子等为代表的学者系统地阐述了礼的起源、本质和功能，第一次在理论上全面而深刻地论述了社会等级秩序及划分的意义，以及与之相适应的礼仪规范、道德伦理等，整理了一整套珍贵的礼仪典籍和论说资料。以儒学为基础的封建礼仪一直延续到秦、汉至清末时期，突出了君臣、父子、兄弟、亲疏、尊卑、贵贱关系形成的典制传统。封建礼仪的重要特征是：尊君抑臣，尊夫抑妇，尊父抑子，尊神抑人。在封建统治这一漫长的历史演变过程中，封建礼仪一方面起着调节、整合、润滑人际关系的作用，它作为一种无形的力量制约着人们的行为，使劳动人民循规蹈矩地俯首称臣，从而达到国泰民安的目的；另一方面，封建礼仪逐渐成为妨碍人类个性自由发展、窒息思想自由的精神枷锁。直到清朝末期，尤其是辛亥革命以后，近代资产阶级登上历史舞台，西方文化大量涌入我国，封建文化、传统礼仪制度规范迅速被摈弃,取而代之的是新兴的科学、民主、自由、平等的观念深入人心。礼仪又发展到了一个重要的历史时期。

从1840年鸦片战争到1911年的辛亥革命,我国经历了半封建半殖民地社会,"礼仪"形成了封建礼仪加上西方资本主义道德观念的"大杂烩"式的半封建半殖民地礼仪。直到中华人民共和国成立以后,新型人际关系和社会关系的确立,使我国的礼仪学进入了一个崭新的历史时期。

当今我国对国家活动、重要事件的仪式、程序,官方人士与知名人士的位置安排等都做了具体规定。20世纪80年代以后,我国恢复了礼炮、国宾护卫队等礼仪形式;1990年6月通过了《中华人民共和国国旗法》,对悬挂国旗、升国旗等细节要求做出了规定。国家的重大活动仪式,日常行政、经济、文化、军事节日等活动中执行的各种公务礼仪不断完善,社交礼仪和各种节庆活动正推陈出新,各种新颖规范的礼仪形式,生动地体现了现代礼仪文化的健康活力。

三、商务礼仪的含义和特点

（一）商务礼仪的含义

商务礼仪是指商务人员在商务活动中应当遵循的、体现相互尊重的行为准则与规范。它是一般礼仪在商务活动中的具体运用和体现,包括仪容仪表、言谈举止、书信往来、电话沟通、拜访接待、宴会酬宾、签约庆典、求职应聘、涉外交往等方面的礼仪。在现代社会中,商务礼仪已经成为商务活动必不可少的交流工具,与商务组织的经济效益密切相关。在商务活动中,"不学礼,无以立"。所以,商务礼仪作为商务人员交际的"金钥匙",在商务活动中发挥着举足轻重的作用。

（二）商务礼仪的特点

1. 普遍性

当今社会,随着市场经济的发展以及社会化程度的提高,各种商务活动已经渗透到社会的每个角落。可以说,只要有人类活动的地方,就存在着各式各样的商务活动。人们在工作、生活和学习中,都会受到礼仪规范的约束。

2. 诚信性

商务活动涉及商务交往双方的利益,因此,诚信守约是至关重要的。诚信既是对自身的肯定,也是对他人的尊重。失信于人既是失礼的行为,也往往会导致失利的结果。孔子曾说:"民无信不立。"所以,商务人员首先应遵守商务礼仪的诚信特点,为顺利进行商务合作奠定基础。

3. 效益性

在商务活动中,商务人员如果能够遵循商务礼仪,将会有助于树立所在企业的良好形象,促进双方的合作顺利进行,从而产生良好的经济效益;而失礼、悖礼将会导致客户的流失、商务活动的中断和失败,最终使经济利益遭受到损失。

4. 发展性

随着经济的发展和社会的不断进步,商务礼仪文化也必将不断丰富和发展,如现在人们常用的电子邮件、网络、传真等现代信息手段已渐渐取代了以往的纸质媒介、电报等形式。在全球经济一体化的发展形势下,我国传统的商务礼仪也必将与国际社会的商务礼仪相接轨,引进吸收世界各国先进的商务礼仪元素,发展成既富有中国传统特色,又符合国际惯例的商务礼仪规范。

四、商务礼仪的原则与功能

(一)商务礼仪的原则

1. 尊重、自尊原则

尊重是人际交往的基本原则,是企业管理的法宝。在商务交往活动中必须尊重对方的人格尊严,才能建立和保持愉快融洽的商务关系。

自尊和尊重他人,是礼仪的感情基础。只有人与人之间相互尊重,才能保持和谐的人际关系。古人云:"敬人者,人恒敬之。"所以,一个人只有懂得尊重别人,也才能赢得别人的尊重。

(1)尊重别人。

尊重别人是一种修养,一种智慧,它体现了理解、信任、团结、平等。尊重别人,是沟通心灵的一把钥匙;尊重别人,是维系良好商务关系的纽带。

在商务活动中,需要与交往对象互谦互让,互尊互敬,友好相待。对待他人最主要的一条是——敬人之心长存,处处不可失与人,不可伤害对方的尊严,更不能侮辱对方的人格。

(2)尊重自己。

每一位现代人都应该尊重自己。一个不尊重自己的人,就不会获得别人的尊重。尊重自己的具体要求是:首先,要尊重自身;其次,要尊重自己所从事的职业;最后,要尊重自己所在的企业。

2. 平等、适度原则

平等是人与人之间交往建立情感的基础,是保持良好人际关系的法宝。商务交往中遵循平等原则,应做到不骄狂、不自以为是、不目中无人,不因为交往对象彼此之间在年龄、性别、种族、文化、身份、地位、财富以及关系的亲疏、远近等方面有所不同而厚此薄彼,给予不同待遇。

适度则是指商务交往中应把握分寸,应根据具体情况和情境运用相应的礼仪。如在交往时,既要热情大方,又不能轻浮;既要自尊,又不能自负,正所谓过犹不及。

3. 自信、自律原则

自信是商务活动中一个重要的原则。一个有自信心的人,才可能在与人交往中落落大方、不卑不亢,最终取得商务合作的成功;反之,一个缺乏自信的人,就可能事事受挫,处处碰壁,以致萎靡颓废,最终导致一事无成。

自律即自我管理、自我约束、自我控制、自我对照、自我反省、自我检点。"严于律己、宽以待人",若是没有首先对自己严格要求,人前人后不一样,礼仪就无从谈起。

4. 诚信守约原则

孔子说:民无信不立。与朋友交往,要言而有信。在商务活动中,尤其要遵循"守信、守时、守约"。与人约定时间的见面、会见、会谈、会议等,绝不能拖延迟到;与人签订的协议、约定和口头答应的事要按约定办理,即所谓"言必行,行必果"。

5. 入乡随俗原则

俗话说:"十里不同风,百里不同俗。"由于国情、民族、文化背景的不同,礼仪存在着不同的差异,这种差异是不以人的意志为转移的。在商务交往活动中,要真正做到尊重对方,就必须了解和尊重对方所特有的风俗习惯,坚持入乡随俗,与绝大多数人的习惯做法保持一致,既不能妄加非议,也不能以我为尊、我行我素、自高自大、自以为是。

(二)商务礼仪的功能

1. 塑造形象

现代市场竞争除了产品竞争、服务竞争之外,还有形象竞争,所以,塑造良好的个人形象和企业形象是现代商务礼仪的主要职能。个人形象是仪容、表情、谈吐、举止和教养的集合。在商务活动中,运用礼仪可以帮助我们更好地塑造个人和企业的形象。以礼相待,商务关系才更加和睦、和谐。树立良好的企业形象,礼尚往来,才会赢得客户的信任,促进信用的提高。

2. 沟通协调

礼仪既是形象,也是纽带,更是商务交往中沟通与协调的手段。商务活动是双向交往活动,交往成功与否,首先要看是否能够有效沟通。由于立场不同、观点不同,人们对同样一个问题会有各自不同的理解和看法,对此如果达不到沟通,不仅交往的目的不能实现,有时还会导致误解与隔阂,从而影响商务活动的顺利开展,甚至给企业造成严重的负面影响。所以,礼仪作为沟通与协调的有效手段,可以消除差异、增进理解,最终达到情感的沟通。

3. 提高效益

在商务交往中,恰当地运用礼仪,使自己的言行得以规范,可以促进商务活动的顺利开展,融洽双方合作,帮助企业建立广泛的合作关系,使企业的经济效益和社会效益实现双赢。

花旗银行换钞

一天,一位陌生的顾客走进豪华的美国花旗银行营业大厅,仅是要求换一张崭新的100美元钞票,准备当天下午作为礼品用。花旗银行是世界上最大的银行之一,每天的营业额高达数亿美元,业务十分繁忙。但接待这位陌生顾客的银行职员微笑着听完顾客的要求后,请这位先生稍候,立即先在一沓钞票中寻找,又打了两个电话,15分钟后终于找到了一张崭新的钞票。银行职员把它放进一个小盒子里递给了这位陌生的顾客,同时附上一张名片,上面写着"谢谢您想到了我们银行"。事隔不久,这位偶然光顾的陌生顾客又回来了,这次来是在这家银行开了个账户。在以后的几个月里,这位顾客在这个银行存款25万美元。

(资料来源:卢新华,康娜. 社交礼仪[M]. 2版. 北京:北京大学出版社,2012.)

第二章　商务人员职场形象设计

"你永远没有第二次机会给人留下美好的第一印象"。商务交往中,个人形象往往比一个人的档案、介绍信、证明、文凭等的作用更直接,更能产生直觉的效果。人们往往通过个人形象来判断一个人的身份、地位、职业、学识、个性等。商务人员应力求以端庄、自然的形象出现在客户面前,这既体现了个人的自尊,又表达了对他人的尊重,更重要的是树立了企业形象,有利于事业的顺利拓展,在商务活动中增添成功的砝码。

一、商务人员仪容礼仪

仪容即人的容貌,是个人仪表的重要组成部分,在仪表美中占有举足轻重的地位。

在商务交往中,商务人员应适当注意仪容修饰,进行必要的、适当的美容化妆。保持洁净清爽、整齐简约、庄重雅致、健康自然的仪容既是一种工作的需要,更体现了对交往对象的礼貌和尊重。

商务人员仪容礼仪的首要要求是仪容美,它主要包括三个层面。

第一,仪容自然美。它是指仪容的先天基础好,天生丽质。爱美之心人皆有之,姣好的仪容相貌,无疑会令人赏心悦目,心生愉悦。

第二,仪容修饰美。它是指根据个人的自身条件,对仪容进行必要的、适当的修饰,扬其长,避其短,即做到"显美隐丑",塑造出美好的个人形象,增加自信与魅力。

第三,仪容内在美。它是指要不断提高个人的文化修养与内涵,不断丰富自己的阅历,进而提升个人的气质和品位。

真正意义上的仪容美应当是上述三个层面的高度统一。有的人虽天生丽质却无精神气质,只是一只花瓶而已;而有的人虽不漂亮,却气质非凡,引人侧目。因此,忽略其中任何一个方面,都会使仪容美失之于偏颇。在这三者之间,仪容的内在美是最高的境界,仪容的自然美是人们的心愿,仪容的修饰美则是仪容礼仪关注的重点。

商务人员的仪容礼仪通常包括仪容清洁、头发护理与发型设计、肌肤保养与护理、化妆等几个方面。

(一) 仪容清洁

要保持良好的外在形象,就应注意仪容的清洁,养成良好的卫生习惯。这既是保持仪容自然健康的要求,也是仪容修饰的前提。仪容清洁包括以下几个方面。

(1) 面部保持清洁,自然清爽。

每天早晚洗脸洁面,清除脸上、耳朵、脖颈处的灰尘、污垢、汗渍及耳屎等不洁之物。男士每天应剃须修面,不蓄胡须。

(2) 保持鼻腔清洁。

鼻子处于五官中心部位,是面部最醒目的部分。保持鼻腔的清洁,首先不要随时随地擤鼻涕,也不要当众用手挖鼻孔。有些人鼻毛过长,长到鼻孔外面,有碍美观,可以定期使用专用修剪工具进行修剪,不使鼻毛外现。

(3) 口腔保持干净,无异味。

坚持每日早晚刷牙,避免食物残渣遗留在牙齿上。在工作前不宜饮酒和食用带有刺激性气味的葱、蒜、韭菜、腐乳之类的食物,以免引起他人反感。咀嚼口香糖时不宜一边咀嚼一边与人交谈,避免造成漫不经心之嫌。

(4) 保持手部清洁,自然健康。

在人的仪表中,手占有重要的位置,被誉为人的"第二张脸"。手的清洁与否能反映一个人良好的修养和卫生习惯。无论是与人交往,还是开展商务活动,或是宴请酬宾,握手、指示、引领等各种手势动作都通过手部展示出来,给人留下最初的印象,所以手的形象与人的整体形象密切相关。因此,要注意随时清洁、定期护理自己的双手,经常修剪与洗刷指甲,不使污垢残存,使之处于干净健康状态。同时,在参加涉外活动时,注意不要留过长的指甲,也不要涂抹色彩艳丽的指甲油。

(二) 头发护理与发型设计

商务交往中,我们打量一个人往往是由上而下地观察,而头发正好处于人体的最高点,是人们第一眼关注的地方。所以,在商务场合,个人形象的设计与塑造,一定要"从头做起"。

人们都希望有乌黑、光亮、柔软的秀发,再配上端庄、美观的发型,可以增加仪容美。要使头发健康秀美,首先就要了解个人头发的发质并辅以科学的方法加以护理。

1. 护发、美发

(1) 护理头发。

不同的发质有不同的护理方法。以下仅介绍几种特殊发质的护理。

① 干性发质。专家一致认为,除了遗传因素,干枯的头发是长时间缺乏护理和化学品残留的后遗症。当然,精神压力、内分泌的变化以及饮食的平衡与否等,也会对发质产生或多或少的影响。选用一种配方特别温和、完全不含或只含少量洗涤剂,但却能有效地补充水分的洗发水是很重要的。洗发不必过于频繁,而且不要忘记使用护发素。为防止发丝内的水分流失,应尽量避免使用电吹风以及其他以电力操作的卷发器具。如果必须使用,最好事先在头发上涂一层护发品。

② 油性发质。皮脂腺分泌过多的天然油脂,是形成油性发质的根本原因。要改善这种情况,需要一种性质温和的洗发水,并经常清洗头发。强力的洗发水不但对头发无益,反会令油脂分泌更加旺盛。由于头皮已能分泌足够的油脂,故护发素只要涂在距离发根数寸的发梢上即可。油性发质比较适合染发,染发剂或多或少地会令头发变得干燥,而较多的油脂正好可以起到中和作用。

③ 纤细发质。如果你的头发过于纤细柔软,应该寻找一种能渗入发茎的洗发水,使头发充盈起来。美发造型时,最好使用能营造丰厚发式的喷雾产品。染发也颇适合这种类型

的头发,因为在染发过程中,染发会让发茎逐渐膨胀,由此产生更强的质感。

(2) 梳理头发。

梳理头发不仅能使头发整齐美观,而且可以促进头部的血液循环,使头发根部的营养输送到发茎、发梢部分,从而保持头发的光泽和柔软。每天早晚用梳子梳理头发,每次3分钟,约100下左右,可以刺激头皮活力,保持发隙通风良好,从而防止脱发及头皮屑。梳理头发可以先从前额的发际向后梳,再从相反方向,沿发际从后向前梳;然后,从左、右耳的上部分别向各自相反的方向进行梳理;最后让头发向头的四周披散开来梳理。

(3) 按摩头部。

按摩头部是增进头发健康的重要手段,它有利于促进头部的血液循环,促进头发生长,并防止头发脱落。按摩时,两手的手指张开,用手指在头皮上轻轻揉动,或者将两手呈直角置于头皮上轻轻拍打,可以刺激头皮,提高新陈代谢的效果。如果每天反复做3分钟,可促进头发的润滑与光泽。头部按摩可按照头皮血液自然流向心脏的方向,按前额、发际、两鬓、头颈、头后部发际的顺序进行。

(4) 头发的特殊护理。

① 头皮屑过多。头皮屑过多,宜立刻医治,以免头皮屑堵塞头皮毛孔,妨碍毛发的生长,或破坏毛囊组织,演变为皮肤病。头皮屑过多的人,应避免过度用力梳头,也忌用手过度抓搔。因为过度用力地刺激,会使贴在头皮的一部分鳞片剥落,露出伤口而滋生细菌,形成恶性循环。头皮屑过多的人应注意饮食,避免摄入过量的糖、淀粉和脂肪,适宜多吃一些新鲜蔬菜、水果及瘦肉、鱼等。此外,头皮屑过多的人还应经常定期洗头,保持头皮与头发的清洁。市场上有许多治疗头皮屑的药膏、药水、药粉,还有不少专门用来去除头屑的洗发剂。如果在洗发的水中放入一匙杀菌剂或醋,也很有效。焦躁不安的人头皮屑也会增多,因此,经常保持愉悦的精神状态,对减少头皮屑会很有效。

② 脱发。脱发大多是由于糖类、盐分与动物性脂肪摄取太多,导致血液循环不畅而造成的。脱发的原因有很多。按脱发的诱因来划分,有精神性脱发、营养性脱发、药物性脱发、生理性脱发等。脱发的护理主要注意以下四项。一是避免使用尼龙梳子。因为尼龙梳子很容易产生静电,会给患者的头发和头皮带来不良刺激。因此,脱发患者可以选用黄杨木梳和猪鬃头刷,这样既能去除头屑,增加头发光泽,又能按摩头皮,促进血液循环。二是勤洗发。洗头间隔最好是三天左右。洗发的同时,需边搓边按摩,这样既能保持头皮清洁,又能使头皮活血。三是戒烟。大量的医学实验证明,长期吸烟会使头皮毛细管收缩,从而影响头发的发育生长。四是节制饮酒。长时间饮酒将使头皮产生热气和湿气,引起大量掉发。因此,在生活中最好少饮酒。

③ 头发干枯、开叉。建议头发干枯、开叉者用柔软的发刷从头皮梳向发端,将头皮的天然油脂带到发端,且平日应尽量用阔齿的发梳来梳理头发。同时,不要忘记在每次洗发后使用护发素,以避免加剧头发的分叉。此外,切忌用毛巾大力绞擦头发,脆弱的发丝需要的是温柔摩挲。

2. 发型的设计与选择

发型的设计与选择总的原则是男性应体现阳刚洒脱之美,女性应体现阴柔婉约之美,同时要适合自己的脸型和所处的场合。

(1) 发型设计与脸型的关系。

① 椭圆脸。一般认为,椭圆形的脸是东方女性最理想的脸型,所以拥有这种脸型的人梳什么样的发型都不会难看。不过,椭圆脸如果选择中分、左右均衡的发型,则更能体现娴静、端庄的美感;若留一袭黑色长发披在肩头,更有飘逸之感。

② 方形脸。方形脸的人在留额发时,宜遮掩额部的两角,额发要有倾斜感,使方中见圆。头发的两侧可选择卷曲的波浪发型,以改善方脸的形状;还可利用卷曲的长发部分遮住下颌两侧,转化太宽的下颌线条。由于近年来人们审美标准逐渐改变,方形脸因其极富个性而得到青睐,所以不少女性愿意不加掩饰,而选择富于个性的发型。

③ 圆形脸。圆形脸的人适宜将头顶部的头发梳高,使脸部视觉拉长;要避免头发遮住额头,相应的,应利用头发遮住两颊,使脸颊宽度减少。此外,圆形脸的发分线最好是中分。

④ 长形脸。长形脸适宜加厚脸部两旁的头发,以增加蓬松感;将前发剪成"刘海儿",使脸部显得丰满;发分线采用侧分法。

⑤ 三角形脸。三角形脸的特征是上窄下宽,所以在选择发型时应平衡上下宽度,可用波浪形发卷增加上部分的分量,也可用头发掩饰较为丰满的下部。三角形脸的人不宜将额发向上梳,以免暴露额头太窄的缺陷;分缝可采用中分或侧分;耳旁以下的发式不应再加重分量,也不宜选择双颊两侧贴紧的发型。

⑥ 倒三角脸。与三角形脸恰好相反,倒三角脸可以选择掩饰上部、增宽下部的发型。发型要造成大量的蓬松的发卷,并遮掩部分前额。具体选择时,最忌选往上梳的高头型,这样只会突出细小的下巴,使整个脸部更不平衡。可运用颌部线条之美,使耳边的头发产生分量,并显出额角,令脸部变得丰满一些。这样的脸型不应选择直的短发和长发等自然款式,这样会使窄小的颌部更加单调。"刘海"可留得美观大方而不全部垂下。面颊旁的头发要梳得蓬松,显得很多,以遮掩较宽的上部分。

(2) 发型设计与场合的关系。

商务场合,男士着西装时,应将头发梳理得端庄、大方,不要过于蓬松,并且可以在头发上适当涂抹造型剂,使发型持久而不会散乱。女士着裙装时,可将长发盘起或束起,给人以干练利落之感,倍添风采。

社交场合,女士着礼服时,可将头发挽在颈后结低发髻,显得庄重、高雅。

头发光亮的好方法

1. 茶水冲洗。洗过头发后,再用茶水冲洗,可去垢涤腻,使头发乌黑柔软,光泽美丽。

2. 发油水浸洗。头发洗净后,再用一些发油加入清水中(只要平时所搽发油的1/3),然后将头发浸入,并左右上下晃动几下后,用干毛巾吸去水分。这样,头发干后,就会光亮、润滑。

3. 啤酒护发。用啤酒涂抹头发,不仅可以保护头发,而且还能促进头发生长。在使用时,先把头发洗净、擦干,然后用1瓶啤酒的1/8均匀地涂抹在头发上,接着用手按摩,使啤酒渗透到头发根部。15分钟后,用清水冲洗干净,并用木梳梳理头发,啤酒的花沫会像油膏一样留在头发上,不仅使头发光亮,而且能防止头发干枯脱落。

4. 醋蛋护发。在洗发液中加少量蛋白,调匀洗头,并轻轻按摩头皮。洗净后,用蛋黄调入少量醋,使其充分混合,顺发丝慢慢涂抹,用毛巾包1小时,再用清水冲洗干净,可使头发乌黑发亮。此法最适宜干性和发质较硬的头发。

(资料来源：http://www.yumeifang.com/hair/202023.html)

(三) 肌肤保养与护理

1. 肤质的类型

人的皮肤可以分为中性、油性、干性、混合性和敏感性等类型。每个人的皮肤质地并非一成不变,而是随着年龄、季节在不停地变化。一般夏季皮肤普遍偏油,干性皮肤也会显得光泽滋润;冬季皮肤偏干,皮脂分泌量相应减少。随着年龄的增长,皮肤的油脂分泌会逐渐减少,年轻时呈油性或中性的皮肤,中年以后会逐渐转向中性或干性皮肤。

不同性质的皮肤应选用不同的化妆品,并采用不同的方法加以保护。

(1) 中性皮肤。

中性皮肤也称正常皮肤,油脂分泌量适中,皮肤表面柔滑滋润,富有光泽,是比较理想的皮肤。

(2) 干性皮肤。

干性皮肤外观洁白细嫩,皮肤表面油脂分泌量少,毛孔不明显,不易长粉刺,但脸部无光泽,易起小皱纹及斑点。这类皮肤应选用含有保湿成分的化妆品,以保持皮肤的润泽。

(3) 油性皮肤。

油性皮肤表面油脂分泌量多,面部油亮光泽,肌纹粗,毛孔明显,易生粉刺,但不易起皱纹。这类皮肤护理时要注意皮肤表面的清洁。

(4) 混合性皮肤。

在我国北方地区,混合性皮肤的人数要占到40%左右,一般表现为两颊偏干,T形部位偏油,对产品成分的吸收有敏感性。

2. 皮肤的基本护理

(1) 卸妆除垢。

化彩妆或使用防晒隔离的乳液后,洁面前一定要进行卸装,彻底清除堵塞毛孔的粉底及肌肤表面被氧化的皮脂、老化角质、灰尘等污垢,否则,就会妨碍肌肤正常的新陈代谢,还可能会引起青春痘、斑点和肤色暗沉。

(2) 洁面。

应根据不同的肤质选择合适的洁面产品。先轻轻沾湿面部,在手心将洁面品搓揉使其充分起泡,用泡沫包裹住整个面部后轻柔洗净,这是正确洁面的方法。若不加注意,就会在易洗净的两颊用力过度,难洗的鼻翼与额头部分却匆匆掠过,这可能造成肌肤向混合性皮肤发展,要加以注意。

(3) 补水保湿。

洁面后,保护肌肤表面的皮脂被洗去,肌肤处于水分量与皮脂量急剧下降的状态,所以洁面后应立刻用化妆水或柔肤水补充水分进行补水保湿。否则,皮肤的干燥会加剧。化妆水应足量充分地使用。用化妆棉或手心取化妆水仔细涂抹拍打整个脸部,使水分充分渗透至肌肤,直至肌肤感觉清凉、舒爽。

(4)使用恰当化妆品。

用完化妆水后一定要根据肤质及季节的不同选择合适的乳液、乳霜、精华液、肌底液等化妆品,这是肌肤护理的又一条规则。皮脂能防止肌肤水分的蒸发,洁面时失去的皮脂需要一段时间才能恢复原有量,而有的人皮脂分泌量并不足,因此,必须在肌肤护理的最后步骤用化妆品加以补充。

(5)使用隔离防晒液。

隔离防晒液可以隔离外界灰尘以及紫外线对皮肤的损害。紫外线会加剧肌肤干燥,导致提前衰老,氧化皮脂,制造有害物质等。一年四季,就连阴雨天紫外线也无处不在,所以绝不可疏忽大意。

3. 肌肤的特殊护理

(1)蒸面。

蒸面即用蒸汽发生器或用开水倒入脸盆中用蒸汽蒸面,若加入薄荷、菊花等植物,效果会更好。蒸面可以使毛孔张开、体温升高、加速血液循环,从而使皮肤吸收水分、增加光泽。但是敏感性皮肤或有红血丝的皮肤不宜采用蒸面。

(2)面部按摩。

面部按摩可以起到促进皮肤运动的作用,促进血液循环,活动面部神经,改善皮肤营养,减缓皮肤的老化过程。按摩的方法很多,一般可以用两手掌相互摩擦发热,然后顺着脸部肌肉的生长方向,逆着皱纹,由下向上、由内向外进行按摩,按摩时指法要轻。也可以用经络美容法,按摩有关的经络和穴位,使皮肤健康柔润。

此外,还可以使用各种面膜或营养液敷面,对皮肤进行定期的保养与护理。

(四)化妆

化妆,是一种通过对美容用品的使用来修饰自己的仪容,美化自我形象的行为。正如一副对联所说:"十分容颜,五分造化,五分妆成;两颊品貌,一半生成,一半饰成。"适度得体的化妆,可以减弱或掩饰容貌上的欠缺和不足,体现女性端庄、美丽、温柔、大方的气质,增加自信和魅力。其实,化妆不只是女士的专利,男士在一定的场合也有必要进行适当的化妆。在商务场合,化妆需要注意三个方面:一是要注意掌握化妆的原则,二是要了解化妆的禁忌,三是掌握化妆的基本步骤。

1. 化妆的原则

(1)扬长避短。

化妆不是把黑的抹得更黑,红的抹得更红,而是根据自身的条件有所选择。如适当强调或渲染漂亮的部分,使之成为注目的焦点;适当掩盖或淡化瑕疵的部分,使之隐而不露。通过适当得法的修饰,使人化妆后得以显美隐丑、避短扬长。

(2)自然真实。

化妆的最高境界是追求自然真实,即"妆成有却无",意指没有人工美化的痕迹,而好似天然如此的美丽。

化妆可有浓有淡,但化妆的浓淡要视时间、场合而定。白天在工作场合适合化淡妆,如果浓妆艳抹,就与周围的工作气氛不相适宜,会给人造成工作不认真、华而不实的感觉,甚至会被认为不稳重。所以在工作场合不应有过多的修饰,而应采用不露痕迹的化妆手法,尽力表现天然和质朴。但如果是在晚宴、舞会等社交场合,则可使妆色浓一些,以避免皮肤在灯光照耀下苍白暗淡、没有血色。

(3) 整体协调。

化妆以整体协调、和谐自然为准则。恰到好处的化妆,会给人以端庄、整洁、雅致的印象,而浓妆艳抹、矫揉造作、过分的修饰和夸张则往往适得其反。面部化妆就是给面部着衣,既要注意面部各基点的配合,又要兼顾点与面的配合,应努力使妆面、年龄、全身、身份、气质、场合都协调,以体现个人品位的不俗。

2. 化妆的禁忌

(1) 不应当众化妆。

一般情况下不要当着他人尤其是异性的面化妆,而应在自己房间、洗手间或无人处化妆。当众化妆是非常失礼的。聪明的人绝不会在异性面前化妆,即使是丈夫面前也不例外。古人云:"女为悦己者容。"在异性面前化妆,有卖弄、表演或吸引异性之嫌。

(2) 不应非议他人的化妆。

化妆是个人之事,没有定式。由于民族、文化传统的不同,肤色的差异以及个人审美情趣和化妆手法的不同,妆容不可能都一样。例如,东南亚一些国家妇女喜爱嚼槟榔,因而把牙齿染成黑色。因此,不应对他人的化妆品头论足,以免令他人尴尬难堪、心情不悦。

(3) 不应借用他人的化妆品。

每个人的肤质不同,化妆品也有所区别;此外,化妆品很难分用与清洗,因而极易携带病菌。借用他人的化妆品,既不卫生也不礼貌。

(4) 勿使妆面出现残缺。

若妆面出现残缺,应及时避人补妆;若置之不理,会被人认为品位低俗。男士在必要的场合如果需要化妆,则使用化妆品不宜过多,所用色彩以接近原肤色为佳,且千万不要露出化妆痕迹,以免让人觉得油头粉面,令人生厌。

(5) 勿使化妆妨碍他人。

虽然化妆是个人私事,但是如果将妆化得过浓、过重,香气四溢,令人窒息,则这种过度的化妆就是对他人的妨碍。

3. 化妆的基本步骤

(1) 洁肤。

清晨洁肤,可及时清除夜晚附着在脸上的油脂和代谢废物,保持皮肤清爽,有利于皮肤呼吸、排泄和吸收营养;晚上洁肤,有利于彻底清除日间尘埃、细菌等残存物,去除堵塞毛孔的污垢,有利于皮肤的修复和营养。化妆前的洁肤,可使皮肤处于清爽干净的状态,令妆面服帖自然、不易脱妆。洗脸的次数要考虑自己的肤质、年龄和季节等因素。干性、敏感性肤质和年龄偏大者,应适当减少洗脸次数,并应慎重使用具有去角质功能的洁面化妆品。洁肤过程一定要细心和轻柔,特别要避免过重的清洗动作,避免习惯性的搓、扯、擦等动作,以免损伤保持皮肤弹性的纤维组织。

(2) 修眉。

眉毛可表现一个人的神情,反映其个性特征,眉形也随着时尚与流行的趋势不断变化。鹅蛋形脸、方形脸、菱形脸等中庸的脸型较适宜自然标准的眉形;长形脸较适宜直线眉形,可使脸部显得略宽;而宽形脸适宜搭配角度较大的眉形,以达到拉长脸部的效果。应根据自己的脸型修饰眉毛,可依据个人喜好选用拔眉夹或剃眉刀。注意眉尾应与眼角、鼻翼处于同一对角线的位置,眉峰的位置处于眉尾的2/3处,尽量做到眉形自然。修眉后要用化妆棉将碎屑擦净,以免影响化妆。

(3) 润肤。

润肤是指在清洁后的皮肤上依序涂抹与肤质相适应的精华液、乳液、乳霜或隔离霜,使皮肤得到滋润,并在皮肤表层形成保护膜,将皮肤与化妆品隔离,防止化妆品与皮肤直接接触,以达到保护皮肤和维持妆面的效果。

(4) 涂抹粉底。

粉底附有透气、持久、保湿、控油等功能。打粉底时最好使用海绵,切勿用手,因为手无法服帖,推出来的妆效会厚薄不均,而使用海绵才能在肌肤上薄薄均匀地推开。依肤色选择粉底液颜色,将其涂抹在额头、两颊、鼻梁和下巴,再用海绵由内向外抹匀,并特别注意发际、鼻侧、鼻翼下、唇角和眼角等处。

(5) 定妆。

定妆即将粉蜜扑在涂过粉底的脸上,可降低粉底的油光感,使皮肤看起来细腻爽滑,令妆面保持长久。

(6) 描眉。

描眉是为了给眼睛这幅美妙的图画加上一个精彩的画框。眉毛分眉头、眉峰、眉梢三部分。眉的内端称眉头,外端称眉梢,眉的弧线的最高点为眉峰。比较理想的眉形是:眉头与内眼角垂直,眉梢在鼻翼外侧至外眼角连一斜线成45°,眉峰在距眉梢1/3眉长处。眉梢的高度与眉头成一水平线或略高(如附录图2-1所示)。画眉时,眉笔的颜色应与自身发色相近。先用细眉笔顺着眉形画出来,再用眉刷将颜色均匀刷开。

(7) 画眼线。

画眼线可很好地改善眼部轮廓,并使眼部轮廓清晰。应根据不同的眼形使用眼线笔来勾画上、下眼线。眼线液适合浓妆或晚妆使用,颜色与睫毛膏一致,以突显睫毛浓密、眼睛生动明亮的特点。画眼线的方式为最靠近眼睫毛处,由外往内画线,再由内往外画出向上拉、提的线条。眼线的粗细根据妆面需要进行调整。

(8) 涂眼影和睫毛膏。

眼影有膏状和粉质之分,颜色有亮、暗之别。亮色的效果显得突出、宽阔,暗色的效果显得凹陷和窄小。一般涂眼影只需1~2种颜色。涂眼影时,以眼球最高位处为线涂暗色,越靠眼睑处越深,越向眉毛处越浅。眼影的色彩虽多变,但也要与服装色彩、肤色、唇色、发色甚至指甲油颜色相统一,以达到协调的整体造型效果(如附录图2-2所示)。

画完眼影后一定要擦上睫毛膏。不要小看这轻轻的一抹,卷翘浓密的睫毛,经这一抹,除增添双眸神采外,还会让眼睛看起来更大、更有精神。平时上班睫毛膏不宜刷得太浓,化晚妆时,则可以稍微浓密一些。睫毛膏刷好后应先不用力眨眼,最好保持固定不动,以免沾染到脸上;睫毛膏快干时,可用睫毛梳将多余部分清除,这样做也有定型的效果。

(9) 涂腮红。

涂腮红既能调整脸型,又能使面部呈现红润健康和立体感。腮红的颜色要与眼影的色彩相对统一。涂腮红时内侧不超过眼睛的中线,外侧不超过耳中线。涂腮红的方法:用大号毛刷从颧骨向鬓发方向刷,颊下侧从鬓发边向颧骨方向刷。腮红不宜涂得太浓,不能看出明显界限,应与眼角处保留一手指宽度。

（10）涂唇膏。

涂唇膏之前可先涂一层润唇膏滋润双唇,再选用与唇膏颜色接近的唇线笔由两侧向中间描画,勾勒唇形,适当修饰唇部轮廓,注意左右两边的对称。之后用唇刷蘸取唇膏涂抹嘴唇,或用唇膏直接涂抹双唇,唇膏不能溢出唇线范围。唇膏的颜色选择要搭配服饰和眼影,不能过于艳丽。如流行透明的自然风格时,粉嫩色系的口红或者唇蜜都能为美丽加分。最后可刷一层唇彩,以增加光泽度,达到双唇亮丽饱满的效果（如附录图2-3所示）。

（11）检查妆面。

整个妆面完成后,应先查看妆面整体效果是否和谐统一,与服装、发型是否协调,色调是否一致。若发现问题要及时修补,以免影响美观。如果一切完美无瑕,那么,"妆扮"自己的任务已经完成了。

资料链接

化眼妆的小技巧

1. 上眼线从眼尾开始画更显平滑自然。为了更好地掌握眼线走向,首先从眼尾开始描绘。

2. "填"满睫毛根部,眼睛变宽变圆。即用"填"的方式,将睫毛根部的空隙处"填"满。具体方法是,画的时候,用手指将上眼皮稍拉起一些,然后用刷子将睫毛根部的空隙涂满颜色。

3. 眼尾向外抬高1厘米,会立刻拉长眼形。即在眼尾处延长眼线,在视觉上产生眼形被拉长的感觉。具体方法是,手指抬起眼尾处的眼皮,在眼线末端、近眼角位置把眼线升高约1厘米,并将翘起部分加粗,画成三角形。

4. 内眼角呈三角形且闭合,最自然的开眼角术。具体方法是,将内眼角向外拉长2毫米,让内眼角呈现自然的尖三角形,并将上、下两条眼线闭合。

5. 用眼线笔画出平行的下眼线。最重要的是在下眼线的眼尾处画出一个平行的眼角,看上去就像你自己本身的眼角一样,其实它是假的,但它让你的眼睛看起来变大了。

6. 用刷子将下眼线尾部晕开。在上、下眼尾处将眼线用小刷子晕染开,下眼线选用眼影粉淡淡描画,再点上银色闪粉,这样眼珠看起来就会水汪汪的。

（资料来源：中国化妆网）

二、商务人员服饰礼仪

俗话说"人靠衣衫马靠鞍"。服饰在商务礼仪活动中的作用是不容忽视的。就像一本装帧精美的书更能吸引读者一样,一个穿着得体的人更容易赢得别人的信任、好感和尊重。反之,穿着马虎,衣冠不整,就会使人产生反感。

服饰一般包括服装、领带、帽子、手提包、项链等。它是一种无声的语言,能够反映一个人良好的文化修养、高雅的审美情趣及其内在追求、风貌、风度和气质。在商务场合,如果商务人员遵循服饰礼仪,就会给人留下良好的印象,赢得他人的信赖,使自己增加成功

的砝码。

(一)商务人员着装原则

莎士比亚认为,一个人的穿着打扮就是他自身教养的最形象说明。不是会不会穿、爱不爱穿,而是特定的场合、特定的身份、特定的要求,规定人们必须这么穿。正所谓"无规矩不成方圆",着装也一样。

着装,指服装的穿着。但从礼仪的角度看,着装不能简单地等同于穿衣,而是着装人基于自身的阅历修养、审美情趣、身材特点,根据不同的时间、场合、目的,力所能及地对所穿的服装进行精心的选择、搭配和组合。在各种正式场合,注重个人着装的人能体现仪表美,增加交际魅力,给人留下良好的印象,使人愿意与其深入交往。同时,注意着装也是每个事业成功者的基本素养。着装体现仪表美,除了整齐、整洁、完好外,还应同时兼顾以下原则。

1. 整体协调原则

要求着装的各个部分相互呼应,精心搭配,特别是要恪守服装本身及与鞋帽之间约定俗成的搭配,在整体上尽可能做到完美、和谐,展现着装的整体之美。服饰的整体美,其构成因素是多方面的,包括人的体形和内在气质,服装饰物的款式、色彩、质地、加工技术乃至着装的环境等。正如培根所说:"美不在部分而在整体。"着装的整体美是由内在美与外在美构成的。外在美指人的形体及服饰的外在表现,内在美指人的内在精神、气质、修养及服装本身所具有的"神韵"。穿着只是外在的,只有不断充实自己的内涵,培养自己优雅的风度及高雅的气质,着装上才会成功。

2. 符合身份原则

人们的社会生活是多方面、多层次的,在不同的社会场合,扮演不同的社会角色。它不仅是布料、花色和缝线的组合,更是一种社会工具。在社会活动中,要恰当地表达自己,就应使着装符合自己的身份、地位、社会角色,从而被人理解,被人接受。作为商务人员,在工作场合更应树立热情有礼、服装整洁、洒脱端庄、精明练达、富有责任心的着装形象。

3. 和谐得体原则

和谐得体,是指人们的服饰必须与自己的年龄、形体、肤色、脸型相协调。只有充分地认识与考虑自身的具体条件,一切从实际出发来进行穿着打扮,才能真正达到扬长避短、美化自己的目的。

(1)年龄。

年龄是人们成熟程度的标尺,也是选择服饰的重要"参照物"。不同年龄层次的人,只有穿着与其年龄相适应的服饰,才算得体。例如,少女穿上合身的短裙或超短裙,可以充分展现自己的形体美和青春活力。但若是老年妇女也穿上短裙或超短裙,就显得东施效颦,不伦不类了。

(2)体形。

人们常说世界上没有完全相同的两片叶子,实际上人们的体形也是千差万别,而且往往难以尽善尽美。如果掌握一些有关服装造型的知识,根据自己的身材特点选择服装,就能达到扬长避短、显美隐丑的效果。例如,身材富态的人不应穿横条纹的服装,以避免产生体型增宽的视觉错觉;身材高而瘦的人如果穿上竖条纹的服装,就会越发显得"苗条";身材矮小的人,穿上同质同色的套装,再搭配上同色系的帽子、围巾和包等饰品,就会产生整体加长的效果,但如果穿着对比色过强的上衣和下装,就会造成整体被分割的感觉,使本来不高的身材显得更为矮小;身材高大的人则适合穿不同颜色的上衣和下装。

(3) 肤色。

人的肌肤颜色是与生俱来而难以改变的。人们选择服饰时,就应使服饰的颜色与自己的肤色相搭配,以产生良好的着装效果。列夫·托尔斯泰在《安娜·卡列尼娜》这部名著中对主人公安娜·卡列妮娜和她的服饰之间的关系做过如下描述:"吉提每天看见安娜,他爱慕她,而且常想象她穿淡紫色的模样,但是现在看见她穿着黑色的衣裳,他才感觉到他从前没有看出她的全部魅力。"一般认为,面色偏黄的人适宜穿蓝色或浅蓝色上装,从而把偏黄的肤色衬托得洁白娇美,而不适合穿品蓝、群青、青莲色上衣;肤色偏黑的人适宜穿浅色调、明亮些的衣服,如浅黄、浅粉、月白等色彩的衣服,这样可衬托出肤色的明亮感,而不宜穿深色服装,最好不要穿黑色服装;皮肤白皙者选择的颜色范围较广,但不宜穿近似于皮肤色彩的服装,而适宜穿颜色较深的服装。

(4) 脸型。

面孔是人们视线最集中的部位。服饰审美的选择,首先应该考虑的就是如何有效地烘托和陪衬人的面孔,而最接近面孔的衣领造型就显得尤其重要。衣领式样繁多,男女有别。选择领型适当,可以衬托面孔的匀称,给人以美感;反之,如果领型与面孔不协调,则会使人的整体形象大打折扣。所以,衣领的造型一定要与脸型相匹配。例如,脸型小的人,就不宜穿着领口开得太大的无领衫,否则会使面孔显得更小;脸型大的人,通常脖子也比较粗,所以领口不能开得太小,否则会给人被勒紧的感觉,而如果穿 V 形领的服装,使面部和脖子有一体感,效果就会好得多。

4. "TPO"原则

"TPO"是英语 Time(时间)、Place(地点、场合)与 Object(目的)这三个单词的第一个字母。

"TPO"是西方人倡导的服饰穿戴原则,即要求人们选择服饰时要充分考虑以下三个因素。其一,服装穿着的时间、季节,即时间(T);其二,到什么地方去,即地点(P);其三,出席什么场合,干什么事,即目的(O)。应力求使自己的服饰适时适地,整体协调,美观大方。

(1) 时间原则。

时间原则要求人们着装时考虑时间因素,做到随"时"更衣。具体而言有以下三层意思。

一是指每日的早上、日间和晚上三段时间。通常,早晨人们在家中或进行户外活动,着装应方便、随意,可以选择运动服、便装、休闲服装。工作时间的着装,应根据工作特点和性质,以服务于工作、庄重大方为原则。晚间的宴请、舞会、音乐会之类的正式社会活动居多,人们的交往距离相对缩小,服饰给予人们视觉和心理上的感受程度相对增强,因此,晚间穿着应讲究一些,以晚礼服为宜。许多西方国家明文规定,人们去歌剧院观赏歌剧一类的演出时,男士一律着深色的晚礼服,女士着装也应该端庄、雅致,以裙装为主,否则,不能入场。

二是服饰应随着春、夏、秋、冬四个季节的变化而变换。夏季应以凉爽、轻柔、简洁为着装格调,在使自己凉爽舒服的同时,让服饰色彩与款式给予他人视觉和心理上良好的感受。夏天,色彩浓重的服饰不仅使人燥热难耐,而且因为出汗还会影响女士面部的化妆效果。冬季应以保暖、轻便为着装原则,既要避免臃肿不堪,也要避免要风度不要温度,为形体美观而着装太单薄。应注意,即使同是裙装,在夏天服装的质地应选择丝、麻、纯棉类轻薄型的,而在冬天则应选择保暖性好的羊毛、羊绒类质地。春、秋两季的服饰可选择范围更大更多一些。

三是时代间的差异。即服饰要顺应时代的潮流,既不泥古不化,又不宜标新立异、打破常规。

(2) 地点原则。

地点原则代表地方、场合、位置不同,着装应有所区别。特定的环境只有配以与之相适应、相协调的服饰,才能获得视觉和心理上的和谐美感。与环境不相协调的服装,会给人以身份与穿着不符或华而不实、呆板怪异的感觉,这些都有损于商务人员的形象。

① 休闲场合——舒适自然。休闲场合也称非正式场合,其着装要求以舒适自然为主,可分为居家休息、健身运动、观光游览、逛街购物几种类型,其着装统称为便装。休闲时的穿着要求最低,只要舒适得体即可,无所拘束。

② 公务场合——庄重保守。公务场合的着装要求以庄重保守为主。即在公务场合要着"正装",适合穿制服、套装、套裙、连衣裙等,饰品佩戴也要"以少为佳"。职场着装以体现干练洒脱的爱岗敬业精神和良好的企业形象为出发点,因而,着装时应避免以下装束。

过分杂乱:即不按常规着装,如有制服不穿制服、穿制服不像制服等。

过分鲜艳:即穿着色彩过分鲜艳的服装,与追求雅静的工作场合不配,从而引起不适。

过分暴露:即不宜着超低空服装、无袖装,如背心、吊带裙、露脐装、露背装等。

过分透视:即由于外衣太透,从而"显山露水"导致不雅;或由于内衣与外衣不协调,从而使内衣外露。

过分短小:即在工作场合着超短裤、超短裙等。

过分紧身:即过分突出曲线,以个性美掩盖集体美。

③ 社交场合——时尚个性。社交场合的着装要求以讲究时尚、展现个性为主。通常,人们把公务、社交的场合,称作正式场合,并把在正式场合的着装称为正装,即正式、规范的装束。正装以着礼服为特色。

(3) 目的原则。

目的原则,即根据不同的目的进行着装。如穿着西式套裙去上班,是为了显示自己的成熟稳重;穿着旗袍去赴宴,是为了展示自己所独有的女性风采;穿上运动装与朋友一道去登山踏青,则是为了轻松与随便。再如应试、应聘时,最好选择西服或套装,颜色要素雅一些,如深蓝色、银灰色等都可以,表现庄重、整洁的样子,使人看上去产生成熟、干练、稳重、利落的印象。若选择过于花哨甚至性感的服装,则会使他人对应试者的敬业精神和生活态度产生怀疑,使之因着装不适而痛失"良机"。

(二) 男士西装礼仪

西服最早出现于欧洲,已有一百六十多年的历史。西服原本是欧美国家的一种传统服装样式,因具有造型美观、线条简洁流畅、立体感强、四季皆宜等特点而深受人们青睐,目前已经成为商务人员职场的必备行头。

穿西装讲究面料的质地、做工的考究、颜色的搭配、整体的和谐。西方人士常说"西服七分在做,三分在穿",法国时装设计师皮尔·卡丹曾指出男性着西装易犯的六个毛病:其一,领带与服装颜色不搭配;其二,裤腿过短,显得腿短而重心过高;其三,西服与上衣袖过长,显得不精神;其四,裤裆太大,显得拖遢;其五,衬衣领太大,显得松垮;其六,鞋与服装不配套。

可见,要想把西服穿出品位,就需要了解和遵循西装礼节。

1. 西装的分类

(1) 按套件分,西装有两件套、三件套和单件之分。

正式场合,如宴会、正式会谈、典礼及特定的晚间社交活动时,应该穿西装套装,以深色、单色最为适宜,花格、五彩图案的选择是不合时宜的。1983年6月,当时的美国总统里根出访欧洲四国时,就曾因穿了一套格子西装而引起一场轩然大波,因为按照惯例,在正式的外交场合应穿黑色礼服,以示庄重。

三件套西装上衣坎肩必须贴身,在室内可将西装上衣脱掉。

单件西装多以条绒、皮革等面料制成,属休闲西装,适合一般非正式场合,如旅游、参观、一般性聚会等。可穿单件上装配以各种西裤,也可视需要和爱好,配以牛仔等时装裤。

(2) 按款式可分为单排扣西装和双排扣西装。

双排扣西装即西装上衣纽扣系好后呈现自上而下双行排列,单排扣西装即西装上衣纽扣系好后呈现自上而下单行排列。体型高大的人,穿双排扣西装显得魁梧;而体型一般或瘦小的人,穿单排扣西装则显得简洁俊美。时下单排扣西装最为流行。

2. 西装的选择和搭配

(1) 选好面料与颜色。

就面料而言,鉴于西装在商务活动中往往作为正装穿着,因此面料的选择应力求高档。纯毛面料列为首选,高比例含毛的混纺面料也可以,化纤料子则尽量不用。就颜色而言,适合在商务交往中穿着的西装首推藏蓝色。此外,还可以选灰色或棕色的西装。黑色是礼服西装的颜色,更适合庄重而肃穆的礼仪性活动时穿着。其他"杂色"或有格子、条纹等图案的西装,不宜在商务场合穿着。

(2) 穿着合体。

体型、身材不同,其适宜的西装款式就不同。但无论何种款式,穿着是否合体是共同的审美标准。一般而言,西装穿着合体的标准按重要程度依次如下:

① 领子应紧贴衬衫并低于衬衫1.5厘米左右;

② 衣长以垂下手时与虎口平为宜;

③ 袖长以达到手腕为宜,衬衫的衣袖应比西装衣袖长出1.5厘米左右;

④ 胸围以穿一件厚羊毛衫松紧适宜为度。

(3) 选对衬衫。

穿西服,选择合适的衬衫是重点,且颇有讲究。一般来说,与西服配套的衬衫首选白色,尤其是在正规的商务应酬中,白色是明智的选择。此外,蓝色、灰色、棕色等也可考虑。其他单色或花色皆不可取。穿着硬领衬衫,领口必须挺括、整洁、无皱。领围以合领后可以伸入一个手指为宜,既不能紧卡脖子,又不可松松垮垮。西装穿好后,衬衫领应高出西装领口1～2厘米;衬衫袖长应比西装袖长出0.5～1厘米,这样可以避免西装领口、袖口受到过多的磨损,而且能用白衬衫衬托西装的美观,显得更干净、洒脱。衬衫的下摆必须扎在西裤里,袖口扣好,不可卷起。不系领带时,衬衫领口可以敞开。按标准要求,衬衫里面不应穿内衣,若特殊原因需穿时,内衣领和袖口不能外露,否则不伦不类,很不得体。

(4) 系好领带。

领带被誉为西服的"灵魂",在西装的穿着中起画龙点睛的作用。一般在正式场合,都应系领带。领带的质地,以真丝、毛为好,化纤为次。领带的色彩可以根据西装的色彩搭配,以单色为好；图案以圆点、条纹、方格等几何图形为宜，以达到相互呼应的效果。使用的领带应保证绝对干净、平整，因为系领带是为了体现精神、尊严和责任。领带结是系领带最重要的部分，各种不同的系法可以得到不同大小形状的领带结，可视衬衫领子的角度选择适合的领带系扎方法。系好的领带结要饱满，与衬衫的领口吻合要紧凑。领带系好后，两端都应自然下垂，上面宽的一片必须略长于底下窄的一片；长度以大箭头正好垂到皮带扣为标准。如有西装背心相配，领带应置于背心之内，领带尖亦不可露于背心之外。

领带夹包括领带棒、领带针、领带别针等，有各种型号。领带夹的主要功能是固定领带，故不应突出其装饰功能。领带夹除作为企业标志时使用外，其他情况下最好不用。佩戴时，领带夹的位置不能太靠上，以从上往下数衬衫的第三粒与第四粒或第四粒与第五粒纽扣之间为宜。西装上衣系好扣子后，领带夹是不应被看见的。

(5) 扣好纽扣。

西装纽扣除实用功能外，还有很重要的装饰作用。西装有单排扣和双排扣之分。双排扣一般要求把纽扣全部系好；单排扣西装，三粒扣的可系中、上两粒，两粒扣子的可系上面一粒，下粒扣不系或全部不系。在外国人眼中，只系上扣是正统，只系下扣是流气，两粒都系是土气，全部不系是潇洒。在商务场合，初次见面时，西装纽扣均应扣上，随着活动的展开，为使气氛随便融洽，可以逐渐解开。

(6) 用好口袋。

西装口袋的整理十分重要。上衣两侧的两个衣袋不可装东西，只作为装饰用，不然会使上衣变形。西装上衣胸部的衣袋可以装折叠好花式的手帕，其他东西亦不可装入。装饰手帕式样很多，如三角形、三尖峰形、任意形和V形等，使用得当能起到锦上添花的效果。有些物品可以装在西装上衣内侧衣袋里，左胸内侧衣袋可以装名片夹或证件，右胸内侧衣袋可以装票夹和手机。为保持臀围合适，裤形美观，西裤的两个后袋，右侧的专供放手帕用，左后袋可放零用钱之类。有的西装在右腰间设一小袋，用以放车钥匙、打火机之类物品。

(7) 穿好鞋袜。

"西装革履"，穿西装一定要搭配皮鞋，而不能穿旅游鞋、运动鞋、布鞋及露脚趾的凉鞋。商界男士所穿皮鞋首选为黑色牛皮鞋，款式庄重而正统，系带皮鞋是最佳之选。穿鞋时应保证鞋内无异味，鞋面无灰尘，鞋底无脏物。与皮鞋相配的袜子，以棉为好，混纺次之。袜子起衔接裤子和鞋的作用，穿西装时，袜子的颜色应选择与裤子、鞋同色系的颜色，单色为好，忌穿白色或花袜子。男士宜穿中长筒袜，这样坐着交谈时不会露出较重的腿毛。此外，还要保证袜子无臭味、无破洞，以免出现尴尬场面。赤脚穿皮鞋的情况在正规的商务场合也要避免。

(8) 整体协调。

选择好西装、衬衫和领带后，应特别注意三者之间是否搭配协调。整体协调才会使人风度翩翩，格外优雅。一般来说，单色西服应配单色衬衫；杂色西装配以色调相同或近似的衬衫，效果也可以。但带条纹的西装不可配方格的衬衫，反之亦然。衬衫、领带和西装在色调上要成反比，如西装颜色越深，则衬衫、领带要越明快；西装的色调朴实淡雅，则领带应华丽而明亮。穿着西装时，西装的袖口和裤边不应卷起。另外应注意的是，西装袖口上的商标一定要拆掉，它和酒瓶瓶口的封纸一样，一旦启封便不能再复位，故在穿西装上衣之前就应拆除，否则会有卖弄之嫌，有伤大雅。

3. 商务男士必备的职场服饰

表 2-1 为"商务男士必备的职场服饰"。一般来说,商务男士应根据行业和职级高低、工作特质,准备相应服饰,以备工作之需。

表 2-1　商务男士必备的职场服饰

一套藏蓝色西装	4～8 条单色、几何图案的真丝领带
一套铁灰色或灰色西装	2 条黑皮带
一套黑色西装	一双黑色系带制式皮鞋
4～6 件白色长袖棉衬衫	一双黑色无带扣皮鞋

资料链接

穿西装的"三色原则"和"三一定律"

男子穿西装,应当遵从"三色原则",即西服套装、衬衫、领带、腰带、鞋袜在三色甚至同一色系的范围内,先西装,次衬衫,后领带,逐渐由浅入深,这是最传统的搭配。反之,领带色彩最浅,衬衫次之,西装色彩最深,即由深入浅搭配服装,也是可行的。

"三一定律"则是指商务男士在重要场合、正式场合,鞋子、腰带、公文包应该是一个颜色,而且首选黑色,否则会显得杂乱无章,品位不高。

(三) 女士职业装礼仪

职业女性着装同样要讲究礼仪规范,并在规范的约束下穿出自己的特色,彰显自己的品位与个性。

1. 女士着装原则

(1) 量体选衣。

俗话说"量体裁衣",服装的大小、款式和面料的选择要符合每个人的体型,只有这样才能穿得合体,也才能体现美感。一般来讲,选择服装时应考虑以下因素。

① 体型较好的人,对服装款式的选择范围较大,着装时应更多地考虑服装与肤色、气质、身份、场合等相协调。

② 体型较胖的人最好着上下统一的深色套装;裤子的长度略长一些,裤腿略瘦。体型较胖的女士忌穿连衣裙,忌用单调的横条纹。

③ 体型较瘦的人,则应尽量减少露在外面的部分,应在胸前做些点缀。

④ 肩窄臀宽的人,应该注意使用垫肩,使肩部看上去宽些;也可以在肩部打褶以增加宽度,或选择束腰的服装以衬托肩部的宽大。这类女士不宜穿插肩上衣、宽大的外套和夹克衫,不宜穿无袖上装或长而紧袖的上装,不宜穿腰间打褶的裙子,不宜把衬衫扎进裙子或裤腰中。

⑤ 腰粗的人应选肩部较宽的衣服,以产生肩宽腰细的效果。

⑥ 腿较短的人最好着裙装,也可选择上衣较短、裤稍长的服装。

⑦ 腿较粗的人,宜穿上下同宽的深色直筒裤,过膝的直筒裙;不宜穿太紧的裤子或太短

的裙子。

(2) 匹配肤色。

肤色较白的女性,选择服装时,以色彩艳丽明亮为主,这样会把白皙的皮肤映衬得更有光泽,富有活力。肤色较白的女性,同样也可以选择深色调的服装,从而展现高贵、优雅的气质。

肤色较黑的女性,不宜选择深色调的服装,如深褐色、深绿色、纯黑色、紫色等,以免使皮肤看起来更加暗淡没有光泽。相反的,肤色较暗者应选择一些较为明快的色彩。

除了肤色之外,选择服饰时还应考虑和自身的年龄、职业、气质相匹配。

(3) 配饰得当。

女士身着职业装还应注重配饰与服装的和谐。例如,女士在穿高领毛衣时,可佩戴领花;在穿衬衣时,可选领口带有花边点缀或是有飘带领子的有颜色衬衣。此外,配饰也很重要,鞋子、手提包、首饰、袜子、围巾等饰物都应和职业装的颜色相搭配,再衬以优美大方的发型,就会产生整体的美感。

(4) 穿好鞋袜。

鞋子在整体着装中具有重要地位。一双得体的鞋子,不仅能映衬服装的整体品位,还能增加人体的挺拔俊美。着套裙或旗袍时,皮鞋的颜色、款式应与服饰相协调。一般来说,鞋的颜色应与衣服的颜色一致或略深一些,以形成浑然一体的搭配;鞋的款式则以浅口中高跟皮鞋为宜。套裙和旗袍不应与凉鞋、靴子等款式相配。

袜子被称作"腿部时装"。在正式场合,女性着肉色长筒丝袜,配套裙、旗袍最为得体。浅肉色长筒袜可以给皮肤罩上一层光泽,显得细腻娇嫩;深肉色长筒袜可以给人一种修长健美的感觉。长筒袜的长度一定要高于套裙边缘和旗袍开衩部位,且留有较大余地,否则一走动就露出一截腿来,极为不雅。另外,穿短袜配裙装或不穿袜子、穿有洞的袜子都是失礼的。袜子不可以随意乱穿,不宜将健美裤、九分裤等当成长筒袜搭配裙装。商务女士应在办公室多备几双袜子,以备不慎钩破时换用。外出工作时,包里也应备有袜子,尤其是与日本客人打交道时更应如此,因为在进日式的餐厅小间时,要脱去鞋子换上拖鞋,若此时袜子有破洞或不整洁,是失礼的表现,也会很尴尬。

2. 女士职业装的类型

(1) 裙装。

裙装最能体现女性的体态美,它是女性的标志。西服套裙是女性的标准职业装,分两种:上衣与裙子同色同料,上衣与裙子存有差异。职业套裙以黑色、藏蓝色、灰褐色、银灰色和暗红色为上选颜色,也可以选择精美的方格、印花和条纹等图案;面料可选择半毛织品或亚麻制品。

在一般的社交场合,女性可以穿连衣裙或穿中式上衣配长裙。连衣裙可以单独穿戴。对于职业女性来说,可以选用灰色、藏青色、暗红色、米色、黄褐色、红色和玫瑰红颜色的面料。商务场合女士着裙装有三个禁忌:

第一,不能穿黑色皮裙;

第二,不能光腿,要穿把脚趾头和脚后跟都包住的双包鞋;

第三,不能用健美裤冒充长筒袜,不能穿半截的袜子,露出"三截腿"。

(2) 礼服。

女性的礼服分为长礼服、小礼服和大礼服。在我国正式场合的礼服是旗袍,它最能体现东方女性的朴素典雅。礼服的面料可选择棉布、丝绸、麻纱等,冬季可选择锦丝绒的面料。为了体现女性的端庄,旗袍的长度最好是长至脚面,开衩的高度应在膝盖以上,大腿中部以下。穿无袖式旗袍时,冬天可配以披肩,但不适合戴手套和帽子。着旗袍可配穿高跟皮鞋或面料高级、制作考究的布鞋或绣花鞋;并配精致小巧挎在手腕上的坤包,小步慢行;而不能肩背大挎包,大步急行,更不可快跑,以免有失端庄文雅的风度。

3. 商务女士必备的职场服饰

表2-2为"商务女士必备的职场服饰"。一般而言,商务女士应根据行业和职级高低、工作性质,准备相应服饰,以备工作之需。

表2-2 商务女士必备的职场服饰

黑色或银灰色西装套裙	含套裙同色系的围巾、包、帽子(可选)
藏青色西装套裙	黑色制式女鞋
3套互相搭配的上衣和裙子	藏青色或灰褐色鞋
连衣裙或2件套裙	黑色、藏青色或灰褐色皮包

(四) 饰品佩戴礼仪

为了塑造完美的商务形象,除了注意服装的选择外,如果能根据所处商务场合的要求选择恰当的饰物搭配,有时会起到意想不到的美化效果。饰品不仅能给服装起点缀、美化的作用,还能提高人们的审美、欣赏能力,反映人们的文化素养,有助于突出个性。

1. 饰品的分类

根据饰品的作用不同,大致可将饰品分为两大类:装饰类和实用类。耳环、手链、戒指、项链、胸花等属于装饰类;帽子、腰带、皮包等则属于实用类。饰品与服装搭配得当,能向他人传递某种不可言传的美妙,体现佩戴者的品位、爱好与修养,使整体形象锦上添花;搭配不当,则会画蛇添足。

2. 常见装饰性饰品的佩戴原则

最常见的装饰性饰品即人们俗称的首饰,包括戒指、项链、耳环、耳钉、手链、手镯、胸针等,商务人员可以根据所穿服装和所处的场合对首饰进行选择与搭配。通常,在选配首饰时应注意以下几个原则。

第一,适量为好。正如一个人不可能将所有的好衣服都穿在身上一样,佩戴首饰也并非多多益善,而是要适量。有些场合,甚至可以不佩戴首饰。如果想同时佩戴多种首饰,则最好不要超过三种。

第二,同质同色。如果同时佩戴两件或两件以上的首饰,则最好是同一个质地。例如,黄金项链配以黄金的耳环,如果是搭配白金耳环或珍珠耳环,就显得不协调。如果不是同一个质地,那最好选择统一色调。

第三,符合身份。选戴首饰时,不仅要考虑个人爱好和情趣,更重要的是要符合自己的身份,要和自己的性别、年龄、职业、工作环境保持基本一致,而不应相去甚远。

第四,符合体型。人各有异,树无同形。选择首饰时,应充分正视自身的形体特点,努力使首饰的佩戴为自己扬长避短，显美隐丑。例如，脸型较胖的女士不宜带大耳环，戴眼镜的女士适宜戴耳钉而不宜戴耳环等。

第五，适应季节。因为随着季节的更替，人们的着装色彩也会相应发生变化，故作为点缀服装的饰品，其颜色也应发生变化。如在冬天适合选择金色等深色调的饰品，而白银、珍珠、水晶类饰品则适合在夏季佩戴。

第六，整体协调。选择饰品要兼顾服装的质地、色彩、款式，并努力在搭配、风格上相互呼应。一般穿着考究的服装时，适宜佩戴昂贵的首饰；服装轻柔飘逸，首饰也应玲珑精致；穿着运动装、工作服时，不宜佩戴首饰。

3. 常见装饰性饰品的佩戴方法

（1）项链的佩戴。

项链是平安、富贵的象征。有的项链下端常带有某种形状的挂件，也就是链坠。男女都可以使用项链，但男士所戴的项链一般不要外露。

选择项链还要根据不同脸型进行不同搭配。尖脸型的女性可选用细的项链，且项链不宜过长，否则会显得脸型更长；方脸型或圆脸型的人，体态大多比较丰满，可选用较长些的项链。

佩戴项链应和服装相呼应。例如，身着柔软、飘逸的丝绸衣衫裙时，宜佩戴精致、细巧的项链，显得妩媚动人；穿单色或浅色服装时，宜佩戴色泽鲜明的项链，从而使服装色彩在首饰的点缀下显得丰富、活跃。

（2）戒指的佩戴。

戒指是环状，它既没有开始，也没有结束，犹如爱情的浪漫和永恒。戒指是首饰中最明确的爱情信物，传说左手中指的爱情之脉直通心窝，戒指戴在其上可被心里流出的鲜血浇灌，从而使佩戴者永葆爱情的纯洁和忠贞不渝。在西方，戒指很早就作为信物并演化成婚礼戒指。世界公认钻戒是最正规的结婚戒指。

戒指的佩戴是无声的语言，能够暗示个人的婚姻和择偶状况。正确选择和佩戴戒指前首先要了解戒指语言。国际上较为通行的戒指佩戴规范是把婚戒戴在左手上：戒指戴在食指上表示求爱或求婚，戴在中指上表示正在热恋中，戴在无名指上表示已订婚或结婚，戴在小指上表示是单身或独身主义者。

戒指最好仅戴一枚，至多戴两枚。戴两枚戒指时，可戴在左手两个相邻的手指上，也可戴在两只手对应的手指上。

戒指的粗细应和手指的粗细成正比。手指较短小或骨节突出的女性，应戴比较细小的戒指，款式最好是非对称式的，以便分散别人对手指形状的注意力；手指修长纤细的女性，应选择线条柔和的款式，从而使手指显得更加秀气；手掌较大的女性，要注意戒指的分量不要过小，否则会使手掌显得更大。

戴薄纱手套时戴戒指，应戴在手套里面，只有新娘可以戴在手套外面。

现在常有人在拇指上戴一个大大的"戒指"，或在右手佩戴造型各异的戒指，这种戴法只是在张扬一种个性，没有什么特殊含义。

（3）耳饰的佩戴。

耳饰所具有的扬长避短的作用在与脸型的陪衬中最具表现力。一款合适的耳饰，对脸型能起到很好的修饰作用。

耳饰有耳环、耳链、耳钉、耳坠等款式，仅限女性所用，并且讲究成对使用，也就是说，每只耳朵上均佩戴一只。商务场合，不要一只耳朵上戴多只耳环。佩戴耳饰有以下几个需要注意的地方。

首先，耳饰的选择应兼顾脸型，脸型和耳饰的形状要成反比，即"反其道而行之"。例如，圆形脸与任何长款式的耳坠都互相呼应，故可陪衬长形耳饰和垂坠耳饰，塑造上下伸展的视觉效果，使人看起来更加成熟和俏丽。圆形脸不宜戴圆形耳饰，以免使脸部显得更丰满。鹅蛋脸是东方妇女传统的标准脸形，佩戴任何形状的耳饰效果都不错，但是要注意耳饰的大小要与整体感觉相符。由于鹅蛋脸轮廓比较柔和，所以适宜选择相似轮廓形状的耳饰，如珍珠、水滴形、圆圈状或卵形的耳饰。方形脸适宜佩戴小巧玲珑的耳钉或狭长的耳坠，也可佩戴夸张的大耳坠来显示奔放的性格；或选用椭圆形、花形、心形的耳饰，以很好地缓和与修饰脸部棱角。长形脸的人可佩戴圆耳饰或大的耳饰来调节面部形象，使脸部丰满动人。长形脸最好选用密贴耳朵的圆形耳饰，以减少纵向延伸感。

其次，耳饰的色彩与肤色要形成对比关系，即深肤色的人宜戴浅色耳环，浅肤色的人宜戴深色耳环。例如，皮肤白的人可佩戴翡绿、绛红、金、银等颜色较为鲜艳的耳环，皮肤黑的人则宜选用淡雅、柔和的白色、蓝色、浅粉色耳环。正式场合适宜佩戴小巧而含蓄的耳钉，应避免戴发光、发声的耳环。

最后，耳饰的色彩应与着装色彩相协调。同一色系的搭配可产生和谐的美感；反差比较大的色彩搭配要恰如其分，以使人充满动感。

职业妇女上班可佩戴简洁的耳饰搭配套装，既具女性美，又显端庄稳重。夸张的几何图形、粗犷的木质耳饰、吉卜赛式的巨型圆环都很有野性味道，与牛仔服、夹克相匹配，可使人富有豪放的现代感，别有韵味。晚宴时适宜佩戴与礼服协调的珍珠耳饰，既华贵高雅，又具女性魅力。

需要注意的是，在国外的一些社交、休闲场合也有男士佩戴耳钉，但仅限于左耳佩戴，否则有同性恋之嫌。

（4）手镯和手链的佩戴。

手镯作为女性腕饰由来已久。早在盛唐时期，宫廷仕女和闺秀小姐们就时兴戴手镯。那时手镯多为宝石精磨细做而成，常用来制作手镯的宝石有玛瑙、碧玉、孔雀石、松石、珊瑚等，统称为玉石手镯。

一般情况下，手镯可以戴一只，也可以同时戴上两只。戴一只时，通常戴在左手上表明佩戴者已经结婚，戴在右手上表明佩戴者是自由而不受约束的。戴两只时，可一只手戴一只，也可同时戴在左手上。在工作场所通常是不戴手镯的，尤其是窗口行业，如民航售票处、商店、餐饮业等的服务人员，戴手镯既不方便工作，又与所处的身份不相符。

手链是手镯的替代产品，比起较粗犷的手镯来，更显纤细精巧。男女均可佩戴手链，但仅限戴一条且戴于左手。一只手上同时戴两条手链，双手同时戴手链，手镯手链同时佩戴，都是不适宜的。另外，手表与手镯、手链也不能同戴在一只手上。

（5）胸饰的佩戴。

胸饰包括胸针和胸花。胸花仅限于女性佩戴，胸针则男女都可以佩戴。佩戴胸花和胸针，意在画龙点睛，以衬托高雅气质。如能运用色彩对比，定会起到不同凡响的效果。夏季衣着轻薄，可以选用小巧的胸花、胸针制品；冬季可在毛衣、外套上佩戴较大的金属胸花和胸针。当穿西装的时候，胸针应别在左侧领上；穿无领上衣时，胸针应别在左侧胸前。发型偏左时,胸针应居右;发型偏右时,胸针应偏左。佩戴胸饰的具体高度应在从上往下数的第一粒、第二粒纽扣间。在工作中,如果要求佩戴身份牌或本单位证章、徽记上岗的话,就不适合再同时佩戴胸针。

(6) 手表的佩戴。

在商务场合,佩戴手表通常会传递时间观念强、作风严谨的信息。在正规的社交场合,手表往往被看作首饰,它也是一个人地位、身份、财富状况的体现。在正式场合佩戴的手表,在造型上要庄重、保守,避免怪异、新潮,尤其是职级高、年长者更应注意。另外,在商务场合,特别是和他人交谈时,不要有意无意地看表,以免给人以谈心不在焉、不耐烦、想结束谈话的错觉。

4. 常见实用性饰品的佩戴方法

(1) 丝巾的佩戴。

丝巾是女士搭配服装的最爱。不管什么场合,利用飘逸柔媚的丝巾稍作点缀,一下就能让着装更有味道。挑选丝巾的重点是丝巾的颜色、图案、质地和下垂感。丝巾可用来调节脸部气息,如红色系可映得面颊红润;或是突出整体打扮,如衣深巾浅、衣冷色巾暖色、衣素巾艳。但佩戴丝巾应注意与肤色相匹配:如果脸色偏黄,则不宜选用深红、绿、蓝、黄色丝巾;如果脸色偏黑,则不宜选用白色、有大红鲜艳图案的丝巾。

(2) 围巾和帽子的佩戴。

围巾和帽子对服装的整体美影响很大。围巾、帽子如果与服装风格搭配一致,可以使整体形象更加和谐。服装色彩较暗,可以用颜色鲜艳的围巾和帽子点缀,使整体形象生动、有生气;服装颜色艳丽,则可以用颜色淡雅的帽子、围巾来平衡。以帽子为例,有如下注意事项。

① 帽子的式样要与服装相协调。如法式女礼帽与西式长裙相配,会产生一种既浪漫又高雅庄重的风度;法式女礼帽与中式旗袍相配,就会不伦不类。

② 帽子款式的选择要与人的脸型、体型相适应。如圆形脸戴顶端微凸的帽子比较协调,而长形脸则不宜戴高帽子;矮个戴稍显高凸的帽子会显高,而身材矮小戴大帽子则会产生头重脚轻的滑稽感。

③ 帽子的色彩要与肤色结合考虑。如肤色较深的人不宜戴深色帽子,肤色发黄的人最好戴深红色、咖啡色的帽子,以衬托肤色健康有光泽,若戴白色、浅蓝色的帽子则会加重病态的感觉。

④ 帽子戴法不同,感觉也会不同。帽子略微歪斜,产生的斜向线条会使人脸部略显清瘦,妖媚活泼;帽子戴得端端正正,脸部显得丰满,神态显得庄重。

⑤ 从礼仪角度讲,在室内场合一般不允许戴帽子,但若帽子是礼服(女子)的组成部分,则可除外。无论男女在致敬或致哀的礼仪场合,必须脱帽。

(3) 包的佩戴。

男士的包样式比较单一,主要是公文包。公文包的质地应为牛皮、羊皮制品,而且黑色、棕色最为正统。如果从色彩搭配的角度来说,公文包的色彩和皮鞋的色彩一致,看上去就显得庄重而和谐。除商标外,公文包在外表上不应带有任何图案、文字,包括真皮标志,否则有失大雅。公文包的标准式样是手提式的长方形。

包同样也是每一位职业女性在各种场合中不可缺少的饰物,它既有装饰价值,又有实用价值。女士常会在不同的场合用不同的包来搭配衣服或心情,一般有三种情况。其一,大而结实一点的包,上下班和工作时间用,必须实用,甚至可以放文件;其二,中等大小的包;其三,精致小巧,款式、质地、色彩各异的手包,里面只放少量的化妆品、钥匙、钱等物品,可以在穿着晚礼服,出席正式场合时搭配使用,充分体现女性的职业、身份、社会地位及审美情趣。

(4)腰带的佩戴。

女士的腰带更重要的是美化、装饰作用。女士的腰带选择范围很广泛,质地有皮革的、编织物及其他纺织品的。腰带作为纯装饰性的场合使用比较多,款式、色彩也丰富多样。女士使用腰带要注意以下三项原则:

第一,符合自己的体型;

第二,与服装的风格协调一致;

第三,适合所处的场合。

男士的腰带一般比较单一,有较强的实用功能,质地大多以皮革为主,没有太多的装饰。一般在穿西服时,都要扎腰带;而其他的服装(如运动、休闲服装)则可以不扎。夏季只穿衬衫并把衬衫下摆扎到裤子里去的时候,也要系上腰带。

(5)手套的佩戴。

选择手套时要注意以下几点。

① 根据所穿衣服的颜色、款式质地选择手套,同时要求与个人年龄、气质相协调。

② 在吃东西、饮茶或吸烟时,应先脱下手套。

③ 不能把戒指、手镯、手表等戴在手套外边。

④ 穿短袖或无袖上衣参加舞会或晚会时,一定不要戴短手套。

⑤ 手套应保持整洁。

三、商务人员仪态礼仪

仪态也叫仪姿、姿态,是指人与人交往中体现出的姿势和风度。其中,姿势是指身体所呈现的样子;风度则是指一个人气质的自然表露,即优雅的举止,充满自信、富有内涵的习惯性动作。如果说仪容的美是人体在时空上的静态展现,那么仪态的美则是人体在时空上的动态展现。可以说,仪态作为一种无声语言,是一个人精神面貌的外在体现,是人的体与形、动与静的结合。不同的仪态显示出人们不同的精神状态和文化教养,传递不同的信息,因此仪态又被称为体态语。

在商务场合中的"体态语言",如挺拔的站姿、端庄的坐姿、优雅的走姿,会自然流露一个人的气质风度、礼貌修养和所要传递的信息。虽然这种语言无声,但往往比有声语言更真实、更富有魅力。正所谓"此时无声胜有声",优雅的仪态常会给人带来好运和成功。

(一)体姿仪态

中国人讲究"站有站相,坐有坐相"。人际交往中,优雅得体的仪态能给人留下深刻的印象,获得他人的信任和尊重。

1. 站姿

站姿是人的最基本仪态,也是其他仪态的基础。站姿的基本原则是"站如松",即人的站立姿势要像松树一样端正挺拔。站姿是一种静态美,是培养优美典雅仪态的起点。挺拔的站姿能体现一个人美好的气质和风度。

（1）规范的站姿要求（如附录图2-4所示）。

头正：两眼平视前方，嘴微闭，下颌微收，颈部挺直，表情自然，面带微笑。

肩平：两肩平正，微微放松，稍向后下沉。

臂垂：两肩平整，两臂自然下垂，中指对准裤缝。

躯挺：胸部挺起、腹部往里收，腰部正直，臀部向内、向上收紧。

腿并：两腿立直，贴紧，脚跟并拢，两脚夹角成60°。

（2）商务工作中常用的几种站姿。

商务工作中，男士的站姿有两种。

① 在一般商务场合，身体立直，挺胸抬头，下颌微收，双目平视；两腿分开或两脚平行，两脚间距离不超过肩宽，以20厘米为宜；两手叠放在背后或交叉在体前，一般为右手握住左手，轻贴于小腹部位（如附录图2-5所示）。如果一手持文件夹或公文包，则另一只手可自然垂放，姿态稳重。

② 在正式场合，身体直立，抬头挺胸；两膝并严，脚跟并拢，脚掌分开呈"V"字形，提髋立腰，收腹提臀；双手放置裤缝处，双眼平视正前方。

商务工作中，女士的站姿一般也有两种。

① 在一般场合，女士站姿应做到身体立直，挺胸抬头，下颌微收，双目平视，面带微笑；两膝并严，脚跟并拢，脚掌分开呈"V"字形或呈平行；提髋立腰，收腹提臀，双手在腹前交叉，即右手搭在左手上，轻贴小腹部位（如附录图2-6所示）。

② 在正式场合，女士站姿应体现挺、直、高的姿势，抬头平视，表情自然，收腹，胸部上挺，自然、舒展、大方；右手放在左手上，轻贴小腹；两脚尖向外略展开，右腿（左脚）在前，将右脚跟（左脚跟）靠于左脚（右脚）内侧（脚弓处），形成左丁字步或右丁字步（如附录图2-7所示）。

（3）站姿禁忌。

在商务场合，站立时应避免以下几种站姿。

① 站立时身体歪斜，全身不够端正。

② 两脚距离超过肩宽（女士尤其不得如此）。

③ 双脚随意乱动。人在站立时，双脚不可随意乱动。例如，双脚踢来踢去，用脚蹭痒痒，脱下鞋子或半脱不脱，脚后跟踩在鞋帮上，脚一半在鞋里一半在鞋外。

④ 站姿自由散漫。站立时随意扶、拉、倚、靠、趴、踩、蹬、跨等，显得萎靡不振，无精打采，自由散漫。

2. 坐姿

坐姿是指人在就座后身体保持的一种姿态，古人要求"坐如钟"，即入座后给人以端正、大方、自然、稳重之感。

（1）规范的坐姿要求（如附录图2-8所示）。

① 入座时要轻稳，动作协调从容，不要赶步，以免"抢座"。就座时，转身背对座位，如距离较远，可走到座位前转身后，右脚向后退半步，待腿部接触座位边缘后，轻轻坐下。女士着裙装入座时，应用双手拢平裙摆再坐下，不要坐下后再站起来整理衣服。一般应从座位的左边入座。

② 落座后上体自然挺直,双膝自然并拢,双脚平正放松,两臂自然弯曲;双手放在膝上,也可放在椅子或沙发扶手上,掌心向下;目视前方,面容平和。

③ 正式场合,一般不应坐满座位,通常是坐椅子2/3的位置。

④ 离座时要自然稳当,右脚向后收半步,然后起立,动作不可过猛。

⑤ 谈话时,身体可以有所侧重,但要注意上体与腿的协调配合。

(2) 商务场合常见的女士坐姿。

① 正坐式。上身挺直,头部端正,双膝分开,双脚基本与肩同宽,大腿与小腿成直角,小腿垂直地面成90°,双手放在两膝上或椅子的扶手上(如附录图2-9所示)。

② 侧坐式。上身挺直,两膝并拢,双腿斜放,以与地面构成45°夹角为最佳;侧坐时,双手宜叠放或以相握的姿势放于身体侧面的那条大腿上(如附录图2-10所示)。

③ 交叉式。上身挺直,坐正;一侧的小腿正放,与地面垂直;另一侧脚的脚背在前脚脚踝处交叉,两膝部靠紧(如附录图2-11所示)。

④ 重叠式。两膝部并拢,两小腿向右侧斜伸出;左脚绷直,左腿重叠于右腿上,左脚挂在右脚跟关节处,两腿收紧;上身左转45°,沉肩,挺胸(如附录图2-12所示)。

⑤ 侧挂式。髋部左转45°,头、胸向右转,右小腿向左侧斜伸出,左小腿向里收,左脚脚尖向下(如附录图2-13所示)。

除此之外,女士常见的坐姿还有前伸式和前后式(如附录图2-14、图2-15所示)。

(3) 商务场合常见的男士坐姿。

① 标准式。双脚并拢,小腿稍向前,坐正立腰,双手放在两腿上,眼睛平视前方(如附录图2-16所示)。

② 分腿式。两膝部稍展开,不可超过肩宽;小腿垂直于地面,两手合握于腹前(如附录图2-17所示)。

③ 重叠式。左小腿垂直于地面;右腿重叠在左腿上;右小腿向里收,脚尖向下;双手交叉放在右腿上(如附录图2-18所示)。

(4) 坐姿禁忌。

坐时切不可前趴后仰、东倒西歪、摇头晃脑、抖腿跷脚、双手端臀、以手摸脚。不论何种坐姿,切忌两膝盖分开,两脚呈八字形,这一点女性尤其要注意。坐下时也不要随意挪动,高跷二郎腿,这些都是缺乏教养和傲慢无礼的表现(如附录图2-19所示)。

3. 走姿

走姿是行走时的姿态,是一种动态美。常言道"行如风",就是说走得像风一样轻盈、敏捷。

(1) 规范的走姿要求。

① 在站姿的基础上,手臂前后自然摆动,手指自然弯曲,以肩关节为轴,上臂带动前臂。前臂不要向上甩动,前后摆动幅度为30°～40°。

② 提髋屈大腿,带动小腿向前迈出,脚尖正前方略开,重心平稳。

③ 有明确的方向感,尽量使自己在一条直线上行走。

④ 行走中两脚落地的距离大约为一个脚长,即前脚的脚跟距后脚的脚尖相距一个脚的长度为宜,不过不同的性别、不同的身高、不同的着装都会有不同的步距。

⑤ 行进的速度应当保持均匀、平稳,不要忽快忽慢。在正常情况下,步速应自然舒缓,

显得成熟、自信。

行走时，男女的步态风格应有区别：男士的步履应雄健、有力、潇洒、豪迈，步伐稍大，展现刚健、英武的阳刚之美；女士的步履应轻捷、蕴蓄、娴雅、飘逸，步幅略小，展示温柔、娇巧的阴柔之美（如附录图2-20所示）。

（2）走姿禁忌。

行走时应注意男不扭腰，女不扭臀；要防止内八字步和外八字步；防止低头驼背；同时避免摇晃肩膀，双臂大甩手，左顾右盼，脚擦地面。

（3）不同着装的走姿。

所穿服饰不同，步态应有所区别。走姿要展现服装的特点。

① 穿西装。西装以直线为主，应走出穿着者挺拔、优雅的风度。穿西装时，后背保持平正，两脚立直，走路的步幅可略大些；手臂放松，伸直摆动，手势简洁大方。行走时，男士不要晃动，女士不要左右摆髋。

② 穿旗袍。行走时，要求女士身体挺拔，胸微含，下颌微收，不要塌腰撅臀。走路时，步幅不宜过大，以免旗袍开衩过大，暴露不雅。两脚跟前后要走在一条线上，脚尖略微外开，两手臂在体侧自然摆动，幅度也不宜过大。站立时，双手可交叉于腹前。

③ 穿裙装。穿着长裙可显出女性身材的修长和飘逸美。行走时步态要平稳，步幅可稍大些。转动时，要注意头和身体相协调，调整头、胸、髋三轴的角度。穿着短裙，步态要表现轻盈、敏捷、活泼、洒脱的风度，步幅不宜过大，但脚步频率可以稍快些，保持轻快灵巧的风格。

4. 蹲姿

商务场合的蹲姿，主要是在捡物品时发生的。

（1）常用的蹲姿。

① 交叉式蹲姿。下蹲时左脚在前，右脚在后，左小腿垂直于地面，两腿交叉重叠；左脚全脚着地，右脚脚掌着地，两腿前后靠紧支撑身体；臀部向下，上身稍向前倾，下蹲时上身保持直立姿态。这种蹲姿适合穿裙装的女士（如附录图2-21所示）。

② 半跪式蹲姿。半跪式蹲姿又叫单跪式蹲姿，多用于下蹲时间较长，或为了用力方便时所采用的一种姿态。下蹲时一腿部膝盖点地，臀部坐在点地腿的脚上；点地腿用脚尖着地，另一条腿全脚掌着地，小腿垂直于地面；双腿靠拢收紧，形成腿部一跪一蹲的姿态（如附录图2-22所示）。

③ 高低式蹲姿。下蹲时左脚在前，右脚稍后，两腿靠紧向下蹲；左脚全脚着地，小腿垂直于地面，右脚脚掌着地，左膝高于右膝；臀部向下，基本上用右腿支撑身体，上身稍向前倾；在下蹲过程中上身保持站立姿态，两腿部收紧（如附录图2-23所示）。

（2）蹲姿的注意事项。

下蹲时的速度不宜过快、过猛；下蹲不要弯腰撅臀；不要两脚左右分开，弯腰或半蹲（又称"洗手间姿势"），很不雅观。

（二）手势礼仪

手势是体姿仪态中姿势最丰富、最具有表现力的信息传播方式，如招手致意、拍手称赞、挥手告别、摆手拒绝等。手势的美是一种动态美。恰当地运用手势，不仅可以很好地表情达意,而且可以以优雅动人的体态,视觉上给人以美好的感觉,产生"此时无声胜有声"的作用。

1. 手势的规范要求

手势的规范要求是手掌自然打开,掌心向上,五指伸直自然并拢;手与前臂成一条直线,肘关节自然弯曲,掌心向斜上方(如附录图 2-24 所示)。在做手势时,要讲究柔美、流畅,做到欲扬先抑,欲左先右,欲右先左,欲上先下。做手势时应避免僵硬死板,并注意与面部表情和其他动作的协调配合,从而体现手势的协调和对他人的尊重与礼貌。

2. 手势的常用类型

(1) 前摆式。

前摆式是在表示"请"、引导等动作时的常用手势。前摆式手势的要求是:五指并拢,手掌伸直,由身体一侧自下向上抬起,以肩关节为轴;手臂稍曲,到腰的高度后再由身前向右方摆去,摆到距身体 15 厘米左右,不超过躯干的位置。同时面带微笑,目视来宾。

(2) 横摆式。

横摆式是在表示"请""请进"或介绍某人时常用的手势。横摆式手势的要求是:五指并拢,手掌伸直,掌心向上;肘微弯曲,腕低于肘;手势从腹部之前抬起,以肘为轴向一旁摆出,到腰部并与身体正面成 45°角时停止;头部和上身微向伸出手的一侧倾斜,另一只手背在身后或自然下垂;面带微笑,目视来宾,表现对宾客的尊重和欢迎。

(3) 斜摆式。

指示位子或上下方向时,常使用斜摆式手势。此时,手要从身体一侧抬起,直到高于腰部时再向下摆去,且大小臂成一斜线。

(4) 直臂式。

直臂式手势常用于指示较远的方向。直臂式手势的要求是:五指并拢,手掌伸直,屈肘从身前抬起,向指示的方向摆去,摆到肩的高度时停止,此时大小臂基本成一直线。

(5) 跷大拇指手势。

中国人对这一手势赋予积极的意义,通常用它表示高度的赞誉,寓意为"很棒!""好!""第一!"等。在英国、新西兰、澳大利亚等国家,跷大拇指则是搭车的惯用手势。但是在希腊,跷大拇指却是让对方"滚蛋"的意思。因此,中国人在与希腊人交往时,千万不要用跷大拇指去称赞对方,那样一定会造成不必要的误解,甚至产生不愉快。

3. 手势的禁忌

(1) 指点手势。

在任何情况下,都不要用拇指指自己的鼻尖和用手指点他人。谈到自己时,应用手掌轻按自己的左胸,那样会显得端庄、大方、可信。用手指点他人的手势是不礼貌的。

(2) 捻指手势。

捻指手势所表示的意义比较复杂:有时是表示高兴,有时表示对所说的话或举动有兴趣或完全赞同,有时则被视为某种轻浮的动作。若是在陌生的场合或不熟悉的人面前轻易地捻指,会使人觉得没有教养;碰到熟人打招呼时捻指,或对某人或异性"叭叭"地打响指,会使人感到不舒服。总之,这是一种很随便的举止,一定要慎用。

(三) 表情礼仪

表情是内心情感在面部上的表现,是人际交往中相互沟通的形式之一。它是一种无声的"体态语言"。人们通过喜、怒、哀、乐等表情来真实可信地表达内心情感和心理活动。在人际沟通中,表情起着重要的作用。作为商务人员,应学会恰当地运用表情礼仪(即目光和微笑)进行表情达意。

1. 目光

人们常说,眼睛是心灵的窗口。目光是心灵的语言,正所谓"眉目传情"。在交流过程中,双方要不断地应用目光表达自己的意愿、情感,还要适当观察对方的目光,探测"虚实"。交流结束时,也要用目光作一个圆满的结尾。在各种礼仪形式中,目光有重要的位置,目光运用得当与否,直接影响礼仪的质量。

在与人交谈时,应不断地通过各种目光与对方交流,调整交谈的气氛。应随着话题、内容的变换,做出及时恰当的反映。或喜或悲,或微笑或沉思,用目光流露会意的万千情意,使整个交谈融洽、和谐、生动、有趣。虽然目光语言千变万化,但都是内心情感的流露。要学会阅读分析目光语言,从中分析对方的内心活动和意向,这对正确处理社交活动的进行和发展有着重要意义。运用目光交流时应注意以下内容。

(1) 注视的部位。

人际交流中,注视的部位不同,含义也不同。一般注视方式有以下三种。

① 公务注视:眼睛看着对方双眼或双眼与额头之间的区域,适用于洽谈、磋商、谈判等场合,表示严肃、认真有诚意。

② 社交注视:眼光看向对方双眼到唇心的这个三角区域,适用于在茶话会、朋友聚会等场合,会使对方感到礼貌、舒适。

③ 亲密注视:眼光可注视对方双眼到胸部之间的区域,适用于亲人、恋人和家庭成员之间,表示亲近、友善。

(2) 注视的时间。

在人际交往中,注视对方时间的长短相当重要。在交谈中,听的一方通常应多注视说的一方,目光与对方接触时间一般占全部相处时间的1/3。谈话时,若对方为关系一般的同性,则应不时与对方双目对视,以示尊重;如果双方关系密切,则可较长时间地注视对方,以拉近彼此距离,表示亲近友好。如果对方是异性,若目不转睛长时间地注视会使对方感到不自在,更是失礼的表现。

(3) 注视的角度。

① 平视:适用于普通场合与身份、地位平等的人之间的交往,表示理性、平等、自信、坦率(如附录图 2-25 所示)。

② 俯视:一般表示对晚辈的爱护、宽容,也可对他人表示轻慢、歧视(如附录图 2-26 所示)。

③ 仰视:适用于面对长辈或仰慕的人,表示尊敬、期待(如附录图 2-27 所示)。

2. 微笑

英国诗人雪莱说:"微笑,实在是仁爱的象征,快乐的源泉,亲近别人的媒介。有了微笑,人类的感情就好沟通了。"由此可见,微笑是人际交往中的润滑剂,是化解矛盾、广交朋友的法宝。微笑可以表现温馨、亲切的表情,能有效地缩短沟通双方的距离,给对方留下美好的心理感受,从而形成融洽的交往氛围。

(1) 微笑的要求。

微笑必须真诚甜美。所谓真诚,应是发自内心喜悦的自然流露;所谓甜美,应笑得温柔,友善,自然亲切,恰到好处,令人愉悦。微笑应发自内心、自然大方,由眼神、眉毛、嘴巴、表情等器官协调完成。要防止生硬、虚伪、不由衷的微笑。

心理学家发现,最有魅力的微笑,不是咧开嘴露出六颗或八颗牙就行了,其最关键的是眼睛放出愉悦光彩的那种迷人的笑!真诚的微笑应该是发自内心的,要口到、眼到、心到、情到,这样的笑容才是最美、最能打动人心的。

(2) 微笑的训练方法。

① 照镜训练法。对着镜子,心里想着使自己感到高兴的人或情境,嘴角两端做出微笑的口型,找出自己认为最满意的微笑;天天练习,使之自然长久地呈现在脸上。也可以试着用手指将嘴角轻轻推上去,使嘴角微微上扬,保持这样的姿势20秒,然后再恢复到最初的样子,反复练习,自信甜美的笑容就会出现在脸上。

② 词语训练法。默念英文单词 cheers、cheese 或普通话中的"茄子""田七""一"等字,这些字、词形成的口型,正是微笑的最佳口型。

(3) 微笑的禁忌。

在商务工作中不要讥笑,使对方恐慌;不要傻笑,令对方尴尬;不要皮笑肉不笑,使对方无所适从;不要冷笑,使对方产生敌意。总之,笑也要因时、因地、因事而异,否则毫无美感且令人生厌。

第三章　商务人员交际礼仪

商务交际活动是商务活动中的主体与客体为了达到某种商务目的而进行的往来接触。正如体育运动和游戏需要有规则一样，这些往来接触得以正常进行，也需要用一定的行为规范来调节和增进彼此间的关系。

一、见面礼仪

见面是交往的开始。人与人在商务交往中的第一礼节就是见面礼。见面礼仪规范运用得当，可以帮助交往双方协调彼此关系，融洽相互感情，从而使双方建立良好的交际关系。

（一）打招呼

打招呼即人们平时所说的问候。它主要适用于人们在公共场所见面时，彼此向对方致以敬意，表达关切之意。

在商务交往活动中，打招呼占有重要的地位。打招呼方法是否得当，往往会成为影响双方关系的重要因素。打招呼通常遵循的原则是：由身份较低之人首先向身份较高之人进行问候。如果被问候者不止一人时，则进行问候时有三种方法可借鉴。

第一，统一对其进行问候，而不再一一具体到每个人。例如，可问候对方："大家好！""各位上午好！"

第二，采用"由尊而卑"的礼仪惯例，先问候身份高者，再问候身份低者。

第三，以"由近而远"为先后顺序，首先问候与本人距离近者，然后依次问候其他人。当被问候者身份相似时，一般应采用这种方法。

1. 常用问候语

在问候他人时，具体内容应既简练又规范。通常采用的问候用语主要分为下列两种。

（1）标准式问候用语：即直截了当地向对方问候。其常规做法主要是在问候之前，加上适当的人称代词，或者其他尊称。例如，"你好""您好""各位好""大家好"等。

（2）时效式问候用语：即在一定的时间范围之内才有作用的问候用语。其常规做法是在问候之前加上具体的时间，或是在二者之前再加以尊称。例如，"早上好""中午好""下午好""午安""晚上好""晚安"等。

2. 寒暄式招呼语

寒暄是人际交往中以天气冷暖、生活琐事等话题作为交流的开场白，常常是打破尴尬局面、拉近彼此距离或向对方暗示乐于结识的有效方式。例如，"你今天看上去气色真不错""今天天气真好"等。

3. 情景式招呼语

情景式招呼语主要适用于一些特定的时间和场合。例如,在一些传统节日里的祝福语,如"节日快乐""新年好""恭喜发财"等;又如初次见面往往说"幸会""久仰大名""认识您很荣幸"等。

4. 服务场所招呼语

服务场所的工作人员在与客人打招呼时,常用的语言是"欢迎光临""我能为您做些什么"等,既体现了服务人员的热情、礼貌,又体现了所在企业的管理和服务水平。

(二)致意

在当今社交场合中,人们在见面时常常用致意礼来相互传递彼此间的敬重、友好与尊重。

致意,又可称作"袖珍招呼",是指向他人表达问候的心意,用礼节举止表示出来。致意通常是在迎送、被人引见、拜访时作为见面所必施的礼节,它对于社交活动的进行影响很大。礼貌的致意,会给人一种友好愉悦的感受;反之,就会被看作是缺乏教养、不友善的表示。

1. 致意的基本规则

一般来讲,商务场合的致意应遵循以下规则:下级应先向上级致意;年轻者应先向年长者致意;男性应先向女性致意。

但是,在实际交往中,并不一定要拘泥于以上顺序。有时,长者、上级为了体现自己的谦虚、随和,会主动向晚辈、下级致意,这无疑会更具有亲和力与风度,更能得到对方的尊重与敬仰。

2. 致意的方式

致意作为一种见面礼节,主要的行礼方式有招手致意、点头致意、躬身致意、脱帽致意、注目致意等。

(1)招手致意。

招手致意又称挥手致意,一般适用于与相距较远的熟人打招呼。招手致意的规范做法是右臂向前上方伸直,右手掌心朝向对方,轻轻向左右摆动一两下。需要注意的是,不要将手上下摆动,也不要用手背朝向对方。

(2)点头致意。

点头致意又称颔首致意,其具体做法是行礼者头部向下轻轻一点,同时面带微笑。注意不宜反复点头,点头的幅度也不必过大。点头致意一般适用于路遇熟人或在会场、影院、会场等不宜与人交谈之处,在同一场合碰上已多次见面者,遇上多人而又无法一一问候的场合等。

(3)躬身致意。

躬身致意又称欠身致意,有两种形式。一种是站姿时,上身微微向前一躬;另一种是坐姿时,在上身前躬的同时,臀部轻起离开座椅。这种致意方式表示对他人的恭敬,适用于见到位尊者时使用。

(4)脱帽致意。

脱帽致意指的是在一些特定场合,戴帽子的人应自觉主动地摘下自己的帽子,并放置于适当位置,如升国旗、奏国歌、进入他人居所、参加葬礼等。在商务交际场合中,当戴帽男士见到女士、上级、长辈时,应用距离对方稍远的那只手摘下帽子,向对方点头致意表示友好。

(5) 注目致意。

注目致意的正确做法是起身立正,挺胸抬头,双手自然下垂或贴放于身体两侧,面容庄重严肃,双目正视被行礼对象,并随之缓缓移动。一般来说,在升国旗、剪彩揭幕、大型庆典时行注目致意礼。行礼时不可戴帽子,不可嬉皮笑脸,更不可大声喧哗。

(三) 握手礼

握手礼是人类历史最悠久的礼仪之一,也是当今商务活动中使用范围最广泛、使用频率最高的社交礼节。握手礼看似平常,却是沟通思想、交流感情、增进友谊的重要方式。热情、文雅而得体的握手能让人感受到愉悦、信任和接受,能促进彼此间的交流。因此,在各种社交场合中应注意正确使用握手礼。

1. 握手的时机

见面之初,何时应行握手礼,这是一个复杂而微妙的问题。所以,握手之前要审时度势,听其言观其行,留意握手信号,选择适当时机。一般而言,在以下场合,就是行握手礼的最佳时机:

(1) 当被介绍给不相识者时,与其握手,可表示乐于结识对方;

(2) 当遇到久未谋面的熟人时,与其握手,可表示久别重逢的喜悦;

(3) 当在社交场合作为东道主与公众、来宾见面时,与其握手,可表示对对方的欢迎;

(4) 在较正式的场合与人道别时,与其握手,可表示依依惜别之情;

(5) 在家中、办公室等地迎接、送别来访者时,与其握手,可表示欢迎或欢送;

(6) 当向他人道贺、恭喜时,与其握手,表示祝贺;

(7) 当得到他人的理解、支持、肯定或当他人向自己赠送礼品、颁奖时,与其握手,表示感谢。

在以下情况时,可不必握手,采用对方能够理解的其他方式致意效果会更好:当对方右手负伤时;当对方携带较多重物时;当对方正忙于其他事务时;当对方和自己距离较远时;当时环境不适宜握手时。

2. 握手的方式

(1) 规范的握手姿势。

行握手礼时,双方相距75厘米(约一步)左右,双腿立正,上身略向前倾,伸出右手,四指并拢,拇指张开,掌心向内,右手掌与地面垂直,手的高度大致与双方腰部平齐。握手时,适当用力,上下轻摇几次。伸直相握时,双方手臂应大致形成一个直角,虎口交叉。面带微笑,注视对方,并辅以语言的交流。这是标准的握手姿势,也叫平等式握手(如附录图3-1所示)。

(2) 握手的注意事项。

① 神态。握手时,神态应自然、热情、专注;同时要面带微笑,目视对方的脸,亲切问候,以体现对对方的友好和尊重。握手时一般的问候语是"你好""认识你很高兴""很高兴再次重逢"等。

② 时间。握手时间的长短应因人因地因情而异。在通常情况下,握手的时间应控制在

3秒左右,不宜过短或过长。另外,应注意的是,在与异性或初次见面者握手时,握手时间应控制在3秒以内,不宜过长,否则容易造成对方的误会或不快。

③ 力度。握手的力度要适中,既不可用力过猛,也不可柔软无力或伸而不握,否则会给人缺乏热忱和敷衍之感。具体而言,若对方是亲朋好友,握手时力度可稍大些;若对方是异性或是初次见面的朋友,则千万不可用力过猛。久久地、强有力地握手,且边握边上下摇晃,说明对方的感情是真挚而热烈的;而握手时连手指都不愿意弯曲,只是例行公事般地敷衍一下,没有任何力度,则说明对方的感情是冷淡的。另外,男士握女士的手时应轻一些,不要握满全手,只要握住女士手指部分轻触则止即可。

3. 握手的顺序

在比较正式的社交场合,行握手礼的关键环节就是握手时双方应由谁先伸手发起握手这一动作。倘若对此一无所知,在与他人握手时,轻率地抢先伸出手去却得不到对方的回应,是非常尴尬的。因此,在握手时要遵守"尊者决定"的原则,即在握手时首先确定双方身份的尊卑,由位尊者先伸手,位卑者及时地做出回应。遵守这一原则,既是为了恰当地体现对位尊者的尊重,也是为了维护在握手之后的寒暄中位尊者的自尊。

在社交场合中,"尊者决定"原则的具体体现如下:

(1) 年长者与年幼者握手,应由年长者先伸手,体现年长者对年幼者的体恤之心;

(2) 女士与男士握手,应由女士先伸手,体现男士对女士的尊重;

(3) 宾主之间,客人到来时,主人先伸手,表示欢迎之意;客人告辞时,客人先伸手,体现对主人的接待表示感谢;

(4) 上级与下级握手,应由上级先伸手,体现领导的身份地位;

(5) 先来后到之时,先来者向后到者主动伸手以示礼貌。

值得注意的是,当握手双方符合以上原则中的两个或两个以上顺序时,一般以"先职位再年龄,先年龄再性别"的顺序握手。例如,一位年长的职位低的女士和一位年轻的职位高的男士握手时,应由这位男士先伸手。

应强调的是,上述握手顺序主要用来律己,不可用来苛求他人。在社交场合中,无论谁先向我们伸手,我们都应将其看作是友好的表示,要马上伸手与其相握。拒绝与他人握手是一种变相的失礼,是不符合礼仪规范的。

4. 握手的禁忌

在当今社交场合中,握手礼虽然看似寻常,但并非每个人都能掌握其规范,领悟其内涵。由于施礼过程中可传递多种信息,所以在行握手礼时应尽量做到合乎规范。

(1) 不可坐着握手。行握手礼时,除长者和女士外,都应起身站立。

(2) 不可东张西望。握手时应神情专注,不可东张西望、心不在焉。

(3) 不可交叉握手。在多人同时握手时,不可交叉握手。当自己伸手时发现别人已经伸手,应主动收回,并说声"对不起",待别人握完手后再伸手相握。

(4) 不可用左手握手。尤其在与阿拉伯人、印度人打交道时,更要注意这一点,因为在他们的习俗中,左、右手分工不同。在他们看来,左手是不洁净的,所以,一般不用左手行握手礼或递接食物。

(5) 不可戴着手套握手。无论男女,在公共场合中,与人握手均不能戴手套。但有两种情况例外,一是当女士穿着礼服、戴着长纱手套时,由于此时长纱手套视为礼服的一部分,故可以戴着行握手礼;二是军人、武警仪仗队队员在执行公务时,可戴所配礼服手套行握手礼。

(6) 不可用不洁之手与他人相握。当自己的手不干净时,应向对方示意声明,并表示歉意。

(7) 不可在握手时将另一只手放在衣袋里,这样显得随意而不庄重。

(8) 不可在握手时戴着墨镜,但患有眼疾或眼部有缺陷者除外。

(9) 不可在与他人握手之后,立即擦拭自己的手掌。

(10) 不可拒绝与他人握手。在任何情况下都不能这样做,否则是一种变相的失礼。

握手礼的由来

一种说法是,握手礼源于西方中世纪的骑士们。战争期间,骑士们都穿盔甲,除两只眼睛外,全身都包裹在铁甲里,随时准备冲向敌人。如果表示友好,互相走近时就脱去右手的甲胄,伸出右手,表示没有武器,互相握手言好。后来,这种友好的表示方式流传到民间,就成了握手礼。当今行握手礼也都是不戴手套,朋友或互不相识的人初识、再见时,先脱去手套,才能施握手礼,以示对对方的尊重。

另一种说法是,握手礼源于东方刀耕火种的原始时代。当时,人们在狩猎或战争中,手上都拿着石块或棍棒等防卫武器,倘若途中遇到陌生人,如大家都无恶意,就放下手中的武器,并伸出手掌,让对方抚摸手心,表示手中没有武器。后来,这种礼俗就演变成今天的握手礼。

(资料来源:卢新华,康娜. 社交礼仪[M]. 2版. 北京:北京大学出版社,2013.)

(四) 鞠躬礼

鞠躬礼,又称打躬礼,是中国、日本、朝鲜、韩国等国的传统礼节,尤其是日本和朝鲜最为盛行。鞠躬礼一般是下级对上级、晚辈对长辈、服务人员对宾客、朋友与朋友之间、主人与客人之间为了表示对对方的尊重所施的礼节。

1. 鞠躬的方式

常见的鞠躬礼分为一鞠躬礼和三鞠躬礼。一鞠躬礼可适用于所有场合,行礼时身体向前倾15°~45°,随即恢复原状。三鞠躬礼比较正规,行礼前应脱帽,身体立正,身体向前倾45°~90°,然后恢复原状,这样连续三次以示庄重。

正式场合行鞠躬礼的具体做法是:身体立正,以腰为轴,上身前倾,目光随身体下弯而下垂。男士的双手应贴于两腿外侧的裤线处;女士的双手则应下垂,交叉于小腹。

2. 鞠躬程度及含义

弯腰角度因场合、对象的不同而有所区别。一般而言,鞠躬的幅度越大,表示的敬重程度就越高,对被问候者越尊敬。

(1) 一般致礼:15°左右,表示一般致敬、致谢、问候。

(2) 敬礼:30°左右,表示恳切致谢或表示歉意。

(3) 敬大礼：45°左右，表示很诚恳的致敬、致谢或歉意。

(4) 敬最大礼：90°左右，在特殊情境，如婚礼、葬礼、谢罪、忏悔等场合才行 90°大鞠躬礼。

和握手相比，鞠躬表达的敬意更深一些，常用于婚丧节庆、演员谢幕、讲演、领奖等场合以及下级对上级、服务员对客人、初次见面等场合。特别是在大众场合个体与群体交往，个人不可能和许多人逐一握手时，则可以鞠躬代之，既恭敬，又节约时间，值得大力提倡。

（五）亲吻礼

亲吻礼是西方国家常用的一种见面礼节。作为一种西方礼俗，亲吻礼起源于古罗马。据说，当时罗马帝国的战士出征期间，对留在家中的妻子约束甚严，包括禁止饮酒。有的战士回来，第一件事就是要凑到妻子嘴边闻一闻，检查她是否喝了酒。后来，这个动作逐渐成了夫妻间的见面礼。还有一种说法认为，亲吻礼起源于婴儿与母亲碰嘴的情感交流方式。

行亲吻礼时，双方的关系不同，亲吻的部位也不同。长辈吻晚辈，应当吻额头；晚辈吻长辈，应当吻下颌或面颊；同辈之间、同性及异性朋友之间应当吻面颊。接吻，即吻嘴唇，仅限于夫妻与恋人之间，不能滥用。

有时，亲吻礼与拥抱礼同时采用，双方既拥抱又亲吻。应注意，行亲吻礼时忌讳发出亲吻的声音，而且不应将唾液弄到对方脸上。

（六）吻手礼

吻手礼是流行于欧美上流社会异性之间的一种高层次的礼节。近年来，在我国都市婚礼等场合也偶有所见。

1. 吻手礼的规范

行吻手礼的具体做法是：男士行至女士面前立正致意，双方相距约一步（75 厘米左右）；女士先将右手轻轻向左前方抬起约 60°，作下垂姿势，男士以右手或双手轻轻捧起女士的右手，略俯身、低头，以自己微闭的嘴唇象征性地轻吻一下对方的手背或手指，再缓缓松开。

吻手礼是男士向身份高或已婚妇女表示的特别敬重，未婚女士一般不享受此礼遇。但是当年轻女性在特殊场合，拥有特别身份时，如宴会的主角可以享受此殊荣。

2. 吻手礼的注意事项

行吻手礼时，男士一定要稳重、自然，动作不能粗俗，姿势不可过分夸张。吻对方手背时绝对不要发出声音，以免造成对方难堪。

（七）拥抱礼

在西方，特别是欧美国家，拥抱礼是十分常见的见面礼与道别礼。熟人之间、生人之间、同性之间、异性之间、新友故交之间的见面，都可以行拥抱礼，彼此间热烈地抱一抱，或轻轻地搂一搂。拥抱礼不仅是西方人们日常交际的重要礼节，也是各国政府首脑外交场合中常见的见面礼节。拥抱礼是通过身体某一部分的接触来传递彼此的情感。可以说，拥抱礼是一种近距离的握手礼。人们在拥抱的同时，可以感受到对方全身心的力量。

1. 拥抱礼的规范

正式场合行拥抱礼的具体做法是：两人相对站立，张开双臂，彼此都右臂偏上、左臂偏下；右手扶着对方的左后肩，左手扶着对方的右后腰，各自都按自己的方位，两人头部及上身都向左侧相互拥抱；然后再向右侧拥抱，最后再向左侧拥抱，一共拥抱三次才算礼毕。在一般场合行拥抱礼，可以不必如此讲究，次数也不必要求如此严格。

2. 拥抱礼的注意事项

作为礼节的拥抱，双方身体并不要贴得很紧，拥抱的时间也很短，更不能用嘴去吻对方脸颊。

在涉外交往中，我们还应注意交往对象的民族习惯。例如，在美国及大多数拉美国家，拥抱礼是十分常见的；而在有些国家，如印度，人们不仅不喜欢拥抱，男女之间连握手也不行。此外，在日本、英国以及东南亚许多国家，人们见面时都不大喜欢用拥抱来表达感情。

二、交谈礼仪

语言是人们表达思想感情和进行交流的重要手段和工具。"言为心声"，人们的思想、品德、情操、志趣、文化素养等都可以通过语言得到一定的表现。

高尔基说："作为一种感人的力量，语言真正的美，产生于言辞的正确、明晰和动听。"所以，人们如果在人际交往中能够根据不同的对象、场合等，恰当地运用语言，就能和对方进行有效的沟通。

（一）交谈常用语

在人际交往中，是否尊重别人和被别人尊重，标志着一个民族的文化素养和社会的进步程度。这种尊重体现在语言中，便是礼貌用语。

我国的礼貌用语丰富多彩，表现在许多方面。交谈常用语主要有如下几种。

1. 称谓用语

称谓用语是指人们在日常交往应酬时采用的彼此之间的称呼语。在社交场合中选择正确、恰当的称呼，既是对他人的尊重，又反映了社交人员的修养。常见的称谓用语包括以下几种。

（1）一般性称呼。

一般性称呼也叫性别称呼，是最简单、最普遍、最常见的称呼，尤其是面对陌生人时常用。如称呼男性为"同志""先生"等，称呼女性为"小姐""夫人""太太""女士"等。在国际上，"先生""小姐""夫人""女士"是使用频率最高的称呼。一般来说，未婚女子统称"小姐"，已婚女士统称为"夫人"或"太太"。

（2）职务性称呼。

职务性称呼以交往对象的职务相称，以表示对对方身份的敬意，这也是一种常见的称呼。运用职务性称呼有三种情况：称职务，如"部长"；在职务前加上姓氏称呼，如"张经理""李局长""王部长"等；在职务前加上姓名（适用于极其正式的场合），如"李济部长""张孝天校长"等。

（3）职称性称呼。

对于具有职称者,尤其是具有高级、中级职称者,在工作中直接以其职称相称,如"张教授""李工程师"等。

(4) 职业性称呼。

在工作中,有时可以根据对方所从事的职业进行称呼。对于从事特定职业的人,可以直接称呼对方的职业,如老师、会计、医生等;也可以在职业前加上姓氏或姓名,如"张老师""李医生""王律师"等。

(5) 姓名性称呼。

在工作岗位上称呼姓名,一般仅限于熟人、同事之间。姓名性称呼有三种情况:一是可以直呼其姓名;二是只呼其姓,通常在其姓前加上"老""大""小"等前缀,如"老张""大张""小张";三是只呼其名,不呼其姓,这种称呼一般限于同性之间,尤其是上级称呼下级,长辈称呼晚辈。在同学、亲友、邻里之间也可以使用这种称呼。

(6) 亲属性称呼。

在人际交往中,对于非亲属的交往也可以用亲属称呼,如"张叔叔""王阿姨""李伯伯"等。

遇到外宾,介绍、问候时的称呼应合乎礼仪,体现尊重与友好。在正式场合,可称其职务,或是对方引以为荣的头衔。

对地位高的官方人士,按各国情况不同可称"阁下"或"先生",如"主席先生(阁下)""总统先生(阁下)",也可直接简称"阁下"。而美国、德国、墨西哥等国则没有称呼"阁下"的习惯,可统称"先生"。在美国直接称呼"总统"是不礼貌的,应使用"总统先生"。在日本则只有对教师、医生、年长者、上级和有特殊才能的人才称先生。

在社交场合,人们对别人如何称呼自己是十分敏感的。称呼得当,能使双方产生心理上的相容,交际会变得顺利起来。正确地称呼是成功社交的第一步。因而,除了了解上述称呼外,在具体使用时还必须注意以下几点。

(1) 称呼必须符合对方的年龄、性别、身份、职业等具体情况,并应注意讲究礼貌。

(2) 称呼要符合交往的场合与当地的风俗习惯。例如,在正式场合对前来进行业务洽谈、开会的人都应以职务相称,以体现执行公务的严肃性、合法性;而在平时交往和生活中,则可较为随便。

(3) 在被介绍给他人,并且需要与多人同时打招呼时,称呼要注意有序性。一般来说应"先长后幼,先上级后下级,先女后男,先疏后亲"为宜。特别在涉外场合,称呼的次序更为重要。

(4) 称呼要考虑与对方关系的亲疏远近,注意区别。

称呼问题有时不是一下子就能搞清楚的。在介绍时,假如不能准确掌握某一方称呼时,不妨礼貌地问一下:"请问我怎么称呼您?"千万不能凭自己的主观臆断随意称呼,使被介绍者处于尴尬的境地。例如,当介绍某一位年纪较大而又没有结婚的女士时,若介绍者仅凭自己的直觉将那位女士以"太太"相称,则一定会令那位女士生气的。

2. 迎送用语

迎送用语又可分为欢迎用语与送别用语,两者分别适用于迎客之时或送客之际。

首先,使用欢迎用语时,应注意两点。

(1) 欢迎用语往往离不开"欢迎"一词的使用。在平时,最常用的欢迎用语有"欢迎"

"欢迎光临""欢迎您的到来""见到您很高兴""恭候光临"等。

(2)在使用欢迎用语时,通常应一并使用问候语,并且在必要时还须同时向被问候者施以见面礼,如注目、点头、微笑、鞠躬、握手等。

其次,在使用送别用语时,最为常用的送别用语有"再见""慢走""走好""欢迎再来""一路平安""多多保重"等。

3. 祝贺用语

祝贺用语是指节日或别人有喜庆之事时的用语。

祝贺用语非常多,根据庆祝的内容不同,主要有以下两种具体形式。

(1)应酬式的祝贺用语。

应酬式的祝贺用语往往用来祝贺对方顺心如愿。常见的应酬式祝贺用语主要有"祝您成功""祝您好运""一帆风顺""心想事成""身体健康""事业成功""生意兴隆""全家平安""生活如意"等。除此之外,"恭喜,恭喜""向您道喜""向您祝贺""真替您高兴"等亦属应酬式的祝贺用语。

(2)节庆式的祝贺用语。

节庆式的祝贺用语主要是在节日、庆典以及对方喜庆之日时使用。节庆式祝贺用语的时效性极强,通常缺少不得,如"节日愉快""活动顺利""仪式成功""新年好""春节快乐""生日快乐""新婚快乐""白头偕老""福如东海,寿比南山""旗开得胜,马到成功"等。

4. 致谢用语

致谢用语又称道谢用语、感谢用语。在人际交往中,使用致谢用语,意在表达自己的感激之意。一般来讲,在下列几种情况下,理应及时使用致谢用语,向他人表示本人的感激之情:

(1)获得他人帮助时;
(2)得到他人支持时;
(3)赢得他人理解时;
(4)感到他人善意时;
(5)受到他人赞美时。

在实际运用中,致谢用语的内容会有变化,但从总体上讲,它基本上可以被归纳为三种基本形式。

(1)标准式的致谢用语。标准式的致谢用语通常只用一个词——"谢谢"。在任何需要致谢之时,均可采用此种致谢形式。在许多情况之下,如有必要,在采用标准式致谢用语向人道谢时,还可以在其前后加上尊称或人称代词,如"谢谢您"等。这样做,可以使其对象性更为明确。

(2)加强式的致谢用语。有时,为了强化感谢之意,可在标准式致谢用语之前,加上某些副词。最常见的加强式致谢用语有"十分感谢""万分感谢""多多感谢""多谢"等。

(3)具体式的致谢用语。具体式的致谢用语一般是因为某一具体事宜而向人致谢。在致谢时,致谢的原因通常会被一并提及。例如,"有劳您了""让您替我们费心了""今天给您添了不少麻烦"等。

5. 道歉用语

道歉用语对于消除误解、弥补感情上的裂痕或增进友谊具有积极作用。道歉用语有多种多样,在需要使用时,应根据不同对象、不同事件、不同场合而认真地进行选择。

最为常用的道歉用语主要有"抱歉""对不起""请原谅""失礼了""失陪了""失敬了""请多包涵""打扰了""太不应该了""真过意不去"等。

6. 征询用语

征询用语又称询问用语,是指在征求他人意见时用的礼貌用语。

下述几种情况下,一般应采用征询用语:

(1) 主动提供服务时;

(2) 了解对方需求时;

(3) 给予对方选择时;

(4) 启发对方思路时;

(5) 征求对方意见时。

通常情况下,应用最广泛的征询用语主要有三种。

(1) 主动式的征询用语:多适用于主动向对方提供帮助之时。例如,"请问您需要帮助吗?""我能为您做点儿什么?""您需要点什么?"等。主动式征询用语的优点是节省时间,直截了当;缺点是稍微把握不好时机的话,便会令人感到有些唐突、生硬。

(2) 封闭式的征询用语:多用于向对方征求意见或建议之时。封闭式征询用语往往只给对方一个选择方案,以供对方及时决定是否采纳。例如,"您觉得这件衣服怎么样?""您不来上一杯咖啡吗?""您是不是很喜欢这种颜色?""您不介意我来帮助您吧?"等。

(3) 开放式的征询用语:其做法是提出两种或两种以上的方案,以供对方有所选择。这样做,既可以表达清楚自己的意思,又能给对方留下选择的余地,从而取得较好的沟通效果。例如,"您需要这一种,还是那一种?""这里有红色、黑色、白色三种,您喜欢哪一种颜色?"等。

7. 推托用语

拒绝别人,也是一门艺术。在拒绝他人时,如果语言得体,态度友好,则仍会被认为是一个通情达理的人,从而使被拒绝者的失望心理迅速淡化。反之,如果拒绝得过于冰冷、生硬,直言"不知道""做不到""不归我管""问别人去""爱找谁找谁去"等,则很有可能令对方感到尴尬、不快、不满。

通常情况下,人际交往中适宜采用的推托用语主要有三种形式。有时,这三种形式亦可交叉使用。

(1) 道歉式的推托用语。当对方的要求难以被立即满足时,不妨直接向对方表示自己的歉疚之意,以求得对方的谅解。例如,"很抱歉,我实在无能为力""对不起,让您失望了"等。

(2) 转移式的推托用语。所谓转移式的推托用语,就是不具体地纠缠于对方所提及的某一个问题,而是主动提及另外一件事情,以转移对方的注意力。例如,"您不再要点别的吗?""这件衣服其实跟您刚才想要的款式差不多"等。

(3) 解释式的推托用语。解释式的推托用语,就是要求在推托对方时,说明具体的缘由,尽可能地让对方觉得自己的推托合情合理。例如,"您的心意我领了,但礼物我不能收""我下班后需要休息,不能接受您的邀请"等。

8. 请托用语

请托用语通常指在请求他人帮忙或是托付他人代劳时使用的礼貌用语。在一般情况下，人际交往中经常使用的请托用语主要有三种。

（1）标准式请托用语。它的内容主要是一个"请"字。当我们向对方提出某项具体要求时，只要加上一个"请"字，如"请稍候""请让一下"等，则往往更容易为对方所接受。

（2）求助式请托用语。最常见的求助式请托用语有"劳驾""拜托""打扰""借光""请关照"等。它们往往是在向他人提出某一具体的要求时，如请人让路、请人帮忙、打断对方的交谈，或者要求对方照顾一下自己时，才被使用的。

（3）组合式请托用语。有些时候，服务人员在请求或托付他人时，往往会将标准式请托用语与求助式请托用语混合在一起使用，这便是所谓组合式请托用语。例如，"请您帮我一个忙""劳驾您替我照看一下行李""拜托您为这位大妈让一下座位"等，都是较为典型的组合式请托用语。

9. 赞赏用语

赞赏用语主要适用于人际交往中称赞或者肯定他人之时。当需要对对方使用赞赏用语时，讲究的主要是少而精和恰到好处。

在实际运用中，常用的赞赏用语大致分为两种具体的形式。有时，这两种形式也可以混合使用。

（1）评价式的赞赏用语。它主要适用于在适当之时对对方的所作所为予以正面评价。经常采用的评价式赞赏用语主要有"太好了""真不错""对极了""相当好"等。

（2）回应式的赞赏用语。它主要适用于受到夸奖之后回应对方。例如，"哪里""我做得不像您说的那么好""还是您考虑得周全"等。

(二) 交谈礼仪

交谈，是社交活动必不可少的内容，更是一门艺术。交谈中既要注意谈话时的态度、措辞，顾及周围的环境、场合，更要讲究所谈的内容。掌握好交谈的气氛，不但有利于结识新朋友，还能增进彼此间的了解，逐步建立持久、深入的友谊。要想取得轻松愉快的交谈效果，需要注意以下几点。

1. 交谈的基本要求

（1）态度真诚。

人们用语言相互交谈，但语言并非是交谈的全部。能否打动别人，使交谈顺利进行，关键取决于交谈者的态度。交谈者的态度有时甚至比交谈的内容更为重要。

怀有诚意是交谈的前提。推心置腹、以诚相见的态度会使人感到和谐、融洽。诚意是打开对方心灵之窗的钥匙。

真诚的态度，应该是平易、稳重、热情和坦诚的，而不是傲慢、轻浮、冷淡和虚假的。真诚是言谈的基础，只有诚心待人，才能赢得对方的信任和好感，才能为进一步的交谈创造融洽的气氛。

（2）语言文明。

语言是交谈的载体。语言文明是交谈最基本的规则，它要求语言要礼貌、规范，所以，交谈中忌粗话、脏话、荤话、气话。

粗话：是指有些人为了显示自己为人粗犷、豪爽，出言必粗。如把爸妈叫"老头儿""老太太"，把漂亮女孩说成"盘儿亮""条儿顺"等。

脏话：是指讲肮脏的话，说话骂骂咧咧，出口成"脏"。讲脏话的人，非但不文明，而且体现了自己的素质低下、缺乏教养，让人反感。

荤话：是指说话者时刻把绯闻、色情、男女关系之事挂在口头，说话"带色"。爱说荤话者，是对自己的自我贬低，也是对交谈对象的不尊重。

气话：是指说话者闹情绪、发牢骚。在交谈中说气话，不仅无助于沟通，而且很容易得罪人、伤人。

交谈语言除了文明，还应规范得体。许多文明礼貌用语多是约定俗成的常用语，在使用时，具有一定的规范性。例如，初次见面说"久仰"，好久不见说"久违"，等候客人用"恭候"，请人勿送说"留步"，求人原谅用"包涵"，请人批评用"指教"，老人年岁用"高寿"，询问年轻女士的岁数用"芳龄"等。在使用敬语时，一定要注意区分对象并符合其所在地的风俗习惯，否则，就会弄巧成拙。

（3）神态专注。

言谈中，出于对他人的尊重，有必要对自己的神态加以约束，特别是要注意自己的眼神和手势。当与对方交谈时，不要东张西望，也不要不敢看对方，更不要一边交谈，一边摆弄手指、修指甲、掏耳朵、伸懒腰、看电视、翻报纸、看手表等，这些都是带有明显的"驱赶"性的动作，会让对方产生被轻视、不受欢迎的感觉。

神态专注，并非就是一动不动地凝视或逼视对方，而是应态度亲切、神情自然地让目光平稳柔和地望着对方。一动不动地凝视或逼视会让对方精神紧张，造成心理上的压力，这同样也是失礼的。

2. 交谈的语言技巧

交谈是一种语言的沟通。对于一般人而言，交谈的要求只是将自己的信息正确地传达给对方，使对方听懂、理解即可。而对于商务人士来讲，由于职业的要求，其言谈不仅要使对方听懂、理解，而且还应使对方同意自己的观点，进而改变对方的态度，这就需要在与人交谈时掌握一定的语言技巧。

（1）赞美的技巧。

在人际交往中，要建立良好的人际关系，恰当地赞美他人是必不可少的。美国一位著名的社会活动家曾推出一条原则："给人一个好名声，让他们去达到它。"事实上，被赞美的人宁愿做出惊人的努力，也不愿让赞美者失望。由此可见，赞美能激发他人满足自我的强烈需求。赞美是对他人的行为、举止及进行的工作给予正面的评价，赞美是发自内心的肯定与欣赏。赞美的目的是传达一种肯定的信息，让被赞美的人因为有了激励而更自信，并想要做得更好。

赞美常用的技巧有以下几种。

① 赞美的态度要真诚。每个人都应真心诚意，这是人际沟通中最重要的尺度。美国专门研究社会关系的卡斯利博士曾说过："大多数人选择朋友都是以对方是否出于真诚而决定的。"古人说得更好："精诚所至，金石为开。"如果在与他人交往时不是真心诚意，那要与其建立良好的人际关系是不大可能的。所以在赞美时，必须确定所赞美的人确实有此优点，并且要有充分的理由赞美他。赞美不能偏离事实，更不能无中生有，否则将弄巧成拙，招致

误解。赞美也不能言过其实,乱给别人戴高帽子,否则就会变成一种讽刺。

② 赞美的内容要具体。赞美要依据具体的事实评价,除了用广泛的用语如"你很棒!""你表现得很好!""你干得不错!"之外,最好加上具体事实的评价。例如,"你做的关于会展的企划很有创意","你这次处理客户投诉的态度非常好,自始至终婉转、诚恳,并针对问题提出可行的解决方案,你的做法正是我们所期望的"等。

③ 注意赞美的场合。在众人面前赞美,对被赞扬人而言,受到的鼓励是最大的。公开赞扬是一个赞扬他人的好方式,但公开赞扬最好是能被大家认同及公开评价的事项。例如,业务竞赛优胜者,对公司做出重大的贡献者,在公司服务的资深员工等,这些值得公开赞扬的行为都是在公平竞争下产生的,或是已被公司全体员工认同的。

④ 恰当运用间接赞美的技巧。所谓间接赞美,就是借第三方的话来赞美对方,这样比直接赞美对方的效果往往要更好。例如,见到一位业务员,可对他说:"前两天我和章经理谈起你,他很欣赏你接待客户的方法,你对客户的热心与细致值得大家学习。"无论事实是否真的如此,这位业务员对谈话之人肯定好感倍增。

(2) 幽默的技巧。

幽默能使谈话气氛轻松、活跃。古希腊著名哲学家苏格拉底一次正与朋友高谈阔论时,他的妻子突然闯进来,大吵大闹,还把一盆水浇到他头上。朋友们非常惊讶,不知如何是好。苏格拉底却风趣地说:"我早已料到,雷声过后,必定有倾盆大雨。"朋友们大笑,气氛一下子又轻松、活跃了起来。由此可见幽默语言的作用。

幽默是智慧的闪现,是社会语言中高级的艺术,也是一个人的文化修养、道德、机智、心理、气质和语言驾驭能力等多方面素养的综合反映。幽默能使人们的关系和谐亲切,使严肃、紧张的气氛变得轻松活泼,改变局促、尴尬的场面;能使交谈变得逸趣盎然;能消除误会,化解矛盾。

常用的幽默方式有以下几种。

① 否定式幽默法:甲、乙是两种相互对立的事物,从肯定甲事物出发,随之加入乙事物的内容而达到否定甲事物的方法。

例如,在公共汽车上,一位姑娘不小心踩了小伙子一脚,姑娘神色紧张,慌忙道歉:"对不起,我踩了你!"那小伙子风趣地回答:"不,是我的脚放错了地方。"小伙子的幽默化解了紧张、尴尬的气氛。

又如,一位顾客在某饭店吃饭,米饭中的沙子很多,他不得不将它们吐在桌子上。女服务员看到这种情况感到很过意不去,于是抱歉地说:"尽是沙子吧!"那位顾客摇摇头微笑地说:"不,其实也有米饭。"顿时,两个人都笑了。顾客用奇在意外、巧在理中的回答,消除了服务员的不安和尴尬,让人透过笑的影子,觉察到所必须纠正的问题。

② 岔道式幽默法:是通过逻辑的方式造成笑料的方法。如以下对话:

甲:你对我的报告有什么看法?

乙:很精彩。

甲:真的! 精彩在哪里?

乙:最后一句。

甲:为什么?

乙:当你说:"我的报告说完了",大家都转忧为喜,热烈鼓掌。

以上是用故意违反同一律的方法,运用偷换概念的形式,造成幽默的氛围。

③ 双关式的幽默法:即利用一个词的语音或语义同时关联两种不同的意义并进行曲解的方法。

例如,某食品商店经理在全体职工大会上说:"要端正经营作风,加强劳动纪律,公私分明,特别是那'甜蜜的事业'——糖果柜台。"这位经理的讲话,看似是利用其表层意义——点明是哪个柜台,实质上是批评了把该柜台的工作看作是享口福的"事业"的人,让职工们在笑声中反省自己。这种批评不至于太伤职工的自尊心,容易让人接受。

(3) 拒绝的技巧。

在交往中,有时会碰到一些较复杂的情况:想拒绝对方,又不想损伤他的自尊心;想吐露内心的真情,又不好意思表达得太直露;既不想说违心之言,又不想直接顶撞对方。要适应各种不同的情况,就要技巧地掌握拒绝语言,学会说"不"字。因此,在用语言交流时,心理潜意识中要有足够的勇气和自信,不要顾忌太多,心里是怎么想的就尽可能地表达出来。拒绝他人重要的是要讲究表达的方法和方式,即把拒绝融于情理之中,既表达了自己的原则和态度,又保持了对方的自尊心和面子。拒绝时切忌断然拒绝和颠三倒四、言不尽意。为了达到不说"不"而达到"不"的目的,生活中有许多巧妙的做法。

① 使用迂回寓意。即抓住对方的语病,或偷换概念,反被动为主动。例如,陈毅在一次记者招待会上,有位外国记者问他:"陈毅市长,中国已成功地发射了第一、第二颗人造卫星,请问第三颗何时发射?"陈毅微微一笑,很坦诚地说:"我不知道这是不是秘密?"记者说:"不是。""那么,既然不是秘密,你肯定知道了。"陈毅运用智慧巧妙地回答了记者有意刁难的问题。

② 使用敬语,扩大心理距离。即言谈中采用客套的敬语,拉开与对方的情感距离,让对方知难而退,见机行事。必要的时候,可以转移对方的注意力,并补偿对方的心理损失。例如,美国前总统罗斯福当海军军官时,一次有位好友向他问及有关美国新建潜艇基地的情况。罗斯福不好正面拒绝,就问他:"请问,阁下能保守秘密吗?""能!"那人答。罗斯福笑着说:"我也能。"对方一听也就不再问了。他机智而含蓄地拒绝了对方的要求。

(4) 提问的技巧。

提问是引导话题、转换话题的好方法。人们可以通过发问来了解自己不熟悉的情况,也可以把对方的思路引到某个要点上,或是打破冷场,避免僵局。当然,提问应首先注意内容,不要问对方难以应付的问题。同时,提问的方式也不能忽视,查户口式的一问一答只能扼杀掉良好的交谈氛围。

3. 交谈禁忌

为了使交谈顺利进行,除了要掌握交谈的基本技巧外,还应了解交谈中应注意的问题和禁谈的话题,不能凭感觉地想怎么谈就怎么谈,否则,就有可能使正常进行的交谈产生危机和卡壳,从而导致交谈失败。

第一,不要自吹自擂,炫耀自己。自吹自擂的人只能令别人反感。这种强烈的自我表现欲,无视别人的存在,很难得到对方的配合。

第二,不要恶语伤人。交谈中出现意见分歧是常有的事,甚至争辩都有可能。遇到这种情况,首先要冷静,不可动怒,不得失礼,更不可出言不逊,甚至讥讽辱骂、恶语伤人。一旦到此地步,后果将难以挽回。正所谓"良言一句三冬暖,恶语伤人六月寒"。在商务活动中,恶语伤人是商界一大忌,必须杜绝。

第三,不要妄下结论。市场经济千变万化,人际关系错综复杂,交谈中不要一听到某事、见到某种现象就主观臆断、妄下结论。这样做的结果,往往不是搅乱了人们的视野,就是增加了人与人之间的矛盾,对人对己都没有好处。

第四,不要言而无信。人离不开交际,交际少不了信用。治理国家、结交朋友、经营业务都需要讲信用。"志不强者智不达,言不信者行不果""一诺千金",讲的都是一个"信"字。为避免失信,我们在平时说话时要做到不轻易许诺,答应的事就要千方百计去兑现,否则,说了不算,言而无信,最终将成为孤家寡人。

第五,不要流言蜚语。谈话一般不应涉及他人的是是非非,不要在别人背后说三道四,也不要不负责任地传播小道消息。

第六,交谈的内容应以双方共同感兴趣、需要商量的事为宜。对别人不愿谈及的事或容易引起悲痛伤心的事,应尽量回避,以免使对方情绪不快。如不得已而提及,语言也应婉转含蓄。

第七,不要提及对方的生理缺陷。一般来说,谈话中除非出于必要,均不宜涉及此类话题,即使出于关心也是如此。因为此类话题易使当事人因此而产生沮丧、痛苦、自卑等消极情绪。如果在交谈中无意地涉及此话题,刺伤了对方,应立即道歉,请求原谅,这是社交中应有的风度。

4. 聆听的艺术

在交谈过程中,每个人既是言者,又是听者。有一句名言说得好:"善言,能赢得听众;善听,才会赢得朋友。"善于说是一种天性,而认真倾听是一种修养,它体现了对人的尊重,能创造一种与说者心理交融的谈话气氛。因此,听别人说话也是一门学问。在聆听时应注意以下几个问题。

(1) 专注有礼。

当与别人谈话时,应目视对方,全神贯注,并可通过点头、微笑及其他肢体语言的运用,使对方感觉到这一点。对外界造成的种种干扰,要尽量做到视而不见,听而不闻;主观上产生的心理干扰,也要尽量控制。一个出色的聆听者,本身即具有一种强大的感染力,能够引起对方的谈话兴趣。

(2) 呼应配合。

认真倾听,不是毫无反应的傻听,而应是随着谈话者情感和思路的变化而呼应配合。当对方讲到精彩处时,可以击掌响应;当对方讲到幽默处时,可以以笑回之;当对方讲到紧张处时,要避免弄出声响;当对方所表达的观点与自己的观点一致时,还可以轻轻点头以示赞同。呼应配合在某种程度上可极大地调动说话人的情绪。

(3) 正确判断。

倾听对方谈话,弄清其意图是很重要的。要善于体味对方的话外之音,要注意听清对方话语的内在含义,以便正确地判断其真正的意图。当自己还不能完全摸透对方的意图时,切不可自以为是,以免曲解或误会对方的本意。例如,可用"你的意思是说……""我理解你的意思是……"此类句子,从而使信息接收得更准确,并且,还会给对方留下一种听得很认真的良好印象。

总之,交谈是一种双向的行为,无论是哪一种交谈,都离不开"说"与"听"双方的积极配合。

敬语与客套话

1. 敬语

敬语，亦称"敬辞"，它与"谦辞"相对，是表示尊敬和礼貌的词语。敬语通常较多地用于以下一些场合：①比较正规的社交场合；②与师长或身份、地位较高的人交谈；③与人初次打交道或会见不太熟悉的人；④会议、谈判等公务场合；等等。使用敬语，既是礼貌上的必需，又体现出一个人的文化修养。

平常与人谈话或写信、发邮件时，称呼对方的亲属常用的有"令""尊""贤"等敬称。除此之外，在日常的社会交往中，还常使用一些敬语。例如：

（1）贵姓——询问对方姓名；
（2）贵庚——询问对方年龄；
（3）高寿——用于询问老人的年龄；
（4）惠顾——指对方到自己这里来，多用于商家对顾客；
（5）呈上——恭敬地送上去，用于晚辈对长辈或下级对上级；
（6）呈正——把自己的作品送给人批评改正；
（7）赐教——尊称长辈或上级对自己的教诲；
（8）垂念——尊称长辈或上级对自己的挂念；
（9）高就——指人离开原来的职位就任较高的职位；
（10）拜望——探望；
（11）拜服——佩服；
（12）拜辞——告别；
（13）奉告——告诉；
（14）奉还——归还；
（15）奉陪——陪伴；
（16）恭候——恭敬地等候；
（17）请便——请对方自便；
（18）宽衣——用于请人脱衣。

2. 客套话

客套话是表示客气的话，恰当地使用客套话是有礼貌的表现。常用的客套话主要有以下几种：

（1）久仰——仰慕已久（初次见面时说）；
（2）久违——好久不见了，常用于久别重逢或书信中；
（3）借光——用于请别人给自己让路或问事；
（4）劳驾——用于请别人做事或让路；
（5）拨冗——用于请别人推开繁忙的事务，抽出时间（做某事）；
（6）少礼——称自己礼貌不周或请人不拘小节；
（7）少陪——对人表示因事不能相陪；

(8) 失敬——向对方表示歉意,责备自己礼貌不周;
(9) 留步——是客人告辞时对主人说的话;
(10) 慢走——用于送客人时的客套话。

三、介绍礼仪

介绍是指经过自己主动沟通或者通过第三者从中沟通,从而使交往双方相互认识、建立联系、增进了解的一种交往方式。介绍最突出的作用在于能缩短人们彼此间的距离,以便更好地交谈、沟通和更深入地了解。

(一) 介绍的类型

根据介绍的场合、对象的不同,介绍的分类也有所不同。按照社交场合的正式与否,介绍可划分为正式介绍和非正式介绍;按照被介绍者的人数多少,介绍可划分为集体介绍和个人介绍;按照介绍者的位置不同,介绍可划分为自我介绍、他人介绍、为他人介绍(居间介绍)。通常情况下,用得较多的是自我介绍、居间介绍和集体介绍三种类型。

1. 自我介绍

自我介绍是社交场合中运用最多的一种介绍方式。它是指当自己与他人初次见面时,自己将自己介绍给他人,以使对方认识自己。

自我介绍也是商务人员跨入社交圈、结交更多朋友的有效方式。进行自我介绍时,态度要自然、随和、友善。要想使自我介绍取得好的社交效果,应注意以下问题。

(1) 自我介绍的时机。

人际交往中,何时把自己介绍给他人,是一个复杂的问题,它和场合有关,也和当时的气氛、现场人员的互动有关。通常情况下,在以下环境中适宜介绍自己。

① 当主人无法抽身或忘了介绍,本人与周围的人不认识,而又十分想结识他们时,最好的方法就是进行自我介绍,以表明自己的身份。

② 若希望结识某个人,而又无人引见时,也可以主动将自己介绍给对方,即自己充当自己的介绍人。有时,如果拿不定对方是否愿意认识自己,则不妨先请问对方的尊姓大名,若对方马上告知,则说明对方有意认识,此时,便可以马上介绍自己的情况。

③ 他人希望结识自己时,也有必要进行自我介绍。

④ 自己熟悉他人,但又担心他人对自己不能完全了解时,可以再次向对方简要地介绍一下自己。

(2) 自我介绍的内容。

自我介绍应根据当时的具体场合、具体对象以及实际需要来确定自我介绍的内容。一般来说,自我介绍的内容应简洁明了,但要真实可信。在一些场合,除了报上自己的姓名和单位、部门、身份外,再提及与正在进行的活动是什么关系就可以了。例如,"我是张强,毕业于北京××大学,现在仁安集团人力资源部任职,主要负责本次新进员工的面试和培训工作。"

(3) 自我介绍的时间。

在自我介绍的过程中,要注意把握介绍的时间。一般来说,自我介绍的时间控制在1分钟以内为宜。

此外，自我介绍还应注意一些细小的礼仪环节。例如，如果两人正在交谈，张三想加入，而他们又彼此不认识，这时张三作自我介绍就应选择两人谈话停顿的时候，并说："二位好！非常对不起，可以冒昧打扰一下吗？我是张三……"

又如，如果张三参加一个集体活动迟到了，他又想让大家了解、认识自己，这时就应当说："女士们、先生们，大家好！非常抱歉，我来晚了，我是张三，是××公司的销售部经理，很高兴与大家在此见面。请大家多多关照！谢谢！"

2. 居间介绍

居间介绍即为他人介绍，又称第三者介绍，是指由第三者为彼此不相识的双方所进行的引见、介绍。此种介绍通常是双向的，也就是说，要把被介绍双方各自作一番介绍。有时，也可以进行单向的他人介绍，即只把被介绍者中的某一位介绍给另一方，这样做的前提是前者认识后者，而后者不认识前者。在为他人作介绍时，要注意以下几个细节。

（1）介绍者的确定。

在介绍他人时，由谁来担任介绍者是很有讲究的。商务活动中，介绍者是由单位专门负责此事的相关人员担任，如办公室主任、秘书、公关礼宾人员或专职接待人员等。

当有外单位人员来访，但来访者又与本单位其他人员不认识时，一般由与对方有业务联系的相关人员担任介绍者。

如果来访者身份较高，本着"身份对等"的原则，一般应由东道主一方在场人士中身份最高者担任介绍者，以示对被介绍者的尊重。

有时，介绍者需要征求某一方的意见，看其是否愿意把自己介绍给他人，此时，应先征询身份较高者的意见。

（2）介绍时的顺序。

在为他人介绍时，先介绍谁，后介绍谁，是一个比较微妙的礼仪问题。虽然在商务交往中，所有人的人格都应当是平等的，但是，人与人之间仍然有许多不可少的次序和先后关系。这就必须遵守"尊者优先"的原则，也称为"尊者先知"（尊者有优先知情权）原则，即在为他人介绍前，先要确定双方地位的尊卑，然后先把位卑者介绍给位尊者，再把位尊者介绍给位卑者。这样做，可以使位尊者对位卑者的情况事先有所了解，以便见机行事，在交际中掌握主动权。

目前，国际上公认的为他人介绍的顺序是：

① 先将年轻者介绍给年长者；
② 先将晚辈介绍给长辈；
③ 先将男性介绍给女性；
④ 先将主方人士介绍给客方人士；
⑤ 先将未婚者介绍给已婚者；
⑥ 先将晚到者介绍给早到者；
⑦ 先将职位低的人介绍给职位高的人。

需要注意的是，当所要介绍的双方符合其中两个或两个以上顺序时，一般以"先职位再年龄，先年龄再性别"的顺序做介绍。例如，要为一位年长的职位低的女士和一位年轻的职位高的男士作介绍时，应先将这位女士介绍给这位男士。

（3）介绍的内容和方式。

需要注意的是,正式介绍他人之前,最好先征求双方是否有结识的意愿,切不可冒昧进行引见。最客气的介绍方法是先以询问的口气问位尊者,如"李经理,我可以介绍小张和您认识吗?""请允许我为您介绍……""让我来为您介绍一下"等礼貌语。介绍时,应面带微笑,语言简洁,介绍的基本内容应包括姓名、单位、部门、职务等。

完整的介绍表述可以是"章总,请允许我为您做介绍,这位是山东宏达医疗器械有限责任公司销售部的陈勇主任;这位是青岛林安房地产集团的总经理林凯先生。"

当介绍者走上前为被介绍者做介绍时,被介绍双方应起身站立,面带微笑。

一般来说,介绍者应位于中间,介绍时用右手,五指伸开朝向被介绍者中的一方。此时,介绍者的眼睛要看着另一方(如附录图3-2所示)。介绍完毕,双方应依照礼仪顺序握手,彼此问候。

3. 集体介绍

集体介绍是指介绍者在为他人介绍时,被介绍者其中一方或者双方不止一人甚至是有多人在场。因此,集体介绍可分两种:一种是为一人与多人作介绍,另一种是为多人和多人作介绍。

集体介绍时,若被介绍者双方地位、身份大致对等或难以界定时,应先介绍个人或人数较少的一方,后介绍人数较多的一方。在介绍人数较多一方时,仍应由尊而卑逐一介绍。有时,就只介绍人数较少的一方,而不必再一一介绍人数较多的一方。

若被介绍双方身份、地位存在明显悬殊,这时应以身份、地位高者为尊。即使尊者人数少或甚至只有一人,仍应被置于尊者的位置,最后加以介绍。

(二) 介绍时的注意事项

(1) 介绍时,应面带微笑,目视对方,举止端庄得体。

(2) 介绍时,要注意采用规范、准确的措辞,第一次提到单位时要用单位全称,不应用简称,如不要说"作协",而应说"中国作家协会",再次提到时可用简称。

(3) 为他人作介绍时,语言应简洁明了,以便让双方记住彼此的姓名及简单资料。

(4) 为他人作介绍时,要记住加上被介绍者的头衔,头衔应冠在姓名之后。

(5) 为他人作介绍时,被介绍者双方应起身或欠身,以示相互尊重。介绍后,双方应主动握手,可寒暄几句,也可相互交换名片。

(6) 为他人作介绍结束后,介绍者应略停片刻,引导双方交谈后方可离开。

四、名片礼仪

名片,是中国人使用最早的礼仪信物之一。早在西汉时期,人们削竹、木为片,在上面写上姓名,供拜访者通名报姓之用,当时称之为"谒",东汉时改称"刺",又称"名刺"。以后又以纸张为材料,称为"名纸"。现在普遍称"名片"。

名片是一种经过设计、能表示个人身份、便于交往和开展工作的卡片。由于名片印制规范,文字简洁,使用灵活,携带方便,易于保存,所以其应用范围极为广泛。

在人际交往中,正确使用名片,对个人形象乃至组织形象的提高都有着极为重要的作用。

(一) 名片的分类

根据名片的用途不同,可将名片分为个人名片和单位名片。其中,个人名片主要有应酬式名片、社交式名片和公务式名片。在正式的社交场合,可以根据不同的交往对象,使用不同的名片进行交往。

1. 应酬式名片

应酬式名片又称本名式名片,其内容通常只有个人姓名一项,或再加上本人的籍贯与字号(如附录图3-3所示)。应酬式名片一般在拜会他人时说明身份,馈赠时替代礼单,用作便条或短信等社交场合中使用。

2. 社交式名片

社交式名片主要用于社交场合,用于自我介绍与保持联络,内容主要包括姓名及联络方式两项(如附录图3-4所示)。其中,个人姓名应以大号字体印于名片中央;联络方式主要包括家庭地址、邮政编码、个人电子信箱、电话号码等。一般来说,社交式名片不印办公地址,以示公私分明。

3. 公务式名片

公务式名片是指在正式的公务场合交往中所使用的个人名片。它是目前社会交往中最常见的一种名片。

公务式名片主要包括个人称呼、所属单位、联络方式等三个方面的信息(如附录图3-5所示)。

(1) 个人称呼。个人称呼主要由本人姓名、所任职务、学术头衔等三个部分组成,后两项内容可根据实际需要进行选择,内容不宜过多。需要注意的是,头衔不宜太多,否则让对方在称呼时很难选择,也会给人一种华而不实、多而不精的虚荣感。

(2) 所属单位。这项内容主要由单位名称、单位标志、所在部门等三个部分构成,名片上单位名称及所在部门名称应使用全称。

(3) 联络方式。这项内容由单位地址、邮政编码、办公电话、传真号码、单位网站网址等组成。为了表示公私分清,一般不提供家庭住址与私宅电话;而本人的手机、电子信箱等信息提供与否,则根据自己的意愿而定。

一般来说,名片上"个人称呼"应以大号字体印在名片中央,"所属单位"与"联络方式"则分别以小号字体印在名片的左上角与右下角。如有必要,还可在名片的另一面印上本单位的经营范围或所在方位示意图(如附录图3-6所示)。

(二) 递接名片的礼仪规范

在人际交往中,尤其是商务人员,规范地使用名片可以树立一个人良好的礼仪形象。

1. 名片的放置

随身携带使用的名片应盛放在较为精致的名片盒内,并放置在方便拿取的地方,不要与其他物品混放在一起,以免取用时手忙脚乱,甚至拿不出来。在穿西装时,名片盒或名片夹只能放在左胸内侧的口袋里。因为名片是一个人身份的象征,而左胸是靠近心脏的地方,将名片放在靠近心脏的地方,其含义无疑是对对方的一种尊重和礼貌。在不穿西装时,名片夹可放置于自己随身携带的小提包里。将名片放置于其他口袋,尤其放在后侧裤袋里是一种很失礼的行为。由于在社交活动中需要接收的名片很多,因此,最好将他人的名片与自己的名片分开放置。否则,一旦慌乱中误将他人的名片当作自己的名片送给对方,是很尴尬的。

2. 名片的递送

(1) 递送的顺序。

名片递送的先后顺序并没有太严格的讲究。一般来说,可遵循"位低者先行"的原则,即由职位低的先向职位高的递送名片,晚辈先向长辈递送名片,男士先向女士递送名片。当对方人数不止一人时,应先将名片递给职位较高或年龄较大者;如果分不清职位高低和年龄大小时,则可先和自己对面左侧方的人交换名片。总之,在与多人递送名片时,应讲究先后顺序,由尊而卑、由近而远,按顺时针依次进行。

名片代表一个人的身份,在未确定对方的来历之前,不要轻易递出自己的名片。否则,不仅有失庄重,而且可能日后名片被他人冒用。同样,为了尊重对方的意愿,应尽量不要向他人索要名片。

(2) 递送的方式。

向他人递送名片时,应面带微笑,双目注视对方,将名片的正面朝向对方,并用双手的拇指和食指分别持握名片上端的两角送给对方,同时说"这是我的名片,请多关照!"等寒暄语(如附录图3-7所示)。注意,在递送名片时,如果自己是坐着,则应当起身或欠身。

3. 名片的接收

在接收他人递过来的名片时,除了长者、女性外,应尽快起身或欠身,面带微笑,用双手接住名片的下方两角,并说"谢谢!""认识您很高兴!"等寒暄语。

名片接到手后,应认真阅读,一是为了表示对对方的尊重,二是便于了解对方的确切信息。如果是初次见面,最好将名片上的重要内容(如对方的职务、头衔等)读出声来。如果对方的组织名气大或个人知名度高,也可只重读组织名称或对方姓名。

接收名片后应妥善保管,切不可在手中摆弄,或随意放置在桌上,或放在手中揉来揉去。

另外,接到名片后.应立即将自己的名片递出。如果自己没有名片或没带名片,应首先向对方表示歉意,再说明理由。

(三) 名片的设计规范

名片在当今社会交往中使用得越来越广泛,它不仅是一种有效的交际工具,更是一种文化。在人际交往中,名片常常作为一种"介绍信"和"联络卡",用来证明身份、结交朋友、联系业务等。所以,名片的设计应仔细斟酌、精心设计,力求体现使用者的风格。那么,如何设计一款既符合礼仪规范又能体现个人风格的名片呢?

1. 规格

目前国内最通用的名片规格为9厘米×5.5厘米,即长9厘米,宽5.5厘米。此外,国外的名片规格有10厘米×6厘米的。8.0厘米×4.5厘米的名片多为女士专用。

2. 色质

名片的纸张,最好选用耐折、耐磨、美观、大方的白卡纸、麻点纸、香片纸或布纹纸为好;在色彩的选择上,应尽量选择白色、米色、淡蓝色、灰色等庄重朴素的色彩,并且一张名片最好只用一种基础色。使用杂色名片,看起来会令人眼花缭乱。一般也不要用红色、紫色、绿色等深色调印制名片。

3. 图文

名片上的图案,除了纸张自身的纹路外,最多两个:一是可加上企业的标志,二是企业的主导产品等。没有必要将自己的照片印在名片上。名片上的文字一般宜选用简体汉字,不用繁体字。在国内少数民族聚居区、外资企业以及境外使用的名片,可酌情使用少数民族文字或外文。最佳做法是在一枚名片的两面,分别以简体汉字和少数民族文字或外文印制相同的内容。但不要把两种文字交替印在名片的同一面上。同时,名片的内容上尽量不要出现名言或警句,如"走自己的路,让别人说去吧""难得糊涂"等。

4. 版式

名片的版式一般有两种,即横式和竖式。横式的名片行序由上而下,字序由左而右;竖式的名片行序由右而左,字序由上而下。两种版式各有其特点,可根据自己的兴趣爱好进行选择。但要注意,不能在一枚名片中既使用竖式又使用横式。

第四章 商务人员办公礼仪

商务人员办公礼仪是指商务人员在从事办公室工作中必须遵守的礼仪规范,主要包括办公室礼仪、电话礼仪、商务函件礼仪。在商务工作中,能准确、熟练地运用办公礼仪,对培养个人在商务活动中的职业素养、提高业务能力、维护组织的整体形象都具有重要作用。

一、办公室礼仪

办公室是机关、团体等公共部门和企业处理日常事务,进行公务商务洽谈、协商、交流的场所。办公室既是一个小社会,也是一个大家庭。一个人在办公室中的举止行为,可以清晰地反映其职场形象。

(一) 办公室环境礼仪

办公室礼仪是商务人员在从事办公室工作中应当遵循的礼仪规范和程序,而办公室的环境优劣则会直接影响工作的效率和工作质量。办公环境可以分为空间环境和人文环境。

1. 办公室的空间环境要求

(1) 办公室的空间布置、结构要合理,既便于各部门之间联系工作,又各自有区隔空间,办公设备齐全。

(2) 办公室卫生环境良好,各类设备设施整洁干净。

(3) 办公用品应分类摆放,要整洁、美观、便于取用,有助于提高办公效率。

2. 办公室的人文环境规范

办公室的人文环境是指影响工作人员工作心理的环境因素总和,主要包括同事关系、上下级关系、异性关系等因素。

(1) 处理好同事关系。

① 尊重、团结同事。相互尊重是处理好同事关系的基础。同事关系不同于亲友关系,它不是以亲情为纽带的社会关系。亲友之间一时的失礼,可以用亲情来弥补,而同事之间的关系是以工作为纽带的,一旦失礼,创伤很难愈合。所以,处理好同事之间的关系,最重要的是尊重和团结对方。

② 对同事的困难表示关心。对于同事遇到的困难应主动问讯,并尽力提供力所能及的帮助,这样,不仅会增进同事之间的感情,也会使双方关系更加融洽。

③ 对自己的失误或同事间的误会,应主动道歉说明。同事之间相处,难免会因某事产生误会。所以,对自己的失误,应主动向对方道歉,征得对方的谅解;对双方的误会应主动向对方说明,不可耿耿于怀。

④ 不在背后议论同事的隐私。每个人都有"隐私",隐私与个人的名誉密切相关,背后

议论他人的隐私,会损害他人的名誉,引起双方关系的紧张甚至恶化,因而是一种不光彩的、有害的行为,也是职场中的大忌。

(2) 处理好与上级的关系。

① 服从领导,执行命令。在工作中,下级应服从上级。如果有不同的意见,可以通过正常渠道向上级进行反映。若是上级已决定并宣布的事情,就不应再以任何借口拒绝执行,更不可以擅自做主,对上级指示肆意曲解,甚至唱反调,阳奉阴违。在执行上级批示的过程中,发现上级的指示确实是错误的,需要及时纠正的,同样要通过正当渠道善意提出意见,不要使矛盾激化,影响工作。

② 摆正位置,不得越位。在工作中,应摆正自己的位置,尊重上级,积极支持、配合上级的工作;一定要以礼相待,用自己的实际行动维护上级的威信。

值得注意的是,在工作中,必须明确自己的职责范围。对上级交代的工作,应认真负责、不折不扣地完成。而对不属于自己职责范围内的事,则不能擅自越位,以免造成麻烦或纠纷。在决策与表态时,应及时请示、汇报,切不可自作主张,"先斩后奏"或"假传圣旨",否则既会影响工作,又会影响上下级的关系。

③ 不要在背后随便议论、评价上级的工作能力和工作业绩,不要在他人面前批评、嘲讽上级,更不可以捉弄上级,或使其当众出丑、下不了台。

④ 懂得分寸。称呼上级时,一般以尊称为宜,直呼其名或绰号是不礼貌的;进入上级办公室时,先礼貌敲门,征得准许,方可入内;与上级交谈时,应以"您""请""谢谢"等礼貌语贯穿其间。

(3) 处理好与下级的关系。

① 关心、体恤。要与下级真诚相处,不能妄自尊大,更不能以自我为中心,搞自己的小圈子。工作之余,要多与下级进行感情上的交流与沟通,积极主动地关心、帮助自己的下级。这种关心与帮助,应重在思想上理解、行动上支持;对其生活上的困难,也应给予力所能及的照顾。

② 真诚、尊重。上下级关系主要是一种工作关系,其区别只在于担负的工作有所不同,此外仍然是一种同事关系。因此,作为上级,对下级必须真诚尊重,更要以身则,言行一致。

③ 指示明确。布置工作时,态度要温和,任务要具体。工作出了问题应勇于承担责任,先主动作自我批评,然后认真查找原因,分清责任。批评下级要有根有据,使下级心服口服。

(二) 办公室仪表礼仪

办公室既是工作场所也是公共场合,它是单位整体形象和个人工作性质的展示,给人的印象应该是严肃认真、积极向上的,这样才能获得受众群体的尊重和认可。因此,工作人员对自己的仪表既要进行必要的修饰,注意维护个人的形象,又要使之庄重、正规,不可以标新立异,或是在某个方面不合乎规范。

1. 仪容

在办公室,仪容一定要干净、整洁,发型要简洁、大方,女士应当化淡妆。

(1) 头发:职员头发要经常清洗,保持清洁。男性职员头发不宜太长,要符合"前不及眉,侧不遮耳,后不及领"的要求。

(2) 指甲:指甲不能超过2厘米,应经常注意修剪。女性职员涂指甲油要尽量用浅色。

(3) 胡子:男士的胡子不能太长,应经常修剪。

(4) 口腔:口腔应保持清洁,上班前不能喝酒或吃葱、蒜等有刺激气味的食品。

(5) 化妆:女性职员化妆应给人清洁健康的印象,不能浓妆艳抹,不宜使用香味浓烈的香水。

2. 服饰

商务活动中,办公室服饰的要求根据各行各业的性质会有所不同。对于办公人员而言,服装应端庄典雅、大方整洁。有条件的话,要统一着装,单位统一订制同一式样的上班装。如果没有条件,应要求男职员穿深色西装套装、白衬衫,打素色领带,配深色皮鞋。服装必须平整、干净,衬衫下摆扎到裤腰里。男士注意不要穿印花或大方格的衬衫、拖鞋、运动服上班。女职员穿西装套裙,应穿长筒或肉色丝袜,配黑色高跟皮鞋或半高跟皮鞋。

应注意避免破、脏、露、紧、艳、异等几种失仪的状况。破,指服装破损、伤残。一旦发现服装"挂花",要尽快采取补救措施。否则,难以使人信服其作风严谨、一丝不苟。脏,指懒于换洗衣服。穿着有污渍的衣服,会给人邋遢懒惰、不勤勉的感觉,难以信服其忠于职守、办事勤快。露,指服装过于短小、单薄、透明,过多地暴露了本应"秘不外宣"的躯体,会给人以轻浮之嫌,显得不够自重自爱。紧,指服装有意识地紧裹着躯体,使自己身体的曲线过度地展示于他人的视野,显得不雅观、不文明。尤其女职员更不宜在办公室穿高弹力的"紧身衣"等,以免令人为之侧目。艳,指服装过多色彩,过分鲜艳。办公人员穿得花枝招展,会显得不够端庄稳重。异,指着装过分怪异新奇,或款式、搭配、穿法过异,令人感到别扭。

在佩饰方面,商务人员的饰物要以少为佳,并应符合自己的身份和所处的环境。适当地搭配一些饰品无疑会提升自己的品位和形象。一条丝巾,一枚胸花,就能恰到好处地体现个人的气质和神韵。应避免佩戴过多、过于夸张或有碍工作的饰物,如发光招摇的耳环或是叮当作响的手镯。饰品要少而精,让饰品真正起到画龙点睛、锦上添花之妙。

(三) 办公室举止礼仪

商务办公活动中,工作人员处在公众视线下,举止行为不当,不仅有损个人形象,而且对企业形象的维护也极为不利,其造成的负面影响往往不是个人所能承担的。所以,商务人员的良好形象不是单靠高档服饰来维持,而是通过稳重、踏实、文明、得体的举止言行来体现。具体而言,办公室举止礼仪包括以下内容。

1. 准时到岗,养成守时的习惯

对于商务人员来讲,遵时守约是基本的素质。

2. 站坐行走,仪态文雅

走路时要身体挺直,速度适中,步履稳重,给人以正派、积极、自信的印象。切忌大步流星、慌里慌张,让人感到毛手毛脚、不可信任。应注意保持良好的站姿,会见客户或出席仪式等站立场合,或在长辈、上级面前,不得把手交叉抱在胸前;握手时用普通站姿,并目视对方眼睛;不要斜身倚靠办公桌。坐姿要端正优美,女职员坐下时要注意双膝并拢。要移动椅子的位置时,应先把椅子放在应放的地方,然后再坐;不得傲慢地把腿向前伸或向后伸;不要趴在桌上,将脚搭在办公桌上,更不能坐在办公桌上面。

3. 保持安静、做好分内工作

不准在办公室里忙里偷闲，如吃东西、刮胡子、看小说、睡懒觉等；不要用脚踢门，用脚关门，或是用臀部拱门；在办公的时候，不要高挽袖口、裤筒，像是准备打架、乘凉；不要指手画脚、大吼大叫、高谈阔论，以免显得没修养、粗俗；尽量不要在办公室吸烟，更不要当众表演自己擅长的化妆术；应避免口衔香烟四处游荡，不要与同事谈论薪水高低、职位升降或他人隐私。

进入他人房间，要先轻轻敲门，听到应答再进。进入后，回手关门，不能用力过猛。进入房间后，若对方正在讲话，要稍等静候，不要中途打断；若有急事要打断说话，也要看准时机，而且要说："对不起，能否打断一下？"

递交物件时，如递文件等，要把正面、文字对着对方的方向递上去；若是钢笔，则要把笔尖向着自己，使对方容易接拿；至于刀子或剪刀等利器，应把刀尖朝向自己。

行走在通道、走廊时要放轻脚步。无论是在自己的公司，还是在访问的公司，在通道和走廊里都不能一边走一边大声说话，更不得唱歌或吹口哨等。在通道、走廊里遇到上司或客户时要礼让，不能抢行。

二、电讯礼仪

随着当今世界科技的快速发展，通过电子手段传递信息已经成为商务人员处理业务最快捷的方式之一。电子手段传递信息的方式主要有固定电话、移动电话、传真、电子邮件等。电讯礼仪就是指在使用上述手段传递信息时所应遵守的礼仪规范。

（一）固定电话使用礼仪

现代社会是信息社会，作为主要通信工具的电话早已十分普及。人们常常使用电话相互联系，沟通信息、交流思想。电话是人们在社会交往中不可缺少的交际工具。

每一个人都可以很容易地学会使用电话，但正确地使用电话却不是每个人都能做到的。正确地使用电话，不仅要熟练地掌握使用电话的技巧，更重要的是要掌握打电话的礼仪，注意维护自己的"电话形象"。

所谓电话形象，是指人们在使用电话时，留给通话对象以及其他在场人员的总体印象，即人们在通电话的整个过程中的语言、声调、内容、表情、态度、时间感等的集合。电话形象能够真实地体现个人的礼貌修养、待人接物的态度以及通话者所在单位的整体水平。因此，在社会交往中，应十分讲究和注意电话礼仪，塑造良好的电话形象。

电话使用礼仪的要求是：在打电话、接电话及使用移动通信工具时，自觉自愿地做到知礼、守礼、待人以礼。

1. 打电话礼仪

在人际交往中，打电话的一方称为发话人，是主动方。因此，当我们准备拨打电话时，首先考虑的问题是：这个电话该不该打？如何打？

需要通报信息、祝贺问候、联系约会、表示感谢等一些时候，都有必要利用电话；而毫无意义、毫无内容的"没话找话"式的电话，则最好不要打。即使非常地想打电话聊聊天，也要两厢情愿，要先征得对方首肯，并选择适当的时间。不要在单位打私人电话。在公用电话亭"目空一切"地"煲电话粥"，也是极不自觉的表现。如确需打电话时，也要注意以下问题。

(1) 通话前的准备。

① 选择合适的通话时间。通话时间包括打电话的适宜时间和通话的时间长度。

打电话时，首先要选择合适的通话时间。一般情况下，如果打电话到对方家里，则不要选择过早、过晚或对方休息的时间，如早晨 8 点以前、晚上 10 点以后、一日三餐的吃饭时间、节假日等。因紧急事宜打电话到别人家里去，则通话之初先要为此说声"对不起"，并说明理由。另外，因公事打电话时，尽量不要打电话到对方家里，尤其是晚上。打电话去海外，还应考虑此地与彼地的时差，不要上演"午夜凶铃"打扰对方。

如果需要打电话到对方的工作单位，要想使通话效果好一些，不会因对方繁忙或疲劳而受到影响，则通话时间应选择在工作日上午 10 点左右或下午 3 点左右，而不应在对方刚上班、快下班、午休或快吃午饭时，不识时务地把电话打过去。一般来讲，周一上班后一个小时内没有重要事情不要打电话，因为此时大多数单位要开例会安排一周的工作日程或处理一些重要事务。周五下午下班前不要打电话，因为临近下班时间，人们的心理状态处于疲劳期。此外，不要因私事打电话到对方单位。

其次，要把握好通话的时间长度。电话被称为"无形造访的不速之客"。在很多情况下，它都有可能"出其不意"地打搅别人的正常工作或生活。因此，打电话的人务必要有一个明确的指导思想，每次打电话的时间不应超过三分钟。在国外，这叫作"通话三分钟原则"。如果确实需要很长时间，则应征询对方此时通话是否方便，否则，应与对方另约时间。所以，打电话时要注意长话短说、废话不说。

② 准备好通话内容。

为了使通话简洁顺畅，打电话前，尤其是打重要电话或国际长途时，应首先对通话内容打好腹稿或写在纸上。例如，把要找的人名、要谈的主要内容进行简单归纳，写在纸上，这样就可以做到通话时层次分明、条理清楚，不至于丢三落四、语无伦次，让对方不得要领。通话内容要简明扼要、干净利落，不能吞吞吐吐、东拉西扯，否则，既浪费了对方的时间，又会给对方留下"办事能力低下、效率不高"的不良印象。此外，与不熟悉的单位或个人联络时，对对方的名字与电话号码应当整理清楚，以便"胸有成竹"，免得因为搞错而浪费时间。

(2) 打电话时的举止态度。

在打电话时，对一个人的电话形象影响最大的莫过于他自己的语言与语调。

在通话时，声音应清晰而柔和，语言应简洁，语速应适中，语气应亲切、自然。说话时要面带微笑，使声音听起来更有热情。用清晰而愉快的语调接打电话，能体现出说话人的职业素养和亲和力。值得注意的是，打电话时最好双手持握话筒。讲话时，嘴部与话筒之间应保持 3 厘米左右的距离，以免使对方接听电话时因话音过高或过低而感到"难过"。

打电话时所使用的语言，应当礼貌而谦恭。打电话时，每个人开口所讲的第一句话，都事关自己给对方的第一印象，所以应当慎之又慎。如果电话接通后，自己所说的头一句话是"喂，喂"或"小李在不在"等，则既不礼貌，也不规范。

电话打通后，首先应问候对方"您好"，然后报出自己的姓名或工作单位，并说出要找的人。自报家门的做法是十分必要的，这是对接话人的尊重。即使是熟悉的人接电话，也应主动报出自己的姓名，因为接话方往往不容易通过声音准确无误地确定打电话人的身份。如果与接话方的关系非常密切，深信对方能通过声音判断自己是谁，则可以不自报家门；如果只是一般性的交往电话，只需报出自己的姓或姓名；如果是工作电话，则除了报出自己的姓名之外，还应报出自己所服务的单位，以便对方正确确认。

比较常用的自报家门方式有两种。

第一种适用于正式的商务交往中，要求在使用礼貌用语后，将双方的单位、职衔、姓名"一同道来"。其标准的"模式"是："您好！我是正大律师事务所的律师李明，我要找东岳化工进出口分公司经理高曙光先生。"

第二种适用于一般性的人际交往，在使用礼貌性问候以后，应同时准确地报出双方完整的姓名。其常用的"模式"有："您好！我是司宁，我找李娅。""您好！我是×××单位××，麻烦您请××先生（小姐）接个电话。""您好！我是×××，请帮我找一下××先生（小姐）。""您好！我姓×，请问×××在吗？"

在通话时，若电话中途中断，则按礼节应由打电话者再拨一次。拨通以后，须稍作解释，以免对方生疑，以为是打电话者不高兴挂断的。

一旦拨错了电话，切记要对无端被打扰的对方道歉，老老实实地说声"对不起"。不要连个"回音"都不给，就把电话挂了。

当通话结束时，别忘了向对方道一声"再见"，或是"早安""晚安"。挂断电话时，应双手轻放，不要最后再给对方的听觉以"致命一击"。

按照惯例，当通话双方地位相仿时，一般是在对方放下话筒后接听者再放下自己的话筒；当通话双方地位存在较大差异时，则应由其中地位较高的一方首先挂断电话。例如与上司通话时，应由上司先挂断电话；与客户通话时，应由客户先挂断电话。

2. 接电话礼仪

在通电话的过程中，接听电话的一方显然是被动者。尽管如此，人们在接听电话时亦须专心致志，彬彬有礼。

（1）注意自己的态度与表情。

虽说通电话是一种"未曾谋面"的交谈，表面上看，人们接电话时的态度与表情对方是看不到的，但实际上对于这一切对方完全可以在通话过程中感受到。

接电话时，电话铃声一响，就应及时接听。在国外，接电话有"铃响不过三遍"的原则。有的人明明就在电话旁边，却偏偏要"沉住气""摆摆谱"，让电话铃声先响上一通再说。这种态度，无疑是对对方的怠慢。因特殊原因致使铃响许久才接电话时，须在通话之初就向发话人说明理由并表示歉意。在日常生活和工作中，正常情况下，不允许不接听他人打来的电话，尤其是如约而来的电话，因为这牵扯到一个人的诚信问题。

接电话时，态度应当殷勤、谦恭。在办公室里接电话，尤其是有外来客人在场时，最好是走近电话，双手捧起话筒，以站立的姿势，面含微笑地与对方友好通话。接电话时，不要坐着不动，一把把电话拽过来，抱在怀里，夹在脖子上通话；不要拉着电话线，走来走去地通话；也不要坐在桌角，趴在沙发上或是把双腿高抬到桌面上，大模大样地与对方通话。接电话时，速度快，态度好，姿势雅，才是合乎礼仪的。

（2）注意自己的语言和语气。

拿起电话后，要热情问候对方并主动自报家门。问候对方是礼貌，自报家门则是为了让对方验证是否拨对了电话，找对了人。日常生活中，很多人接电话的第一句话就是以"喂，谁呀"或"你找谁呀"作为"见面礼"，更有甚者一张嘴就毫不客气地查一查对方的"户口"，一个劲儿地问人家"你找谁""你是谁"或者"有什么事儿呀？"这都是不合乎规范的。规范的做法是:"您好,我是×××,请问您是哪位?""您好!马丽娅,请讲。"

在办公室中,接电话时拿起话筒所讲的第一句话,也有一定的规矩。接电话时所讲的第一句话,常见的有两种形式。

第一种,以问候语加上单位、部门的名称以及个人的姓名。它适用于比较正式的商务场合。例如,"您好!恒安集团公司人事部李莉莉,请讲。"

第二种,以问候语加上单位、部门的名称,或是问候语加上部门名称。它适用于一般场合。例如,"您好!惠仟佳公司广告部,请讲。"或者"您好!人事部,请讲。"后一种形式主要适用于由总机接转的电话。

万一对方拨错了电话或电话串了线,也要保持风度,切勿发脾气"耍态度"。确认对方拨错了电话,应先自报一下"家门",然后再告之电话拨错了。对方如果道了歉,不要忘了以"没关系"去应对,更不要教训别人。如有可能,不妨问一问对方,是否需要帮助他查一下正确的电话号码。如果真的这样做了,不是"吃饱了撑的",而是借机宣传了自己以礼待人的职场形象,更体现了所在企业的良好形象。

在通话途中,不要对着话筒打哈欠或是吃东西,也不要同时与其他人闲聊,以免让对方感到自己不受重视。

(3) 遵循惯例,礼貌地结束通话。

在通话时,接电话的一方不宜率先提出中止通话的要求,而应按照惯例由打电话者先挂断电话。如果对方还没有讲完就挂断电话,是很不礼貌的。尤其在与位尊者或女士通话时,一定要等对方先挂电话,以示对对方的尊重。如果确实有急事需要挂断电话,可向对方略微说明原因,表示歉意,并再约一个具体时间,届时由自己主动打电话过去。约好了时间,就应牢记并遵守。在下次通话时,还要再次向对方致以歉意。

遇上不识相的人打起电话没完没了,非得让其"适可而止"不可的话,也应说得委婉、含蓄,不要让对方难堪。例如,不宜说:"你说完了没有?我还有别的事情呢。"而应当讲:"好吧,我不再占用您的宝贵时间了。"

3. 代接电话规范

代接电话时,若被找的人就在身旁,则应告诉打电话者"请稍候",然后立即转交电话。切忌抱着恶作剧或不信任的态度,先将对方"调查研究"一番,尤其是不允许将这类通话扩音出来。

被找的人如果尚在别处,应迅速过去寻找。不要懒于行动,连这点"举手之劳"都不愿意做,蒙骗对方说"人不在",或是大喊大叫"某人找某某人",闹得"地球人都知道",让他人的隐私"公开化"。

倘若被找的人不在,则应在接电话之初立即相告,并可以适当地表示自己可以"代为转告"的意思。不过应当先讲"某人不在",然后再问"您是谁"或"您有什么事情",切勿"本末倒置",以免让打电话者疑心,认为他要找的人正在旁边,可就是不想搭理他。

代接电话时,对方如有留言,则应当场笔录下来。电话记录的内容大体包括来电的时间、来电人姓名、单位、来电事由及处理方式。之后,还应再次向打电话者复述一次,以免有误。当被找的人回来后,应做到及时传达。

(二) 移动电话使用礼仪

目前,在各种现代化的通信设备中,移动电话日益普及,并成为通信工具的重要组成部分,其功能也随着科技进步而日益完善。使用移动电话时,大体上有如下几个方面的礼仪规范。

1. 放置到位

按照惯例,放置手机的最佳位置有二:一是公文包里,二是上衣口袋之内。穿套装、套裙之时,切勿将手机挂在衣内的腰带上。否则撩衣取用或查看时,即使不会使自己与身旁之人"赤诚相见",也会因此举而惊吓到对方。

大凡正式的场合,切不可有意识地将手机展示于人。把手机握在手中,别在衣服外面,放在自己身边,或是当众摆弄,都会给人一种轻浮、俗气的不良印象。

2. 遵守公德

人际交往中,使用手机时,一定要讲究社会公德。尤其是在公共场所活动时,应尽量不要使用手机。当手机处于待机状态时,应使之静音或处于震动状态。需要与他人通话时,应寻找无人之处,切勿当众自说自话。公共场所乃是公有共享之处,故最得体的做法是人人都要自觉地保持肃静。显而易见,在公共场所里手机狂响不止,或是在公共场所与他人进行当众的通话,都是侵犯他人权利、不讲社会公德的表现。在参加宴会、舞会、音乐会,前往法院、图书馆,或是参观各类展览时,尤其须切记此点。

在工作岗位上,亦应注意不使自己的手机使用有碍工作,有碍别人。尤其是在开会、会客、上课时,必须要自觉地提前采取措施,使自己的手机静音。在必要时,可暂时将其关机,或者委托他人代为保管。这样做,表明自己一心不会二用,因而也是对有关交往对象的一种尊重和对有关活动的一种重视。

3. 尊重私密

通信自由,是受到法律保护的。在通信自由之中,秘密性,即通信属于个人私事和个人秘密,是其重要内容之一。使用手机时,对此亦应予以重视。一般而言,手机的号码不宜随便告之于人。因此,不应随便探听他人的手机号码,更不应不负责任地将别人的手机号码转告他人,或是对外界广而告之。考虑到相同的原因,借用他人的手机时应征得对方的同意,而不得擅自拿用他人的手机。

4. 注意安全

使用手机时,对于有关的安全事项绝对不可马虎大意。在任何时候,都不可在使用时有碍自己或他人的安全。

按照常规,在驾驶车辆时,不宜忙里偷闲,边开车边接打手机电话。一不小心,就极有可能导致交通事故。

乘坐飞机时,必须自觉地关闭本人随身携带的手机,因为手机所发出的电子信号会干扰飞机的导航系统。

在加油站或是医院的停留期间,也不应使用手机。否则,就有可能酿成火灾,或影响医疗仪器设备的正常使用。此外,在一切标有文字或图示禁用手机的地方,均须遵守规定。

5. 铃声设置应符合自己的身份和所处的场合

给自己的手机设置凸显个性和爱好的铃声,为生活增添色彩,这本无可非议。但是过于个性化的铃声应注意符合自己的身份和使用场合。在办公室和一些严肃的场合,不合适的铃声不断响起的话,对周围人是一种干扰。如果确实喜欢用,就应适时将铃声调到振动上。现在很多公司都租用写字楼作为办公室,几十人在同一工作平台区工作,有些人的手机铃声怪异,当大家埋头工作时突然传出"死鬼,快接电话呀!"等搞笑声音,这对于其他人来说是一个不小的干扰。此外,某些人把手机铃声设置得又怪异又吵闹,当周围的人陷入沉思或者专心工作时,猛然铃声大作,吓人无数。所以,设置铃声时,彼此之间应该相互体谅,避免干扰。

(1)铃声内容应当文明。

从铃声内容来说,不能有不文明的内容。例如,"有话快说,有屁快放"之类的语言,显得很不礼貌,会让拨打者尴尬。

(2)铃声不能传递错误信息。

从铃声内容来说,铃声不能给公众传递错误信息。

在某市,曾经发生这样一件令人啼笑皆非的事。一队巡警在经过一辆豪华旅游车时,突然听到一阵急迫的呼救声:"救命呀,抢劫呀!"于是急忙将这辆旅游车拦住。可当巡警们上车一看,乘客全都在呼呼大睡。忽然,"救命呀……"的"喊声"再次响起。巡警们循声找去,原来这"呼救"声是从一名熟睡的乘客手机里传出的。

(3)铃声音量不能太大。

无论是座机还是手机铃声,都不能声音过大,以离开座位2米可以听见为宜。有些人的铃声像是"凶铃",在大家埋头干活时突然刺耳地响起,让人心跳都会加快。此外在医院、幼儿园等场所,声音过大的铃声会成为一种公害。

(4)不要用手机偷拍。

在用手机拍照或者摄像时,应该事先征得对方的同意。不要在车厢、剧院、餐馆等地方用手机对着行人随意拍照。即使对方允许拍照,也只能存在手机里,而不能未经对方同意就将其照片转发给他人欣赏,甚至传到网络上广为传播。

(三)传真、电子邮件使用规范

1. 使用传真规范

传真,又称传真电报,是利用光电效应,通过安装在普通电话上的传真设备,将文件图表等资料进行及时传递。

在发送传真时,发送人应正确注明本公司的名称、发送人姓名、发送时间及本人联系电话。同时还应写清收传真人的姓名、所在公司、部门等信息,并及时和接收方联系,以确认是否收到传真。

接收传真的一方应及时回复传真,避免因疏漏致使传真丢失或内容外泄,给公司带来不必要的损失。

2. 使用电子邮件规范

发送电子邮件时,应注意以下细节。

(1)主题明确。电子邮件的主题应言简意赅,提纲挈领,不宜使用含糊不清的标题。根据邮件的重要程度,可选择使用大写字母或特殊符号(如"!"和"＊"等)来突出标题,引起收件人关注。

(2)内容简洁流畅。电子邮件的内容应当简明扼要,便于阅读;行文要避免使用生僻字、异体字及引用不详的数据、资料和晦涩难懂的专业术语。

(3)及时回复。收到电子邮件时,应及时回复对方。

三、商务文书礼仪

商务文书礼仪是在商务礼仪交往活动中,单位、团体及个人使用的各种应用文书的礼节规范。尽管现代生活中,电话和网络已经相当普及,但是文书以其独特的个性、易于珍藏和保管等独特的魅力,仍然是商务交往中不可缺少的通信方式之一。作为商务交往行为和礼仪活动中重要组成部分的礼仪文书,既是沟通信息的传播载体,也是礼仪在精神和意识方面的体现。

商务礼仪文书的成功写作和出色运用,有助于传播信息,增进了解;有助于沟通情感,密切关系;有助于美化组织,塑造形象,最终产生广泛的社会效益和良好的经济效益。

(一) 礼仪文书的基本要求

1. 情真意诚

"感人心者,莫过于情"。在礼仪文书中,要将真情实感充分地表现出来,必须借助多种表达方式,或叙述描写,或议论抒情。要通过生动的叙事、形象的描绘、精妙的议论和恰当的抒情,让对方犹如身临其境,感同身受,顿悟其理,达到双方情感的沟通。

坦诚相待是交往的根本。"诚"的核心是坦诚。坦诚有两层含义:真诚和热诚。面对交际对象,提笔行文时,只有尊敬对方,态度热诚,言辞恳切,才能以真诚打动人,以热情感染人,也才能收到"精诚所至,金石为开"之效。这也如西方谚语所说:"有了巧舌和诚意,你能够用一根头发牵来一头大象。"

2. 文风典雅

典雅是指文辞优美而不粗俗,语言简洁而不繁缛。要达到典雅的语言境界,首先,要根据不同的礼仪内容和表达的需要,选择准确、得体的用语,尤其注意修辞,讲究辞章,做到恰到好处,不滥不俗;其次,要根据不同的交际对象,针对如职位层次、文化层次、年龄层次等,适当选用贴切的交际语汇与得体的祝颂语,使它们各得其所,各享其美,显示庄重典雅之美。

3. 格式规范

礼仪文书由于用途多样,作用不同,因而种类繁多。各种各样的礼仪文书,都有其固定格式,有法定的,也有约定俗成的。因此书写时,首先要注意标题的严肃性,不要任意省略,造成对方文种理解上的困惑;其次,行文要尽量把事实和背景交代清楚,以方便对方阅读和领会;再次,要注意行文关系,例如平行或不相隶属机关、单位之间,应当使用平行的礼仪文书,而不可使用上行的或下行的礼仪文书。

(二) 帖类文书

帖类文书,又称柬类文书,它是现代社会交往中不可缺少的工具之一。帖类文书能通过简要的文字来传达组织或个人的意向和情感,是一种比书信更庄重、更典雅的礼仪载体。

帖类文书包括请柬、赠礼帖、谢帖、封包、名片、聘书等。

1. 请柬的格式和书写规范

请柬,也称请帖,是为邀请宾客参加某一活动时所使用的一种书面形式的通知。请柬一般用于联谊会、各种纪念活动、婚宴、诞辰或重要会议等,发送请柬是为了表示举行活动的重要性。

请柬从形式上又分为横式写法和竖式写法两种。竖式写法是从右边向左边写。请柬一般有标题、称谓、正文、结尾、落款五部分。

(1) 标题。通常请柬已按照书信格式印制好,发文者只需填写正文而已。封面也已直接印上了名称"请柬"或"请帖"字样。还有一种请柬,标题是由活动内容加"请柬"二字组成。

(2) 称谓。称谓的写法主要有两种。

其一,写在正文前一行顶格处,与普通书信的称呼相同。

其二,写在正文之后,在恭请与光临之间空白处,填上被邀请者称谓。正规请柬比较趋向于这种形式。

称谓一般都用全称。姓名后面常以尊辞或职位缀之,不用简称,英文请柬中也不用缩写字。另外,若是邀请夫妇同时出席,宜把两个人的名字都写上。

(3) 正文。正文的内容主要写清活动内容,如开座谈会、联欢晚会、纪念典礼、开幕剪彩、宴会、婚礼、寿诞等。正文应写明时间、地点、方式。如果是请人看戏或其他表演还应将入场券附上;若有其他要求也需注明,如"请准备发言""请准备节目"等。

(4) 结尾。请柬的结尾已形成套语,显得正式、隆重,必不可少。结尾常常要写上礼节性问候语或恭候语,如"此致,敬礼""敬请光临"等。

(5) 落款。在写明邀请者(单位或个人)的名称和发请柬的日期之后,通常写上"谨启""谨订"字样以示礼貌。

【例文1】

宴会请柬

×××先生:

  兹定于6月18日下午18时在世纪大酒店观海厅举行林安集团公司成立十周年庆祝酒会,敬请届时光临。

林安集团公司
××××年××月××日

当收到请柬后,可以用回柬告知能否赴约,也可以用电话、电报、书信、传真等回复。谢绝邀请一般用回柬比较好。对于某些必须复回柬的邀请,都应立即回复。

如果接受邀请,可以这样写:

×××:

  接到请柬,十分荣幸。××月××日(星期×)晚当准时赴宴。特此谨致谢意。

×××致上
××月××日

如果谢绝邀请,可以这样写:

> ×××：
> 　　承蒙邀约，不胜感激。但因有要事在身，无法赴约，深表歉意。
> 　　　　　　　　　　　　　　　　　　　　　×××
> 　　　　　　　　　　　　　　　　　　　　　××月××日

　　2. 聘书的格式与书写规范

　　聘书，也称聘请书，一般指机关、团体、企事业单位聘请某些有专业特长或有威望的人完成某项任务或担任某项职务时所发的邀请性质的专用书信。

　　聘书一般已按照书信格式印制好，中心内容由发文者填写即可。完整的聘书的格式一般由以下几部分构成。

　　（1）标题。聘书往往在正中写上"聘书"或"聘请书"字样，有的聘书也可以不写标题。已印制好的聘书标题常用烫金或大写的"聘书"或"聘请书"字样组成。

　　（2）称谓。聘书上受聘人的姓名称呼可以在开头顶格写，然后再加冒号；也可以在正文中写明受聘人的姓名称呼。常见的印制好的聘书大多在第一行空两格写"兹聘请××……"。

　　（3）正文。聘书的正文一般要求包括以下内容。

　　首先，交代聘请的原因和请去所干的工作或所要担任的职务。

　　其次，写明聘任期限，如"聘期两年""聘期自2012年2月20日至2016年2月20日"。

　　再次，聘任待遇。聘任待遇可直接写在聘书之上，也可另附详尽的聘约或公函写明具体的待遇，这要视情况而定。

　　另外，正文还要写上对被聘者的希望。这一点一般可以写在聘书上，但也可以不写，而通过其他的途径使受聘人切实明白自己的职责。

　　（4）结尾。聘书的结尾一般写上表示敬意和祝颂的结束用语，如"此致，敬礼"或"此聘"等。

　　（5）落款。落款要署上发文单位名称或单位领导的姓名、职务，并署上发文日期，同时要加盖公章。

【例文2】

> 　　　　　　　　　　　　　聘　　书
> 　　兹聘请××同志为××房地产公司营销策划总监，聘期自××××年××月××日至××××年×月×日，聘任期间年薪暂定十万元。
> 　　　　　　　　　　　　　　　　　　　　　××房地产公司（章）
> 　　　　　　　　　　　　　　　　　　　　　董事长：××
> 　　　　　　　　　　　　　　　　　　　　　××××年××月××日

　　（三）致辞文书

　　致辞文书主要是用于一些正式的社交场合或较为庄重的会议，以口语表达为媒介的有关礼仪应用文。致词文书主要包括欢迎词、欢送词、答谢词、开幕词、闭幕词、悼词等，下面以欢迎词、欢送词和答谢词为例进行介绍。

1. 欢迎词的格式和书写规范

欢迎词指行政机关、企事业单位、社会团体或个人在公共场合欢迎友好团体或个人来访时致辞的书面文稿。

欢迎词一般由标题、称谓、正文和落款四部分组成。

(1) 标题。欢迎词的标题写法一般有两种。一种是直接以文种命名，如《欢迎词》；另一种是由活动内容加文种名称构成，如《在××学术讨论会上的欢迎词》。致词人不念标题。

(2) 称谓。称谓要求写在开头顶格处，要写明来宾的姓名称谓。由于是用于对外（本组织以外的宾客）交往，故欢迎词的称呼比开幕词、闭幕词更具有感情色彩，更需要热情有礼。为表示尊重，要称呼全名，并在姓名前后加上职衔或"先生""女士""亲爱的""尊敬的""敬爱的"等敬语表示亲切，如"尊敬的女士们、先生们"。

(3) 正文。欢迎词的正文一般可由开头、主体和结尾语三部分构成。

① 开头。开头通常应说明现场举行的是何种仪式，发言者代表什么人向哪些来宾表示欢迎。

② 主体。主体部分一般要阐述和回顾宾主双方在共同的领域所持的共同立场、观点、目标、原则等内容，较具体地介绍来宾在各方面的成就及在某些方面做出的突出贡献，同时要指出来宾本次到访或光临对增加宾主友谊及合作交流所具有的现实意义和历史意义。

③ 结尾语。在结尾处应再次向来宾表示欢迎，并表达自己对今后合作的良好祝愿。

(4) 落款。欢迎词的落款要署上致辞单位名称、致辞者的身份、姓名，并署上成文日期。

【例文3】

欢迎词

尊敬的各位来宾，女士们，先生们：

　　大家晚上好！

　　值此×××公司20周年庆典之际，请允许我代表×××公司，并以我个人的名义，向远道而来的贵宾们表示热烈的欢迎！

　　朋友们不顾路途遥遥专程前来祝贺并洽谈贸易合作事宜，为我公司20周年庆典增添了一份热烈和祥和，我由衷地感到高兴，并对朋友们为增进双方友好合作关系做出的努力，表示衷心的感谢！

　　今天在座的各位来宾中，有许多是我们的老朋友，我们之间有着良好的合作关系。我公司创立20年能取得今天的成绩，离不开老朋友们的真诚合作和鼎力支持。对此，我们表示由衷的钦佩和感谢。同时，我们也为能有幸结识来自全国各地的新朋友感到十分高兴。在此，再次向新朋友们表示热烈欢迎，并希望能与新朋友们密切协作，发展相互间的友好合作关系。

　　古人云："有朋自远方来，不亦乐乎。"在此新朋老友相聚之际，我提议：为今后我们之间的进一步合作，为我们之间日益深厚的友谊，为朋友们的健康幸福，干杯！

---

2. 欢送词的格式和书写规范

欢送词是行政机关、企事业单位、社会团体或个人在公共场合欢送友好团体回归或亲友出行时致辞的书面文稿。

欢送词的格式和写法与欢迎词基本相同,其写作要求如下。

(1) 对被欢送者的高度评价。

(2) 对既往与之相处时光的温馨回忆。

(3) 自己真心实意的惜别之情。有句古诗说的好,"相见时难别亦难",欢送词要表达亲朋远行时的感受,所以依依惜别之情要溢于言表。当然,格调也不可过于低沉,尤其是公共事务的交往更应把握好分别时所用言辞的分寸。遣词造句应注意使用生活化的语言,使送别既富有情趣又自然得体。

(4) 对被欢送者的美好祝福。

【例文 4】

欢送词

尊敬的女士们、先生们:

首先,我代表×××公司,对你们访问的圆满成功表示热烈的祝贺。

明天,你们就要离开×××了,大家相处的时间虽然是短暂的,但我们之间的友好情谊是长久的。我国有句古语:"来日方长,后会有期。"在这即将分别的时刻,我们怀着依依不舍的心情,诚邀各位女士、先生在方便的时候,再次来×××公司作客,相信我们的友好合作会日益加强。

祝大家一路平安,万事如意!

---

3. 答谢词的格式与书写规范

与欢迎词相对应,答谢词是由宾客出面发表的对主人的热情接待表示感谢的讲话稿。

答谢词由标题、称呼、开头、正文、结语五部分构成。

(1) 标题:一般用文种"答谢词"作标题。

(2) 称谓:与欢迎词同。

(3) 正文。

① 开头:对主人的热情接待表示感谢。必要的客套话是不能省略的,如"感谢""致敬"之类热情洋溢、充满真情的词语。

② 主体:畅叙情谊,或表明自己来访的意图、诚意,申述有关的愿望。答谢词要注意与欢迎词的某些内容相照应,这是对主人的尊重。

③ 结语:祝愿,或再次表示谢意。

【例文 5】

答谢词

尊敬的×××女士,尊敬的×××公司的朋友们:

首先,请允许我代表团全体成员对×××女士及×××公司对我们的盛情接待表示衷心的感谢。

我们一行四人代表××公司首次来贵地访问,此次来访时间虽短,但收获颇丰。仅三天时间,我们对贵地的服务零售行业有了比较全面的了解,与贵公司建立了友好的合作关系,并成功地洽谈了×××零售产品合作事宜。这一切,都得益于主人的真诚合作和大力支持。对此,我们表示诚挚的感谢。

服务零售行业有着广阔的发展前景。贵公司拥有一支精良干练的销售队伍和技术先进的销售网络,在服务零售市场中独领风骚。我们有幸与贵公司建立友好的合作关系,为我地服务零售行业的发展提供了新的契机,必将推动我地的服务零售行业迈上一个新台阶。

最后我代表××公司再次向×××公司表示感谢,并祝贵公司迅猛发展,再创奇迹。更希望彼此继续加强合作,共创明天。

谢谢!

第五章　商务人员拜访与接待礼仪

商务拜访与接待是商务交往中最常见的商务形式,也是人们联络感情、扩大信息、增进友谊、发展自身业务的重要交际活动。拜访是双向性的活动。在拜访中,做客的一方为客人,也叫来宾;作为待客、接待的一方为主人。只有主、客双方都遵守礼仪的规范,拜访活动才能圆满成功。

一、商务拜访礼仪

在商务交往中,相互拜访是常有的事,如果熟悉并遵循拜访礼仪,无疑会使拜访成为塑造个人形象和维护企业形象的良好契机。

(一) 商务拜访的含义与作用

1. 商务拜访的含义
所谓商务拜访,是指个人或单位代表以客人的身份,有目的和针对性地去拜访其他单位、部门或个人,并就有关事项与相关人员进行磋商的一种社交形式。商务拜访根据拜访的目的一般可分为事务性拜访、礼节性拜访和私人拜访。

2. 商务拜访的作用
(1) 促进沟通、融洽关系。
拜访是面对面的交往形式,通过双方的互动,可以当面将各自的想法、观点进行交流和探讨,促进双方的沟通,增加相互的了解和信任,从而促成商务合作。
(2) 有助于塑造良好形象。
在商务拜访活动中,一个人良好的仪表风度、仪态谈吐,会作为一种潜在的信息传达给对方,给对方留下深刻的印象,为日后的商务交往打下良好的基础。

(二) 商务拜访基本规范

俗话说"不打无准备之仗",商务拜访也是如此,也需要做好充足的准备。
1. 拜访前的准备
(1) 事先有约。
前去他人的单位或居所拜访必须事先约定,这是拜访的首要原则。
一般情况下,应提前3天用电话或书信与被访者约好时间,以防扑空或打乱对方的工作安排。不打招呼地贸然闯去是很失礼的。预约后,一般情况下不应擅自取消约定。
(2) 明确目的。
拜访都有一定的目的性。需要解决什么问题,需要请对方做哪些工作,自己需要做些什么准备,如何同对方交谈,等等,都应事先做认真的设想和安排。同时,正式拜访前,要准备好自己的服饰,做到服装整洁、庄重,仪表端庄大方,以示对被访者的尊重。

(3) 备好礼品。

无论是初次拜访或是再次拜访,都要准备好礼品。礼品可以缓和紧张气氛,联络彼此感情。因此,要事先根据对方的兴趣、爱好有针对性地选择适当的礼品,以免"临时抱佛脚"。在挑选礼品时,应有意识地避开价格过高或过低的物品,以免使被访者感到承受不起或产生被轻视的感觉。

(4) 注重仪表。

整洁大方的仪表无疑是对被访者的尊重。一般情况下,登门拜访时,男士适宜穿深色西装搭配素雅的领带,外加制式黑色皮鞋和深色袜子;女士适宜穿深色西装套裙或连衣裙,搭配中跟浅口同色系制式皮鞋和肉色长筒丝袜。

2. 拜访过程

(1) 正点到达。

拜访可以早到,但切勿迟到,这既是一般的礼仪常识,也是拜访活动中最基本的礼节。迟到不仅是失礼的表现,也是对被访者的不尊敬。

如果因特殊原因不能如期赴约或确需改期,则应及时通知被访者,并将取消的理由向对方详细说明,最后不要忘记表示歉意。

(2) 通报身份。

通常情况下,前往大型企业拜访,首先要向负责接待的人员说明自己的身份,待对方了解确认后,再安排与被访者见面。切不可擅自贸然闯入。

(3) 注意物品的搁放。

有时拜访者需要带一些物品或礼品,或随身带有外套、雨具等,这些都应放到指定的位置,不可随意放置。

(4) 进门问候。

到达拜访地点后,不应直入房内,除了向被访者问候寒暄外,如有其他在场的客人也应礼貌地打招呼。待主人安排或指定座位后再坐下,同时要注意坐的姿势。

(5) 把握交谈技巧。

和被访者交谈前,先要寒暄几句,再切入正题。不能一见面就喋喋不休或沉默不语,使人不知因何事受访。交谈时除了表达自己的思想观点外,还要注意倾听对方的谈话内容、对方的情绪和周围环境的变化。如果对方谈兴正浓,交谈时间可适当长些;反之可短些。对方表达自己的观点时,应认真地倾听,并适当插话或附和;不要谈得太多,应注意留有对方插话或发表意见或建议的时间与机会。

3. 拜访结束

(1) 辞行的机会。

在与被访者的谈话过程中,如果发现其心不在焉、皱眉蹙额或不时看表,来访者应寻找"刹车"的话题并适时告辞。告辞不应在对方说完一段话后立即提出,可选在两人沉默的空当。如果主人有新客人来访,应同新客人打招呼之后,尽快告辞,以免妨碍他人交谈。

(2) 告辞的方式。

告辞之前要稳,不要显得急不可待。辞行时应与被访者及其他在场的客人一一握手或点头致意。提出告辞后,就应态度坚决,不要犹豫,不要"走了"说了好几次,却迟迟不动。出门后,就应主动请主人留步并握手告别,表示感谢。不要任凭主人远送,也不要在门口与主人没完没了的话别,要懂得"客走主安"的道理。

二、商务接待礼仪

接待是最常见的商务活动之一。任何一个企业在发展业务的过程中都要经常与外界打交道,与社会各界接洽往来。商务活动中,一个企业迎送接待工作做得是否周到细致,将直接影响企业的形象、声誉以及由此带来的经济利益。因此,在接客、待客、送客的过程中,接待者都要遵循一定的礼仪规范。

(一)商务接待准备

1. 确定接待规格

应根据来访者的职级、身份,确定接待的规格。通常情况下,接待规格可分为以下三种。

(1)一般规格接待:即主要接待者与来访者职级对等,如公司部门主管接待另一公司部门经理。这种接待规格是商务接待中最常使用的接待规格。

(2)低规格接待:即主要接待者比来访者职位低的接待。

(3)高规格接待:即主要接待者比来访者职位要高的接待,如上级单位派人来了解情况就应高规格接待。

2. 准备接待所需物品

通过对来宾基本情况的了解,提前做好准备工作,以免客人到来时手忙脚乱。例如,搞好接待场所卫生,摆放好室内物品,创造一个良好的会客环境;注意自己的仪容和着装,要干净整洁;准备好会客的物品,如茶水、水果、点心等,让客人有"宾至如归"的感觉。根据实际需要,有时还要做好食宿、交通工具的准备。

3. 安排来宾位次,摆好席签

接待来宾时,特别是在专门的会客室、贵宾室、接待室之内招待来宾时,宾主双方的具体座次,往往是一个十分敏感的问题,不能因疏忽而失礼于人。按照约定俗成的礼节,座次的安排有多种形式,难以统一,通常有以下几种办法可供选择。

(1)面门为上。

接待来宾,宾主双方多采用"相对式"就座,即宾主双方对面而坐。采用"相对式"就座时,不论其面对方向,均以面对房间正门的座位为上座,让之于来宾;以背对房间正门的座位为下座,宜由主人自己就座。"相对式"就座时,主宾、主人居中,其他客人、主方陪见人均按身份高低就座于其两侧(如附录图5-1所示)。

(2)以右为上。

宾主双方在正式会见时,有时为了体现彼此之间的身份平等,常采用"平起平坐式"就座,即宾主双方并排就座,以右为上。这种座次安排又称"并列式"。"并列式"排位法,有分宾主各坐一方的,也有一位客人与一位陪客穿插坐在一起的。但通常的安排是主宾、主人席安排在面对正门位置,主宾在主人的右边一侧,其他客人按礼宾顺序在主宾一侧就座,主方陪见人在主人一侧按身份高低就座。译员、记录员通常坐在主人的后边(如附录图5-2、图5-3所示)。

(3) 以远为上。

有时由于条件的限制,宾主双方并排就座时,并未面对房间的正门,而是居于室内左右两侧之中的某一侧。在此时,一般以距离房门较远的座位为上座,应请来宾就座;而以距离房门较近的座位为下座,由主人自己就座。离房门近者易受打扰,远者则受打扰较少,故以远为上。

(4) 居中为上。

"对面式""并列式"都是"居中为上"的局势,而这里所谓的"居中为上"的排位方法,指的是来宾人数较少、东道主一方陪同者较多之时。东道主一方的人员以一定的方式围坐在来宾的两侧或四周,呈现"众星捧月"之势。居于中央的位置即为上座,应邀主宾就座。

座次的安排形式多样,需要安排者灵活掌握,根据现有条件和来客及工作任务的具体情况确定座次安排的办法。例如,接待同时来自不同单位、不同部门、不同职务的多方来访者时,若无特殊必要,可不必为对方安排具体的座次,而任其自由择座。这样,既不会给来宾以厚此薄彼之感,又会使来宾无拘无束。

(二) 接待来宾礼仪

1. 迎接问候

"出迎三步,身送七步",这是我国迎送客人的传统礼仪。对于来访的客人,主人应根据需要亲自或派人在大门口、楼下、办公室或住所门外迎接。对远道而来的客人,要做好接站工作,掌握客人到达的时间,保证提前等候在迎接地点。迟到是很不礼貌的,客人也会因此感到不快。

见到客人应热情打招呼,先伸手相握,以示欢迎,同时应说一些寒暄辞令。如果客人是长者或身体不太好,则应上前搀扶;如果客人手中提有重物,则应主动接过来。

如果迎接地点不是会客地点,还要注意乘车礼仪。接待者坐在客人旁边或司机旁。在车上,接待者要主动与客人沟通,告知客人访问期间的安排,征求客人的意见;并热情向客人介绍当地的风俗人情,沿途景观。到达地点后,接待者应先下车为客人打开车门,然后请客人下车。

下车后,接待者应走在客人的左边,或走在主陪人员和客人的身后,到达会客室门口时应打开门,让客人先进。在会客室内,应把最佳位置让给客人,同时,还要按照介绍的礼仪把客人介绍给在场的有关人员。

迎接来宾的引领礼仪

1. 在走廊的引导方法。

走廊有室内走廊和露天走廊之分,但引领礼仪却基本相近。

(1) 通过走廊时,应单排行进,至多允许两人并排行走在一起。

(2) 通过走廊时,应靠右侧走。在通过仅容一人通过的走廊与人相遇时,应面向墙壁,侧身相让,请对方先通过。若对方先这样礼让你,要向其道谢。

(3) 通过走廊时,应轻缓而行。若快步奔走,大声喧哗,制造噪声,会干扰别人。

（4）通过走廊时，应顺序而行。不要跨越走廊的栏杆。

（5）接待人员在客人的左斜前方，距离两三步远，配合步调。若左侧是走廊的内侧，应让客人走在内侧（如附录图5-4所示）。

2. 在楼梯的引导方法。

上下楼梯时，要注意以下六点。

（1）上下楼梯均应靠右单行，不应多人并排行走。

（2）当引导客人上楼时，应让客人走在前面，接待人员走在后面；在下楼时，应由接待人员走在前面，客人在后面。

（3）上下楼梯时，不应进行交谈，更不应站在楼梯上或楼梯转角处进行深谈，以免有碍他人通过。

（4）若是男性，与长者、异性一起下楼梯时，如果楼梯过陡，应主动行走在前，以防对方有闪失。

（5）上下楼梯时既要多注意楼梯，又要注意与身前、身后之人保持一定距离，以防碰撞。

（6）上下楼梯时，应注意姿势、速度。

3. 进出电梯的引导方法。

进入无人管理的电梯时，接待人员应先进入电梯，等客人进入后关闭电梯门；到达时，接待人员应按"开"的按钮，让客人先走出电梯，即接待人员要"先进后出"。进入有人管理的电梯时，接待人员应"后进后出"。

4. 客厅里的引导方法。

当客人走入客厅后，接待人员可用手指示，请客人坐下；看到客人坐下后，才能行点头礼后离开。如果客人错坐下座，应请客人改坐上座（一般靠近门的一方为下座）。

5. 出入房间的要求。

出入房间时，要用手轻推、轻拉、轻关，不能用身体的其他部位代劳。进出门时，如果房间有人，应在到达房门、关门这一系列的过程中，尽量面朝房间里的人，不要背对他们。一般情况下，应请长者、女士、来宾先进入房内；若率先走出房间，应主动替对方开门或关门。若出入房间时正巧他人与自己方向相反出入房间，应侧身礼让。具体做法是房内之人先出，房外之人后入。对方是长者、女士、来宾的话，可让他们先行。

2. 礼待宾客

对待客人要主动、热情、周到、善解人意。要一心一意对待客人，不要冷落客人。同客人交谈时要精力集中，不要表现出心不在焉或使交谈冷场。

客来敬茶是中国待客的传统习俗，且形成了一套独特的饮茶礼节。正规的敬茶方式是茶水要斟七分满为好，表示敬意。所谓"茶斟七分满，留做三分为人情"，就是茶水不要斟得太满，茶满表示送客。敬茶时要将茶杯放在托盘上，用双手奉上；茶杯应放在客人右手的上方。如果客人不止一位时，第一杯茶应敬给德高望重的长者。当然，熟人可以不必过于讲究。

3. 陪客交谈

客人坐下，敬茶后，应立即与客人交谈。交谈是接待工作中的一项重要内容，直接关系到接待工作的成功与否。通过谈话,双方可以增进感情交流和相互了解。商谈问题时,首先,谈话要紧扣主题,围绕会谈的目的进行,不要只谈自己的事情或自己关心的事情,而不顾对方是否愿听或冷落对方;其次,要注意自己的态度和语气,要尊重他人,语气要温和适中;再次,会谈中要认真倾听别人讲话,倾听别人讲话是一种礼貌,不能显出很不耐烦的表情或东张西望。此外,会谈中还要适时地以点头或微笑做出反应,不要随便插话。别人谈完后再发表自己的看法。光听不谈,也是不礼貌的。

4. 随客陪访

有时根据接待的实际需要,还应安排随客陪访。在陪同客人参观、访问、游览时要注意一些方式方法。首先,接待者要事先做好准备,熟悉情况,以便给客人做详细的介绍。其次,陪同时要遵守时间,衣着整洁,安排好交通事宜。再次,陪同时要热情、周到、掌握分寸,既不要过分殷勤,也不要冷淡沉默。最后,参观、游览时要注意客人的安全,车费、门票费用尽量由接待方支付。

(三)送别来宾礼仪

送客礼仪是接待工作的最后一个环节。如果处理不好,将影响整个接待工作,使接待工作前功尽弃。送客时应注意以下几点。

1. 婉言留客

客人告辞时,主人应婉言相留。若客人执意要走,也要等客人起身告辞时,再站起来相送。不要在客人未起身前,主人先起身相送,也不要主动先伸出手来同客人握手告别,使人感觉有逐客之嫌。

送客时应主动与客人握手送别,并送出门或送到楼下。不要在客人走时无动于衷,或只是点点头、摆摆手招呼一下,这都是不礼貌的。

最后还要用热情友好的语言邀请客人下次再来。

2. 安排交通

如需要做交通方面的安排,应提前帮助购买车票、机票或安排车辆送行。同客人告别时,要握手并对来访表示感谢。客人离去时要挥手致意,目送客人远去。

需要注意的是,在接待来宾安排乘车时,要注意乘车位次礼仪。一般来说,乘车时座位的尊卑以座位的舒适和上下车的方便为标准。各式车辆座位的尊卑,一般都已固定。

(1)小轿车。

在由专职司机驾驶时,小轿车的座位以后排右侧为首位,左侧次之,中间座位再次之,前排右侧为末席。

在由主人亲自驾驶时,以驾驶座右侧为首位,后排右侧次之,左侧再次之,后排中间为末位(如附录图5-5所示)。若主人亲自驾驶,坐客只有一人时,应坐在主人旁边;若同坐多人,中途坐前座的客人下车后,在后排坐的客人应改坐前座,此礼节不能疏忽。其他情况的小轿车座次秩序如附录图5-6~图5-12所示。

(2)越野车。

越野车无论是主人驾驶还是专职司机驾驶,都应以前排右座为尊,后排右侧次之,后排左侧为末席。上车时,后排位低者先上车,前排尊者后上。下车时前排客人先下,后排客人再下车(如附录图5-13所示)。

(3) 多排座客车。

在接待团体客人时,多采用四排或四排以上座位的大中型客车接送客人。此类车以第一排(即前排)为尊,后排依次为小。其座位的尊卑,依每排右侧往左侧递减(如附录图5-14所示)。

3. 回赠礼品

如果客人来访时带有礼品,在送别时也应准备一些具有地方特色,且有象征意义的礼品回馈。

三、馈赠礼仪

在商务活动中,馈赠礼品的形式往往比礼品本身更重要。俗话说"千里送鹅毛,礼轻情意重",人们常以送礼方式表情达意。赠送就是指人们为了向他人表达某种个人意愿,而将某种物品不求报偿、毫无代价地送给对方。赠送不仅是一种礼节形式,更是人与人之间以诚相待、表达尊重和友情的见证。因此,成功的馈赠可以恰到好处地向受赠者表达自己的友好、尊重和某种特殊的情感,从而起到联络感情、加深友谊、促进交往的作用。

馈赠礼仪,就是指在礼品的选择、赠送、接受的过程中所必须遵循的惯例与规范。

作为馈赠礼品的一方,应知悉以下礼仪规范。

(一) 馈赠礼品的特点

1. 针对性

针对性即投其所好,就是指选择礼品时要充分了解受赠者的情况和特征。由于民族、生活习惯、生活经历、宗教信仰、性别、年龄、兴趣爱好、文化层次等的不同,不同的人对同一礼品的喜好也不同,所以,在挑选礼品时应有针对性。例如,给爱好集邮的朋友送一套他至今还没有的邮票,给一位爱好垂钓的朋友送一个精致的钓鱼竿等。一般情况下,敬老人以实用为主,如保健用品;赠恋人以纪念为主;送朋友以趣味为主;给小孩以益智为主;对外宾,以具有民族特色的工艺品为主;探病人,以愉悦其精神为主。

需要注意的是,许多时候,在商务往来中的礼品赠送都是以公司名义进行的,礼品的赠送往往有一定的目的性,选择的礼品都直接或间接地具有向外界宣传、介绍、推广本公司的产品、技术、服务乃至企业形象的功能。因此,该公司的主打产品、宣传画册(或视频资料)、企业标志或建筑模型等都是很好的礼品。

2. 纪念性

在商务往来中,往往有一些重要的时间、重要的活动、重要的事件,如公司成立、展览揭幕、企业剪彩等,在此类活动中,以公司的名义正式向外界赠送礼品,需要突出的是礼品的纪念性。

纪念性即礼轻情重。送礼不是为满足某人的欲望,也不是显示自己的富有,而是为表示对别人的祝贺、慰问、感谢的心意。真正好的礼品不是用价格可以衡量的。人们送礼的心意应重于礼品本身的精神价值和纪念意义,即礼品有价而人情无价。

3. 便携性

用作馈赠的礼品,应轻重适当,便于携带,笨重、易碎之物(如大件的玻璃器皿、陶瓷制品等)不适宜作礼品。

4. 独特性

独特性,即礼品应独具匠心,具有新、奇、特等特点。好的礼品最忌"千篇一律",大同小异,没有特色。如果选择的礼品有艺术特色、民族特色、地方特色,别具一格,让人耳目一新,就会让对方更深刻地体会到送礼者的一番情意。

5. 效用性

应有针对性地根据受礼者的物质生活水平,选择商务馈赠礼品。通常情况下,在物质生活较为贫寒时,人们多倾向于选择实用性强的礼品,如食品、衣料、水果、现金等;在生活水平较高时,则倾向于选择艺术欣赏价值较高、具有思想性纪念性的礼品为主。

(二)馈赠礼品的时机

古诗云:"好雨知时节,当春乃发生。"馈赠礼品也应选择恰当的时机和场合。

一般情况下,到他人工作之处或到对方居所向其赠送礼品时,应在见面之初就把礼物赠予对方。

当自己以东道主身份接待来宾时,通常是在对方告辞之前向对方赠送礼品。在告别宴会上赠送或到其下榻处赠送都可。

此外,还有一些常规的赠送时机,此时的赠送属于人们的习惯性做法。

(1)喜庆嫁娶。乔迁新居、过生日做大寿、生小孩、嫁女娶亲等亲友喜庆日子,应考虑备礼相赠,以示庆贺。亲友去世或遭不幸,也要适当送礼以帮助解决困难,表示安慰吊唁。

(2)欢庆节日。我国传统节日为春节、端午、中秋、重阳等,西方的圣诞节、情人节、母亲节等都可作为送礼的时机。

(3)探望病人。去医院或别人家中探望病人应带点礼物。

(4)酬谢他人。当自己在生活中遭到困难或挫折,亲朋好友曾伸出过援助之手时,事后应考虑送点礼物以表酬谢。

(5)亲友远行。为了祝愿亲友一路顺风,安心离开家人远出外地求学、工作,可送上一份礼品以表心意,表示纪念。

(6)拜访、做客。当拜访或做客时,一方面对打扰对方表示歉意或接受对方款待表示感谢,另一方面向对方表示自己的问候,往往也要带上一份礼物登门。

(7)还礼。接受对方的礼物,就等于欠着对方一个人情。还礼或者在对方送礼离开时附一份自己的礼物,或者事后在类似的场合向对方送上一份礼品。

(三)馈赠礼品的选择

针对不同受礼对象,选择的礼品也有所不同。

1. 受礼者为国内同胞

(1)结婚礼物:要注意等收到对方的结婚请柬或通知后再携礼登门祝贺。礼品宜以家庭用品、床上用品、餐饮具或字画等工艺品为好,也可事先征求主人意见再选购;如果用金钱代替礼品,可在封套上写明"贺仪"等字以示庄重。

(2)生子礼物:可送婴儿用品,如衣服、鞋帽或玩具、食品、生肖纪念章等,也可送产妇滋补营养品等。

(3)生日礼物:父母长辈生日做寿,可送寿联、寿糕或营养品、衣服布料等;夫妻生日可送鲜花、化妆品、饰物、领带等礼品；朋友生日可送贺卡、工艺品、学习用品、鲜花、影集等小物件。

（4）节日礼物：春节送年货、礼盒，端午节送粽子，中秋节送月饼，情人节送玫瑰花，等等。

（5）病丧礼物：探望生病的亲友，应携带一些适宜病人食用的食品，如滋补品、水果等，也可送鲜花，但在送水果时要根据病情来选购。丧中可送花圈、挽联或"帛金"（即金钱），如送物品应以不留纪念的一次性易耗品（如烟、酒、食品等）为原则。

（6）远行礼物：毕业升学远行时，可选择书籍、学习用品、生活用品等礼品。

（7）迁居礼物：乔迁之喜以对联、字画、镜屏、工艺品、家庭装饰品为礼最佳。

2．受礼者为国外友人

随着全球经济一体化的发展，中国的经济愈发国际化，商务交往中，会越来越多地与外国友人进行礼尚往来。"有朋自远方来，不亦乐乎！"给来自远方的朋友赠送礼物，就要让对方记住这份礼物，怀念这份情谊。许多中国原汁原味、富有民族特色的物品都深受外国友人的喜爱。

（1）中国字画。中国的书画文化源远流长，寓意丰富的水墨字画一直深受外国友人的喜爱和追捧。

（2）蜡染或真丝服饰。蜡染的图案质朴、简捷，具有典型的民族风格。身材高大的西方人，穿上下分体的裤装比着直筒长裙更有味道，尤其是印有汉字、传统纹饰、盘扣、铜扣、玉扣的斜襟、对襟式上衫更受他们喜爱。真丝布料透气性好，质感强，真丝服饰多显飘逸、华丽，真丝套装、真丝饰品都是送人的首选。

（3）绣品。我国的四大名绣，即苏州苏绣、湖南湘绣、广东粤绣、四川蜀绣，绣艺精湛、历史悠久，长期以来，深受国际友人喜爱。

（4）景泰蓝。目前市场上有许多景泰蓝的观赏和实用品。通常送男士的是打火机、笔等，送女士的是配件饰物、镜子、化妆盒等。

（5）玉饰。玉象征吉祥并有神秘色彩，玉镯、玉佩、玉坠等都受到外国友人的青睐。在挑选玉饰时，最好选择富含中国传统文化的太极、八卦或龙纹图案，以色泽温润、颜色通透无瑕疵的为上品。

此外，还有我国传统的漆器、陶瓷器、竹制品等，都是上好的馈赠佳品。

3．送花常识

花是常见的一种礼品。人际交往中，人们常以各种花卉传递感情，抒发胸臆。例如，考试及第誉为"折桂"，送别或赠别称为"折柳"，献桃子祝老人长寿，赠石榴愿新婚夫妇多子，至于"松、柏、竹、菊、莲"等，皆依其个性而各有明确固定的含义。因此，送花是一门学问，送花更是一门艺术。作为礼物，人们可送鲜花，也可送盆花、插花等。要把握送花的学问，首先就要了解花语花意。

鲜花的寓意是指人们一般认为某种鲜花因品种、色彩、数目和搭配而具有某种含意。如果不了解鲜花的寓意，那么送花时就可能出差错，闹笑话。

（1）花语。古往今来，人们根据花卉的性格和艺术形象，创造了"花的语言"。花语就是鲜花的通用寓意。花语一旦形成便流传开来，须人人了解，个个遵守，不能自造，也不能篡改花语（参见表5-1）。

表 5-1 常见花的花语

花 名	花 语	花 名	花 语
水仙花	清纯、自尊	白丁香	纯洁
紫罗兰	青春永驻	郁金香	幸福、博爱
柏 树	永葆青春	含羞草	知廉耻
银 杏	古老文明	紫 荆	兄弟和睦
玫 瑰	爱情	红 豆	相思
勿忘我	永恒的爱	杨 柳	依依不舍
并蒂莲	夫妻恩爱	百 合	百年好合
马蹄莲	永结同心	文 竹	永恒
菊花、竹、兰花	高洁	山 茶	质朴
牡 丹	华贵	蔷薇花	美德
向日葵	仰慕	腊 梅	坚贞不屈
木棉花	英雄之花	黄月季	胜利
葡 萄	宽容、博爱	茉 莉	和蔼可亲
铁 树	庄严	金 橘	招财进宝
红 枫	热忱	桂 花	友好、吉祥
石 榴	子孙满堂	富贵竹	吉祥、富贵
万年青	友谊长存	秋海棠	诚挚的友谊
龟背竹	健康长寿	大丽花	大吉大利
一品红	共祝新生	杉 木	正直
昙 花	美好的事物不长远		

(2) 鲜花的民俗寓意。同一种鲜花,在不同的国家和地区,由于文化、语言、风俗习惯宗教信仰的不同而具有不同的含意。所以,如果忽视鲜花的民俗寓意,则难免会出现差错,造成误会,收不到送礼的效果。

鲜花的民俗寓意,主要体现在鲜花的品种、颜色和数量上。

① 品种。同一品种的鲜花,在不同的风俗习惯中,含义大不相同。在跨地区、跨国家的人际交往中,如以鲜花赠人,必须了解禁忌。例如,中国人喜爱黄菊,但千万不要把黄菊送给西方人,因为在西方,黄菊代表死亡,仅供丧葬时用。又如,中国人喜欢荷花,但是在日本,它也代表死亡。在我国的广东、海南、港澳地区,送人金橘、桃花,会令对方笑逐颜开;而以梅花、茉莉、牡丹花送人,则必定招人反感。这是因为在这些地区,人们爱"讨口彩",金橘有"吉",桃花"红火",所以让人来者不拒;而梅花、茉莉、牡丹则音同"霉""没利""失业",故而令人避之不及。

② 颜色。花的颜色多种多样,五彩缤纷。一般而言,红色表示热情,白色表示纯洁,金黄色表示富丽,绿色表示青春与朝气,蓝色表示欢乐、开朗与和平,紫色表示高贵。但在不同的地区和国家,对于鲜花的色彩也有不同的理解。例如,中国人喜欢象征大吉大利、兴旺发达的红花,在新人成婚时,也以红色鲜花相赠;但在西方人眼中,白色鲜花象征纯洁无瑕,将它送给新人才是合适的。如果给中国新人送白色鲜花,会被认为太不吉利。

③ 数量。送花的具体数目,在不同国家、不同地区的文化传统、风俗习惯上也大有讲究。在中国,喜庆活动中送花要送双数,意即"好事成双";在丧葬仪式上送花则要送单数,以

免"祸不单行"。在西方国家,送人的鲜花则讲究是单数。例如,送 1 枝鲜花表示"一见钟情",送 11 枝鲜花表示"一心一意"。只有作为凶兆的"13"才是例外。

有些数字,由于读音或其他原因,在送花时也是忌讳出现的。例如,在欧美国家,送人的鲜花不能是"13"枝;而在日本、韩国、朝鲜以及中国的广东、海南、香港、澳门、台湾地区,送人"4"枝花也会招人白眼,因为其发音与"死"相近。

（四）馈赠礼品的地点

赠送礼品的地点很值得斟酌。通常情况下,应遵循"公对公、私对私"原则。

因公赠送的礼品,多在单位进行,不同的是赠送礼品时多在本单位,接受礼品时多在对方单位。

在招待会、座谈会、庆祝会、发布会、展示会上馈赠时,多在工作现场完成。

私人交往赠送的礼品最好保持私密性,宜在私人居所赠送,不宜公开。

需要注意的是,无论是向单位还是向个人赠送礼品,都要对礼品进行必要的装饰。包装是礼品的外衣,精美的包装是礼品的重要组成部分。通过包装可以反映送礼者的情趣和心意。不重视包装,会导致礼品本身的"贬值",甚至使受赠者产生被对方轻视的感觉。

赠送时,礼品不应有残破或不洁,只有礼品在整洁如新时才可送人。

赠送时,也可以向对方说明礼品的寓意、含义、用途、用法或礼品的特殊之处,从而令受赠者对礼品刮目相看,并对馈赠者的深情厚谊心存感激。

（五）馈赠礼品的禁忌

禁忌,是因为某种原因而对某些事物所产生的顾忌,多由风俗习惯、宗教信仰、文化背景、职业道德等原因所形成。所以,在选择礼物时,必须慎重对待禁忌,避免因礼品选择不当而造成误解和不愉快。

1. 我国内地的一些馈赠禁忌

一般来说,我国在国内、国际正式社交活动中,因公赠礼时,不允许选择以下几类物品作为正式赠予交往对象的礼品:一是现金、信用卡、有价证券;二是价格过高的奢侈品;三是烟酒等不合时尚、不利健康的物品;四是易使异性产生误解的物品;五是触犯受赠对象个人禁忌的物品。

在我国,看望病人不能送盆花,因为盆花有根;看望老人不能送钟,因为"钟"与"终"谐音;友人之间忌送伞,因为"伞"与"散"谐音;不宜送鞋,因为"送鞋"与"送邪"谐音;乌龟虽然长寿,却有"王八"的俗名,也不宜作礼品相送。

2. 我国港台地区的一些馈赠禁忌

在港台地区的风俗中,丧事后以毛巾送吊丧者,非丧事一律不能送毛巾;剪刀是利器,含有"一刀两断"之意,以剪相送会使对方有威胁之感;甜果是祭祖拜神专用之物,送人会有不祥之感;扇子是夏季用品,台湾地区俗称"送扇无相见";台湾地区的居丧之家习惯不蒸甜食、不裹粽子,如果以粽子相送,会被对方误解,十分忌讳。

此外,中国内地的人送礼不会送"小棺材",但香港人青睐红木制作的小型棺材摆件,寓意为"升官发财"。但是香港人不能送钟、毯子及白色与红色的花,这意味着不吉利;此外礼物数目不能有4,而以8、6、9为最好。

3. 部分国家馈赠禁忌

英国人：一般送价钱不贵但有纪念意义的礼物；切记不要送百合花，因为这意味着死亡；收到礼物的人要当众打开礼物。

美国人：送礼物要送单数，且讲究包装；认为蜗牛和马蹄铁是吉祥物；给美国女性不能送香水、化妆品、衣物、假首饰，以免使受赠人感到受轻视；美国人以绿毛龟为宠物。

法国人：送花不要送菊花、杜鹃花以及黄色的花，不要送带有仙鹤图案的礼物，不要送核桃，因为他们认为仙鹤是愚蠢的标志，而核桃是不吉利的；法国人不送，也不接受有明显广告标记的礼品，而喜欢有文学价值和美学内蕴的礼品。

俄罗斯人：送鲜花要送单数；用面包与盐招待贵客，表示友好和尊敬；最忌讳送钱给别人，这意味着施舍与侮辱。

日本人：盛行送礼，探亲访友，参加宴请都会带礼物；接送礼物要用双手，不当面打开礼物；当接受礼物后，再一次见到送礼的人一定会提及礼物的事并表示感谢；送的礼物忌送梳子，更不要送有狐狸、獾的图案的礼物，因为梳子的发音与死相近；一般人不要送菊花，因为菊花一般是王室专用花卉。

西方人喜单数却忌"13"；荷兰人不能送食品；意大利人忌讳送手帕，因为手帕是亲人离别时擦眼泪的不祥之物。此外，在中东，回教教徒严禁偶像崇拜，洋娃娃等外形类似人像的东西禁止放在家里当装饰品，所以在这些国家绝不能把洋娃娃当礼物，否则会被认为是瞧不起他们的宗教。

(六) 受赠方礼仪

作为受赠礼品的一方，应知悉以下礼仪规范。

无论是商务交往还是在社交场合，接受别人馈赠的礼品时也同样讲究礼仪规范。

1. 接受礼仪

一般情况下，对他人诚心诚意馈赠的礼品，只要不违反法律、法规，最好大大方方、欣然接受。

受赠者在接受礼品时通常应站立双手相接，以示对对方的礼品和诚意的尊重；同时应说些客气或感谢的话，如"您太客气了""让您破费了，真不好意思"或者是说声"谢谢"。

按照国际惯例，接过礼品后，如果条件允许，受赠者可以当面打开礼品并表示赞赏。这既表示对对方的尊重，也表示欣赏对方赠送的礼品。

2. 拒收礼仪

由于种种原因，不能接受他人赠送的礼品时，要讲明原因，婉言拒收。拒收礼品时要讲究方式方法，依礼而行，要给对方留有退路，不要使对方产生误会或难堪。

一般情况下，拒收礼品应当场进行，最好不要接受后再退还。当看到对方赠送的礼品不能收时，一是应对对方的好意表示感谢，二是要坦率地或是委婉地讲明不能接受的原因和理由，将礼品当场退还。

如果确因一些原因很难当场退还，也可以采取收下后再退还的办法。退还礼品时，一是要及时，最好在24小时之内将礼品退还本人；二是要保证礼品的完整，不要拆启封口后再退还，更不能试用之后再退还。

3. 回赠礼仪

在人际交往中,要讲究礼尚往来。所谓"来而不往,非礼也"。虽然馈赠者赠送他人礼品不应有希望他人回报的心理,但受赠者收到他人礼品时却要及时回赠,这才是合乎礼仪的。回赠时,一是把握好回赠的时间。回赠时间过早,会给人以"等价交换"的感觉;但是时间拖得过久,又显得遥遥无期。因此,回赠要把握好时机,如在对方有喜庆活动时或节假日等。二是要把握好回赠的形式。在回赠礼品的选择上,可以用对方赠送的同类礼品作为回赠礼品,也可以用与对方所赠物品价格大致相当的物品作为还礼。另外,也可以用其他的方式向对方还礼,如接受礼品后,可以打电话或写信向对方表示感谢,都可以起到促进彼此之间友好交往的作用。

第六章　商务人员宴请礼仪

宴请是一种常见的商务社交活动,它可以使交往的各方增进友谊、互通信息、加强沟通、增长见识,同时也是展示个人或集体的商务交际素质和水平的有效方式。宴请礼仪是指在社会交往中,企事业单位或个人、社会团体、政府机关等出于某种社交目的的需要,如答谢应酬、饯别送行、欢迎祝贺、老友聚会等,而举行的一种正式或非正式餐饮活动中所形成的约定俗成的程序或行为方式。在宴请中,人们是通过一定的礼仪规范来表达对他人的尊重的,所以,必须了解有关宴请的礼仪知识,以便给交往对象留下良好的印象,达到宴请的交友目的。

一、宴请的分类

宴请常用于庆祝节日、纪念日,表示祝贺、迎送贵宾等事项。不同的宴请有不同的宴请对象和目的,因而宴请的形式也有许多不同的种类和名目。

依据设宴者的不同目的以及被宴请者的身份、人数、时间和地点的不同,可将宴请归纳为不同的类型。宴请一般有宴会、招待会、茶会和工作餐等。

（一）按规格划分

按照举办的规格不同,宴请可以分为国宴、正式宴会、便宴和家宴。

1. 国宴

国宴在宴会中规格最高,礼仪要求最为严格。宴会厅里必须悬挂国旗,设乐队,奏国歌。国宴的请柬、席卡、菜单上印有国徽。席间,宾主双方相互致辞、祝酒,由乐队演奏双方国家的民间乐曲作为席间乐。国宴使用讲究的餐具,对菜肴的道数以及服务人员的装束仪态,都有严格的规范要求。国宴参加者,要按照宴会的性质或请柬的要求着装,准时赴宴,并注意入场仪式,按请柬上安排好的席位就座。赴宴时要求举止大方,谦和友好,保持高昂情绪,饱满热情。

2. 正式宴会

正式宴会除不挂国旗、不奏国歌以及出席规格不同外,其余安排大体与国宴相同。有时正式宴会也会安排乐队奏席间乐。宾主均按身份排位就座。

3. 便宴

便宴即非正式宴会,常见的有午宴、晚宴,有时也有早上举行的早宴。这类宴会形式简便,可以不排席位,不作正式讲话,菜肴道数也可随机增减。

4. 家宴

家宴即在家中设便宴招待客人。西方人喜欢采用这种形式,以示亲切友好。家宴往往由主妇亲自下厨烹调，家人共同招待。

（二）按用途划分

根据宴会所举办的作用来划分，有欢迎宴会、答谢宴会、国庆宴会、告别宴会和招待宴会。

欢迎宴会通常是指为迎接某位重要来访的客人而举行的正式宴会；答谢宴会是指为感谢对方的款待或友谊而举行的正式宴会；国庆宴会则是在国庆节时为表示纪念意义，且邀请国内外的贵宾相聚而举行的正式宴会；告别宴会通常是在外事活动中访问结束或是卸任回国时，以示向对方告别而举行的正式宴会；招待宴会一般是指在各种活动开展期间或结束后为进行交流而举行的宴会，这是一种较为灵活的不备正餐宴请形式，备有食品、酒水饮料，通常都不排席位，可以自由活动。

随着国际交流的发展，招待宴会的形式已越来越受到欢迎。常见的招待宴会形式有如下两种。

1. 茶会

茶会是一种简便的招待形式，举行的时间一般在下午 4 时左右（也有上午 10 时举行的）。茶会通常设在客厅，不用餐厅。厅内设茶几、座椅。茶会一般不排席位，但若是为某贵宾举行的活动，入座时可有意识地将主宾同主人安排坐到一起，其他人随意就座。茶会顾名思义是请客人品茶，因此，茶叶、茶具的选择要有所讲究，或具有地方特色。一般用陶瓷器皿，不用玻璃杯，也不用热水瓶代替茶壶。外国人一般用红茶，略备点心和地方风味小吃。也有不用茶而用咖啡者，其组织安排与茶会相同。

2. 工作进餐

工作进餐按用餐时间分为工作早餐、工作午餐和工作晚餐，是现代国际交往中经常采用的一种非正式宴请形式（有的时候由参加者各自付费）。参加者利用进餐时间，边吃边谈问题。

二、宴会的组织程序礼仪

一场宴会能否成功，即能否达到宴请的预期目的，在很大程度上取决于宴会的组织是否井然有序、周到细致。以中餐宴会为例，一般来讲，宴会的组织程序礼仪包括以下几个方面。

（一）宴会准备时的礼仪

宴会在社交活动中具有很重要的礼仪作用，有严格的礼仪要求。所以，主办单位或个人一定要认真、细致、周到地做好宴请宾客的各项准备工作。

1. 确定宴请的对象和范围

宴请对象是指设宴招待的主要宾客，也就是举办宴会请什么人，请多少人，请到哪一级别，同时也包括请一些有关单位和本单位的相关人员作陪。确定时一般以设宴目的、宾主身份、国际惯例及主要宾客所在地的习惯做法为依据。若是多边关系，还要考虑政治因素。宾主赴宴的总人数，以偶数为好。

2. 确定宴请的目的和形式

宴请的目的多种多样，可以是为了欢迎、欢送、答谢，也可以是为了表示庆贺、纪念，还可以是为了某一人或某一事件。

宴请形式依设宴目的和宴请的范围之需而综合拟定。一般来说,设宴目的隆重、宴请范围广泛时,应以正式的、高规格的宴会形式为主;日常交往、友好联谊、人数较多的,以冷餐会形式或酒会形式更合适;群众性节日活动,以茶会形式居多。

近年来,国内外礼宾工作有简化趋势,宴请范围趋于缩小,形式也在简化。

3. 确定宴请的时间与地点

宴请的时间应以主、客双方都合适为宜,一般不选择重大节假日,也不选择双方禁忌日。例如,对信仰基督教的人士不要选13号,更不要选13号星期五;伊斯兰教在斋月内白天禁食,宴请宜在日落后举行。选择宴会日期,要与主宾进行商定,然后再发邀请。

宴会的地点应根据规格来考虑。规格高的安排在国会大厦、人民大会堂或高级饭店,一般规格的则根据情况安排在适当的饭店进行。

4. 发出邀请

各种宴请活动,一般均须对宴请对象发出邀请。这既是对宾客的通知,起提醒、备忘作用,同时又是宴请必备的礼貌形式。邀请方式通常有书面邀请、电话邀请和口头邀请三种。正式宴请活动多采用书面邀请的方式,由举办者发出请柬或邀请信;非正式宴会则可采用电话邀请或口头邀请。

(1)书面邀请。

书面邀请包括请柬和邀请信两种。

① 请柬。请柬是较常用的邀请形式。请柬有市场统一印制的通用型,也有本单位特别印制的专用型。其格式大同小异,常有精美的封面;内页写明宴请目的、被邀请人的姓名、宴请的类型、地点和时间,主办者的全程安排等信息。如是涉外宴请,还应有中外文对照或直接用客人所在国文字印制。请柬一般不用标点符号,设计应美观大方,填写应字迹端正工整。国际上习惯给夫妇两人同发一张请柬;在我国有需凭请柬入场的场合,则给每人发一张。正式宴会最好在发请柬前排好席次,并在请柬上注明席次号。请柬发出后,应及时落实出席情况,以便调整席位。请柬应视主宾之间的地理位置远近和通信联系的方便程度,提前一周收到为好,要在时间上给宾客留有余地,以便他们能安排好自己的工作。

一份精美的请柬,不仅能起到礼仪、通知、备忘的作用,还是一份珍贵的纪念品。

② 邀请信。和请柬相比,邀请信多为手写,也有电脑打印的。邀请信格式各不相同,内容要求详细,可以因事因人而异,文字可长可短。邀请信给人以亲切感,不像请柬那样显得刻板和公式化。

邀请信应写得诚恳热情,要把邀请目的、具体细节、邀请时间、地点交代清楚,还可以对应邀者提一些有关服饰的建议和"回复"等方面的要求。邀请信具体包括:简短的问候和寒暄;阐明宴请的类型和设宴的原因;简略说明此次宴请安排的内容,如席间有无文艺表演和舞会的安排,是否要求客人做席间发言等;对远道客人的时间要求、服饰要求以及设宴地点的位置和交通车次介绍,并恳请对这次宴会给予协助和配合等;盛情邀请光临并要求寄回复,以便安排和落实座次。

(2)电话邀请。

电话邀请和书面邀请一样,也要十分注重礼貌礼节。通话时语言、语调必须使对方感受到盛情和诚意。如果不是被邀请者本人接电话,则要建议接电话人做好记录备忘,以便转告被邀请者。

(3)口头邀请。

口头邀请适用于非正式的或小范围的宴请。举办人有意设宴时,应先征询被邀主宾的意见,最好是彼此见面时,借机口头约请。口头邀请有时不能一次得到对方的肯定答复,可再约时间敲定,或用电话表达邀请的诚意,以得到对方最后正式答复为准。口头邀请也可委托别人传话转告,并请转告者尽快将原意告诉给被邀请者。

口头邀请时,表达必须认真诚恳。一旦商定,双方应遵守信用。

无论是书面邀请、电话邀请,还是口头邀请,都应合乎礼仪要求,包括内容明晰、称谓正确、字体端正、音容亲切、大方热情等。此外,还应注意邀请的时机和场合。本着与被邀请者协商的态度,把邀请工作做好。

5. 确定宴会菜单

宴会菜单的确定,应根据宴会的规格,"看客下菜",即应从总体上考虑宾客的身份、宴请的目的来确定,做到冷热、荤素、干湿、贵廉搭配得当,主次分明。宴会既要有主菜、特色菜,以体现宴请规格;又要有一般菜,以调剂宾客的口味。具体菜品的确定,还应以适合多数宾客的口味与爱好为前提,尤其要特别照顾主宾的饮食习惯。此外,要避免出现下列菜肴。

(1)触犯个人禁忌的菜肴。

不少人在饮食方面都有个人的禁忌,例如,有人不吃鱼,有人不吃蛋,有人不吃辣椒,有人不吃香菜等。对此一定要在宴请宾客之前有所了解。

(2)触犯民族禁忌的菜肴。

世界上许多民族都有自己本民族的饮食禁忌。例如,美国人不吃羊肉和大蒜,俄罗斯人不吃海参、海蜇、墨鱼、木耳,英国人不吃狗肉和动物的头、爪,法国人不吃无鳞鱼,德国人不吃核桃,日本人不吃皮蛋等。掌握这些具有普遍性的饮食禁忌,有助于款待外宾。

(3)触犯宗教禁忌的菜肴。

在所有的饮食禁忌之中,宗教方面的饮食禁忌最为严格。例如,穆斯林忌食猪肉、忌饮酒,印度教徒忌食牛肉,犹太教徒忌食动物蹄筋和所谓"奇形怪状的动物"等。

6. 确定宴会布局与席位

在中餐宴会中,台形布局应符合以下原则要求。

(1)台形布局原则:主桌在主席台边,根据餐厅形状,遵循"右高左低,高近低远"的原则布置。

(2)台形布置:二席设计为平衡形或对称形;三席设计为品字形,也称三角形;四席设计为方形或菱形;五席及五席以上设计为梅花形、梯形、长方形等(如附录图6-1所示)。

在中餐宴会中,席位安排应符合以下原则要求。

(1)席位安排原则:主人座位面向餐厅入口,以右为上、客右主左的原则安排席位(如附录图6-2所示)。

(2)席位安排要求:按照我国习惯,公务宴会一般以职务高低安排座次。如果夫人出席,通常把女方排在一边,即主宾坐在男主人右上方,其夫人坐在女主人右上方。国外的习惯则是男女穿插安排,以女主人为准,主宾坐在女主人右上方,主宾夫人坐在男主人右上方。

（二）宴会进行时的礼仪

宴会进行时的礼仪即开宴礼仪，一般包括以下几个内容。

1. 门前迎宾

宴会之前，举办者应提前到达宴会地点，最后检查准备工作落实的情况。开宴前，主人应站立在门口迎接宾客。重要的宴会，可由主人率领其他人员排列成行迎宾。也有派专车接请宾客的做法。宾客到达后，主人应迎上前去握手，互相问候，对来宾表示欢迎，不要疏忽冷落了任何一位宾客。按宾客到达的先后，由工作人员分批陪送到休息厅小憩，或直接进入宴会厅，由专人接待。主宾到达，由主人陪同，进入休息厅同已在座的宾客见面后，再一齐步入宴会厅。

2. 引导入座

为了防止忙中坐错席位，大型宴会可在宴会厅门前陈列"桌次排列简图"，让来宾依据请柬提示，自己对号入座；也可以由工作人员或服务人员分别引座。一般先把非主桌上的宾客，引入宴会厅就座后，再领主宾进入宴会厅。主宾入座时，全体客人起立，鼓掌欢迎。主人给客人互做介绍，增进交往交流。如果发现有坐错座位的客人，如无大碍，一般将错就错，临场不作更正。必须调整时，要以适当方式，体面地周旋，不可伤客人的自尊心。

3. 准时开宴

按约定的时间准时开宴，是宴请礼仪的基本要求。举办人必须提前到达，否则视同失礼。不能因为个别客人未到场而推迟很长时间开席。如果主宾因特殊原因不能及时赶到，举办人应尽快联系，采取相应的办法调整，并向已入座的客人说明情况，表示歉意。推迟时间，只宜在10~15分钟以内，最迟不应超过30分钟，否则会让人觉得宴会的组织工作不力，影响宴会效果。

4. 致辞敬酒

正式宴会中，在宾主入席后、用餐开始前，由主人与主宾分别致辞，并由主人向来宾提议，为某种事由而干杯。致辞敬酒时，应注意以下事项。

（1）在主人、主宾致辞时，其他在场者一律停止用餐或饮酒，保持安静。

（2）可随时在就餐过程中举杯敬酒。敬酒时，用双手举杯，眼睛注视对方；碰杯时，杯子不高于对方的杯子；喝完后再举杯表示谢意。

（3）尊重对方的饮酒习惯和意愿，不以各种理由强迫对方喝酒。

（4）当侍者斟酒时，勿忘道谢，但不必拿起酒杯。当主人亲自来斟酒时，则端酒杯致谢，必要时，起身站立或欠身点头致谢。

5. 介绍菜肴

服务人员每上一道菜，一般要用转盘转至主人与主宾之间，并报出菜名。主人也可要求再介绍菜的色、香、味、形方面的特点和菜名由来的典故等，为宾客助兴佐食。有些具有鲜明地方特色的菜，更需如此。向服务人员道谢后，主人应举箸盛情请大家品尝。如果客人之间彼此谦让，主人可用公筷、公匙先为主宾或长者分菜。分菜时相对均匀，避免有厚此薄彼之嫌。

6. 席间主持

宴请的气氛主要体现在席间的感情交流中。宾主频频举杯，互致敬意，气氛热烈。想达到这个目的，席间主持非常重要。一般每桌的主人或桌长在席间主持中扮演主要角色。宴会从介绍客人开始，到开席的菜肴介绍、向宾客敬酒以及引导和谐的攀谈等，都是席间主持人应主动做到的。

宴会上的交谈十分重要。席间主持人要不时地提出一些能让宾主都感兴趣的话题,引导大家畅所欲言,各抒己见。对于客人的谈话内容,主人可不时地表示肯定和赞赏,让客人充分发表见解。席间的话题,可以是气候季节、市场供应、文体信息、社会时尚、烹饪技巧、社会趣闻以及彼此交往的过程回顾等,也可以就本次聚会的主旨谈谈己见,但不必过于深入具体,更不要涉及实质性内容。席间忌谈单位内情、他人隐私、政治评论。

(三) 宴会结束时的礼仪

宴会时间一般应持续 1~2 小时为宜,不宜过长或过短。当宾客酒酣饭饱、气氛浓烈时,宴会便可进入结束阶段。这时主持人应把握节奏,服务员及时送上水果,示意宴会已接近尾声;接着宾主起立,互相致谢离席。

1. 适时结束

宴会程序基本完成时,主人要掌握时机,适时结束宴会。结束过早,使宾主双方未能尽兴,草率收宴;时间拖延过长,会导致宾主疲惫,影响宴会气氛。结束宴会的较好时机,从服务来说,是服务人员端上水果时;从气氛来说,是宴会达到新的高潮时。适时结束,可以给宾主留下难忘的记忆。主人宣布宴会到此结束,对宾客莅临宴会表示衷心感谢。如果安排余兴活动,如卡拉OK或舞会,可邀请来宾自由参加,主随客便。

2. 依依话别

客人与主人告别时,主人要与客人依依话别。感谢客人赏光赴宴的同时,可重提双方所议之事,表达希望多加关照之意。如果有纪念品赠送,则应在宾客离席之时,当众发放。礼品的规格、分量应统一,以免引起不必要的误会。对于年长的客人和路远的女士,还应考虑安排车辆护送。

3. 送客出门

宴会结束,话别时间不宜过长。主人、副主人及陪客,都应把宾客送到门口,热情握手告别,目送客人离去。对乘小车来的客人,主人应送客上车,待车开动后,再向客人挥手告别。

三、赴宴礼仪

出席正式宴会,必须遵守宴会的礼仪规范。赴宴者应具备良好的气质风度,文明得体的动作举止。宴请作为重要的社交活动,只有通过双方的共同努力,才能达到圆满的宴请效果,实现关系融洽、交流感情、增进友谊的目的。因此,赴宴的宾客也应注意赴宴礼仪。

(一) 着装得体

从应邀赴宴的角度来讲,充分准备主要是指赴宴前作为宾客应注重仪表仪容的修饰。

接到出席宴会的邀请后,应及时答复举办者,便于主人安排。一经答应赴宴,则不能轻易改动。遇有特殊情况,不能如期赴宴,要及时通知主人,说明原因,诚致歉意。主宾如果不能如期赴宴,最好亲自登门道歉。接到邀请后,既不答复,又不赴宴,是极不礼貌的。

无论是在国内还是在国外,赴宴都被视为一种仪式,一种社交。所以,仪表仪容修饰,是赴宴者应注意的礼仪之一。正式宴会的请柬上,多注有着装要求,赴宴时应按照要求穿着。如果请柬上没有注明着装要求,赴宴时应按照宴会性质和当地的习俗,选定例行服装。

在欧美等国,参加正式宴会,男士应穿深色西服,白色衬衣,系上领带,配锃亮的黑色皮鞋。一般来说,这套装扮可以出席任何隆重的宴会。女士赴宴时所穿礼服,若是长袖的,可戴短手套;若是短袖的,则应戴长手套。赴晚宴的年轻女宾,可以穿着色彩艳丽的裙装,或低胸露背款式的丝质罩衫,以便能与晚宴的礼服协调。

在我国,参加喜庆宴会,男士可以穿西服,也可以穿中山装赴宴;女士可以穿着色彩协调的裙装或套装,穿旗袍的女士,应以色调高雅为宜。穿着过分华丽花哨或衣冠不整,都是对主人和其他客人的不尊重,是非常失礼的。普通宴会,衣着不必过分讲究,以整洁合体为宜,但也不宜太随意,如太透、太短、衣领过低的服装就不宜赴宴时穿。

赴宴前,应当修整自己的仪容。女宾应认真梳理头发,适度化妆。出席晚宴的妆容可比白天稍浓艳,以便在灯光作用下使肤色更加鲜亮。发型的选择,要典雅高贵,可根据自己的身材、职业、脸型和年龄选择,突出端庄大方的女性魅力。男宾赴宴前,要理发、修面,手要洗净,指甲修短,力求大方优雅,给人以成熟、沉稳、仪容整洁的印象。

(二) 准时赴宴

出席宴会应掌握赴宴时间,按照请柬标明的宴会时间准时到场。能否遵守宴会时间,适时抵达,在一定程度上反映宾客对主人的尊重,也反映了宾客的素质,绝不可马虎大意。所谓适时、准时,一般情况下,是指在宴会开始前3~5分钟到达。如因故不能准时赴宴,应提前电话通知主人,诚恳说明原因并表示歉意。同样,赴宴也不宜去得过早,以免使主人措手不及、被动应付,使之窘迫尴尬。在国外,如果过早赴宴还会遭人笑话:太急于进餐了!如果宴会已开始,迟到的客人应向其他客人致歉,适时招呼主人,表示已经到宴。

(三) 按位入座

如约到达宴请地点后,赴宴者由服务人员引领,先到衣帽间寄存外衣和帽子,然后去迎宾处,主动向主人问好、签到。如果带有礼物(如花束、花篮等),可恭敬献上,并和先到的客人相互致意。

从休息室步入宴会厅,按服务人员的指引和主人的安排按位入座。所谓按位入座是指按宴会所请客人的身份和地位,长幼有序地分别按主人预先的安排,准确地入座。入座后,要注意自己的姿态,既不可过于拘谨,也不要散漫随便。可将身体轻靠在座椅背上,自己感觉舒适为好。座椅距餐桌不要太近,也不宜过远,以与其他客人协调。攀谈时,双手自然摆放,忌手托下巴,给人以"等候开宴"的印象。不可伸出或架起"二郎腿"乱颤,以免影响他人。不要玩弄酒杯、筷子等餐具或拉扯台布。

和同桌客人交谈,要热情大方,同新朋友不要一见如故,彼此介绍应稳重诚恳,交换名片时注意应有的礼节。上茶时,不要过多地与服务人员说话,影响他们的正常工作,必要时说声"谢谢"即可。

(四) 文明就餐

进餐过程中,赴宴者要做到文明就餐。例如,当主人或其他宾客讲话、敬酒、介绍菜肴时,应停止进食,正坐恭听,不可与他人交头接耳,更不可随意摆弄把玩餐具。文明就餐应注意以下几点。

（1）用餐前，如果提供了湿方巾，则用来擦手，不可用来擦脸、擦嘴、擦汗。擦手之后，应放回盘中由侍者取回。正式宴会结束前，会再上一块湿方巾，则用来擦嘴。

（2）进餐时，应将餐巾放在膝盖上。将餐巾掖在领口、围在脖子上或系在腰间都是不雅的。不可用餐巾擦脸，可用巾角轻轻擦拭嘴唇与嘴角。用餐完毕后，将餐巾叠好，不可揉成一团、丢弃一旁。

（3）就餐过程中，如果上有洗手盅，可将两手手指轮流置于其中，轻拨水沾湿，然后将手放在餐桌下，用纸巾擦干。不可将两手完全置于洗手盅中搓洗、乱甩、乱抖。

（4）使用筷子时，应注意以下禁忌。

① 忌敲筷：即在等待就餐时，不能坐在餐桌边，一手拿一根筷子随意敲打，或用筷子敲打碗盏或茶杯，有"乞丐要饭吃"的嫌疑。

② 忌掷筷：在餐前发放筷子时，要把筷子一双双理顺，然后轻轻地放在每个人的餐桌前；距离较远时，可以请人递过去，不能随手掷在桌上。

③ 忌叉筷：筷子不能一横一竖交叉摆放；不能一根是大头，一根是小头；筷子要摆放在碗的旁边，不能搁在碗上。

④ 忌插筷：在用餐中途因故需暂时离开时，要把筷子轻轻搁在桌子上或餐碟边，不能插在饭碗里，有"祭奠、上香"之嫌。

⑤ 忌挥筷：在夹菜时，不能把筷子在菜盘里挥来挥去，上下乱翻；遇到别人也来夹菜时，要礼貌避让，谨防"筷子打架"。

⑥ 忌舞筷：在说话时，不要把筷子当作刀具，在餐桌上乱舞；也不要在请别人用菜时，把筷子戳到别人面前，这样做是失礼的。

⑦ 忌舔筷：不要"品尝"筷子，不论筷子上是否残留有食物，都不要去舔它。

⑧ 忌迷筷：不要在夹菜时，筷子持在空中，犹豫不决夹取哪道菜。

⑨ 忌黏筷：在就餐过程中，即使很喜欢某一菜品，也不要似筷子粘住了菜盘，不停地夹取。

⑩ 忌剔筷：不要将筷子当作牙签当众使用。

⑪ 照顾他人时，要使用公共筷子和汤匙。

（5）喝汤用汤匙，不宜发出过大声音。

（6）嘴里有食物时，不宜张口与人交谈。嘴角和脸上不可留有食物残渣。

（7）剔牙时用手挡住嘴。咳嗽、打喷嚏或打哈欠时，应转身低头用手绢或餐巾纸捂着，转回身时说声"抱歉"。

（8）说话时不可喷出唾沫，嘴角不可留有白沫。不可高声谈话，影响他人进餐。

（9）用完餐离座时，将椅子往内摆放，紧靠桌边，轻推轻放。

资料链接

就餐举止十忌

一忌在用餐时发出大的声响。在国外，用餐时不得发出声音，这是最为基本的一条餐桌礼仪。

二忌用餐时整理自己的衣饰，或是化妆、补妆。

三忌用餐时吸烟。

四忌再三劝说别人饮酒,甚至起身向别人灌酒。

五忌乱挑、翻拣菜肴或其他食物。

六忌用自己的餐具为别人夹菜、舀汤或选取其他食物。

七忌用餐具对着别人指指点点,或者把餐具相互敲打,敲得铿锵作响。

八忌直接以手取用不宜用手取用的菜肴或其他食物。

九忌毫无遮拦当众剔牙。

十忌随口乱吐嘴里的不宜下咽的食物。

(五)热情话别

宴会结束时,赴宴者应起身离座,不可贪酒恋菜,拖延撤席,也不能因余兴未尽而说笑不停。男宾应先起身,为年长者或女士移开座椅。主宾先向主人告辞,随后是一般来宾向主人表示谢意。按照礼貌,不是感激宴会之丰盛,而是感谢主人让自己度过了愉快的时光(或夜晚)。当然,如果宴席上有特别出色的菜肴,也不妨赞美几句,但不可过溢,更不要探听宴席价格,以免使主人产生误解。如果主人备有小礼品相赠,不论价值轻重,是否喜欢,都应欣然收下,并表示感谢。对所赠礼品不能借口不便携带而不屑一顾,或一面收下却一面转送他人,这是对主人心意的违拗,也是对聚会的轻视,是一种很失礼的行为。作为应邀的赴宴者,有可能的话,也可向服务人员表示感谢,称赞他们服务热情周到、菜肴可口,这既是人与人之间平等相处的礼貌之举,更体现了一个人的良好修养。

中餐八大菜系

中国菜肴在烹饪中有许多流派,其中最有影响和代表性同时也为社会所公认的有鲁、川、粤、闽、苏、浙、湘、徽菜系,即被人们常说的中国"八大菜系"。一个菜系的形成和它的悠久历史与独到的烹饪特色是分不开的,同时也受到这个地区的自然地理、气候条件、资源特产、饮食习惯等影响。有人把"八大菜系"用拟人化的手法描绘为:苏、浙菜好比清秀素丽的江南美女;鲁、皖菜犹如古拙朴实的北方健汉;粤、闽菜宛如风流典雅的公子;川、湘菜就像内涵丰富充实、才艺满身的名士。中国"八大菜系"的烹调技艺各具风韵,其菜肴之特色也各有千秋。

1. 鲁菜

宋代以后鲁菜就成为"北食"的代表。明清两代,鲁菜已成为宫廷御膳主体,对京、津东北各地的影响较大。现今鲁菜是由济南和胶东两地的地方菜演化而成的,其特点是清香、鲜嫩、味纯,十分讲究清汤和奶汤的调制,清汤色清而鲜,奶汤色白而醇。济南菜擅长爆、烧、炸、炒,其著名品种有"糖醋黄河鲤鱼""九转大肠""汤爆双脆""清汤燕窝"等。胶东菜以烹制各种海鲜而驰名,口味以鲜为主,偏重清淡,其著名品种有"干蒸加吉鱼""油爆海螺"等,中华人民共和国成立后,创新名菜的品种有"扒原壳鲍鱼""奶汤核桃肉""白汁瓢鱼""麻粉肘子"等。

2. 川菜

川菜在秦末汉初就初具规模,唐宋时发展迅速,明清已负有名气。现今川菜馆遍布世界。正宗川菜以四川成都、重庆两地的菜肴为代表。川菜重视选料,讲究规格,分色配菜,主次分明,鲜艳协调。其特点是酸、甜、麻、香辣、油重、味浓,注重调味,离不开三椒(即辣椒、胡椒、花椒)和鲜姜,以辣、酸、麻脍炙人口,为其他地方菜所少有,形成川菜的独特风味,享有"一菜一味,百菜百味"的美誉。烹调方法擅长烤、烧、干煸、蒸。川菜善于综合用味,收汁较浓,在咸、甜、麻、辣、酸五味基础上,加上各种调料,相互配合,形成各种复合味,如家常味、咸鲜味、鱼香味、荔枝味、怪味等23种。川菜代表菜肴的品种有"大煮干丝""黄焖鳗""怪味鸡块""麻婆豆腐"等。

3. 粤菜

粤菜在西汉时就有记载,南宋时受御厨随往羊城的影响,明清时发展迅速。20世纪随着对外通商,粤菜吸取西餐的某些特长,也推向世界,仅美国纽约就有粤菜馆数千家。粤菜是以广州、潮州、东江三地的菜为代表而形成的。菜的原料较广,花色繁多,形态新颖,善于变化,讲究鲜、嫩、爽、滑,一般夏秋力求清淡,冬春偏重浓醇。调味有所谓五滋(香、松、臭、肥、浓)六味(酸、甜、苦、咸、辣、鲜)之别。其烹调擅长煎、炸、烩、炖、煸等,菜肴色彩浓重,滑而不腻。著名的菜肴品种有"三蛇龙虎凤大会""五蛇羹""盐焗鸡""蚝油牛肉""烤乳猪""干煎大虾碌"和"冬瓜盅"等。

4. 闽菜

闽菜起源于福建省闽侯县。它是以福州、泉州、厦门等地的菜肴为代表发展起来的,以色调美观、滋味清鲜而著称。烹调方法擅长炒、溜、煎、煨,尤以"糟"最具特色。由于福建地处东南沿海,盛产多种海鲜,如海鳗、蛏子、鱿鱼、黄鱼、海参等,因此,多以海鲜为原料烹制各式菜肴,别具风味。著名菜肴品种有"佛跳墙""醉糟鸡""酸辣烂鱿鱼""烧片糟鸡""太极明虾""清蒸加力鱼""荔枝肉"等。

5. 苏菜

苏菜起始于南北朝时期,南宋时,与浙菜同为"南食"的两大台柱。江苏菜是由苏州、扬州、南京、镇江四大菜为代表而构成的,其特点是浓中带淡,鲜香酥烂,原汁原汤,浓而不腻,口味平和,咸中带甜。其烹调技艺擅长炖、焖、烧、煨、炒。烹调时用料严谨,注重配色,讲究造型,四季有别。苏州菜口味偏甜,配色和谐;扬州菜清淡适口,主料突出,刀工精细,醇厚入味;南京、镇江菜口味醇和,玲珑细巧,尤以鸭制的菜肴负有盛名。著名的菜肴品种有"清汤火方""鸭包鱼翅""松鼠鳜鱼""西瓜鸡""盐水鸭"等。

6. 浙菜

浙菜以杭州、宁波、绍兴、温州等地的菜肴为代表发展而成,其特点是清、香、脆、嫩、爽、鲜。浙江盛产鱼虾,又是著名的风景旅游胜地,湖山清秀,山光水色,淡雅宜人,故其菜如景,不少名菜来自民间,制作精细,变化较多。烹调技法擅长炒、炸、烩、溜、蒸、烧。久负盛名的菜肴有"西湖醋鱼""生爆鳝片""东坡肉""龙井虾仁""干炸响铃""叫花童鸡""清汤鱼圆""干菜焖肉""大汤黄鱼""爆墨鱼卷""锦绣鱼丝"等。

7. 湘菜

湘菜以湘江流域、洞庭湖区和湘西山区的菜肴为代表发展而成,其特点是用料广泛,油重色浓,多以辣椒、熏腊为原料,口味注重香鲜、酸辣、软嫩。烹调方法擅长腊、熏、煨、蒸、炖、炸、炒。其著名菜肴品种有"腊味合蒸""东安仔鸡""麻辣仔鸡""红煨鱼翅""汤泡肚""冰糖湘莲""金钱鱼"等。

8. 徽菜

徽菜以沿江、沿淮、徽州三地区的地方菜为代表构成,其特点是选料朴实,讲究火功,重油重色,味道醇厚,保持原汁原味。徽菜以烹制山野海味而闻名,早在南宋时,"沙地马蹄鳖,雪中牛尾狐"就是那时的著名菜肴了。烹调方法擅长烧、焖、炖。著名的菜肴品种有"符离集烧鸡""火腿炖甲鱼""腌鲜鳜鱼""火腿炖鞭笋""雪冬烧山鸡""奶汁肥王鱼""毛蜂熏鲥鱼"等。

(资料来源:http://zhidao.baidu.com/question/92022261.html)

四、西餐礼仪

随着东西方文化交流频繁,人们生活方式的不断更新,西餐已经逐渐进入中国人的生活,并受到了人们的欢迎。在涉外商务活动中,有时为了照顾国外客人的饮食习惯,常常采用西餐招待客人。

西餐是西式饭菜的一种约定俗成的统称,大致可以分为以英国、法国、德国、意大利、美国(以英国菜为基础发展起来)等为代表的欧美式和以俄罗斯文化为代表的俄式两种。西餐菜肴主料突出,营养丰富,讲究色彩,味道鲜香,其烹饪和食用与中餐有很大的差异。西餐注重礼仪,讲究规矩,体现了一种深厚的西餐文化。所以,学习、了解、掌握一些西餐的基本常识和用餐礼仪非常必要。

(一)西餐的代表菜式及特点

1. 法式菜

法国的烹饪技术一向著称于世。法国菜不仅美味可口,而且菜肴的种类繁多,烹调方法也有独到之处。

法国菜的突出特点是选料广泛,常选用稀有的名贵原料,如蜗牛、青蛙、鹅肝、黑蘑菇等,此外,还选用各种野味,如鹌鹑、斑鸠、野鸡、鹿、野兔等。由于选料广泛,菜品就能按季节及时更换,因而食客对菜肴始终保持着新鲜感。

法国菜的烹调方法很多,几乎包括了西餐近 20 种烹调方法,一般常用的有烤、煎、烩、焗、扒、焖、蒸等。

现代法国菜口味偏淡;色彩偏重原色、素色,不用不必要的装饰,忌大红大绿,追求高雅的格调;汤、菜讲究原汁原味,不用有损色、味、营养的辅助原料。法国菜特别注重沙司(sause)的制作。沙司实际上是原料的原汁、调料、香料的混合物。原料鲜嫩,可口味美,菜才能做好。

法国盛产酒,于是许多酒被用于烹调。例如,香槟酒,红、白葡萄酒,雪利酒,朗姆酒,白兰地酒等,就是做菜常用的酒类。

隆重的宴会或节日,也吃烤乳猪、烤羊腿或烤野味。著名的地方菜有里昂的带血鸭子、南特的奶油梭鱼、马赛的普罗旺斯鱼汤、斯特拉斯堡的奶油圆蛋糕等,但最有代表性的法国菜是举世闻名的蜗牛、鹅肝、龙虾、青蛙腿、奶酪等。

2. 英式菜

英国烹饪有家庭美肴之称,每个家庭主妇都可以烹饪出美味可口的汤菜。

英式菜选料多样,注重水产、海鲜及蔬菜。烹调讲究鲜嫩、口味少油清淡,菜量少而质精。调料很少用酒、香料及其他调味酱,喜欢用各种蔬菜来代替所缺乏的食品。

英式菜烹调较简单,一般以清煮、烩、蒸、烤、扒、炸等为主。调味品,如盐、胡椒粉、醋、芥末酱、辣酱油、番茄汁和各种酸果等,都放在餐桌上,由客人就餐时自己选用。

英式菜中较著名的菜点有:英式苹果沙拉、奶油蘑菇沙拉、英式煎猪肝、英式焖鸡、奶油烩鸡块、英式烤羊腿等。

3. 美式菜

美国烹饪始自英国,但美国烹饪也有自己的特色。由于美国国土广阔,气候良好,食物种类繁多,交通运输方便,冷藏设备优良,故厨师、家庭主妇可随意选择任何食物。同时,美式菜有烹饪食品时很注意营养学研究的传统。

美式早餐备有各种鲜果汁、略带咸味的甜点心、各种沙拉等。沙拉原料大多采用水果,如香蕉、苹果、梨、菠萝、西柚、橘子等,并配以芹菜、生菜、土豆等。调料大多用色拉油、沙司和鲜奶油,口味很别致。

美式菜中的菠萝焗火腿、苹果烤鸭、铁扒类菜、美式烩鸡等深受人们的喜爱。其他的菜如炸鸡、炸香蕉、炸苹果等也深受人们的欢迎。

4. 意式菜

意大利烹饪为欧洲大陆之始祖,其烹饪技术可与法、英两国媲美,同时又有异曲同工之妙。意大利烹饪技术着重食物本质,菜味浓,以原汁原味闻名,在烹调上以炒、煎、炸、烩、焖等方法著称,烧烤的菜不多。意大利人很爱吃油炸、熏的菜。

意大利的传统菜式很多,尤其是各种面条闻名世界。相传,意大利面条是 13 世纪由马可·波罗经丝绸之路从我国传到意大利的。现在意大利出产面条 200 万吨,其中 90% 内销,全国每人每年消费面条的数量在西方国家首屈一指。

意大利面条在制作上有很多发展和创新,各种形状、各种颜色、各种味道的面条至少有几十种。例如,把面条制成字母形、贝壳形、实心面条、通心面条等。又如,在面粉中加入蛋黄、番茄、菠菜等汁,面条就被染成黄、红、绿色,不仅美观,而且富于营养,味道各异。一般面条煮好后,再以浓稠汁调味,其中有黄、白、红多种色彩,最常用的是肉类、番茄和奶酪等。

意大利人的饮食习惯是喜食面食,菜肴用番茄酱作调料较多。意大利南部地区的居民更喜欢用面粉做的饭菜,如意大利薄饼(pizza)、肉馅春卷、炒通心粉、意大利馄饨等。

5. 俄式菜

俄国菜式选料很广,除畜、禽外,野味、水产均为主要烹饪原料。

由于俄国大多地处寒带,在当地生活身体需较多的热能,所以俄式菜热量高,口味重,用油也较多,且酸、辣、甜、咸各种味道的菜肴均具备。在烹调上,俄式菜大多用酸奶油、奶渣、柠檬、辣椒、酸黄瓜、洋葱、白脱油、小茴香、香叶等作调味品。

俄式菜的制作较简单,尤以蒸、烩、熏、烧、腌为主要烹饪方法,且喜食全熟的食品。各种肉类、野味,均要煮得很熟;腌制的咸菲鱼、烟熏的咸鲟鱼和咸鲑鱼都是很受人们欢迎的菜肴;红鱼子、黑鱼子、酸蘑菇、柠檬、生洋葱、生番茄、酸黄瓜、酸菜等,都是冷菜中不可缺少的主要原料。油炸点心、烩水果、碎猪肉冻、肉饼、各种荤素包子(鱼肉包)等也是俄国人喜爱的食品,其他具有代表性的菜肴还有红菜汤、黄油鸡卷、莫斯科烤鱼等。

(二) 西餐宴会的席位排列礼仪

西餐的席位排列与中餐相比,既有许多相同之处,又有自己的特点。

1. 排列原则

在绝大多数情况下,西餐宴会席位排列主要是位次问题。除了极盛大的宴会,一般不涉及桌次。

(1) 女士优先。

在西餐礼仪里,往往体现女士优先的原则。排定用餐席位时,一般女主人是第一主人,在主位就座;而男主人是第二主人,坐在第二主人的位置上。

(2) 距离定位。

西餐桌上席位的尊卑,是根据其距离主位的远近来确定的。距主位近的位子要高于距主位远的位子。

(3) 以右为尊。

排定席位时,以右为尊是基本原则。就某一具体位置而言,按礼仪规范,其右侧位置高于左侧位置。在西餐排席时,男主宾要排在女主人的右侧,女主宾要排在男主人的右侧,按此原则,依次排列。

(4) 面门为上。

在餐厅内,以餐厅门作为参照物时,按礼仪的要求,面对餐厅正门的位子要高于背对餐厅正门的位子。

(5) 交叉排列。

西餐排列席位时,讲究交叉排列的原则,即男女交叉排列,生人与熟人交叉排列。一个就餐者的对面和两侧往往是异性或不熟悉的人,这样可以广交朋友。

2. 席位的排列

(1) 长桌的排列。

长桌是西餐最经常、最正规的西餐桌。在长桌上排位,一般有以下情况。

① 男女主人在长桌的中央相对而坐,餐桌的两端可以坐人,也可以不坐人(如附录图 6-3 所示)。

② 男女主人分别坐在长桌的两端(如附录图 6-4 所示)。

③ 用餐人数较多时,可以把长桌拼成其他图案(如附录图 6-5 所示)。

(2) 圆桌的排列。

西餐宴会一般不用圆桌,如果用圆桌,可排列如附录图 6-6 所示的样式。

(3) 方桌的排列。

西餐中,在方桌上排列席位时,就座于餐桌四面的人数应相等,并使男、女主人与男、女主宾相对而坐,所有人各自与自己的恋人或配偶坐成斜对角(如附录图 6-7 所示)。

(三) 西餐宴会的上菜顺序礼仪

正规的西餐宴会,菜序与中餐不同,既复杂又讲究。吃西餐时,通常先上汤;而在中餐,上汤则意味着用餐即将结束。一般情况下,完整的西餐正餐由下列八道菜肴组成。

(1) 开胃菜。开胃菜就是打开胃口的菜,也叫头盘,一般是由蔬菜、水果、海鲜、肉食所组成的拼盘。

(2) 面包。西餐正餐面包一般是切片面包,吃面包时,可依个人口味,涂上黄油、果酱或奶酪。

(3) 汤。西餐中的汤有两大类,即浓汤和清汤。正式喝汤时,才算正式开始吃西餐。

(4) 主菜。正式的西餐宴会上,通常要上一个冷菜,两个热菜。两个热菜中,讲究先上一个鱼菜,由鱼或虾以及蔬菜组成;另一个是肉菜,为西餐中的大菜,是必不可少的,通常由烤肉配以蔬菜。肉菜代表着此次用餐的最高水平和规格。

(5) 点心。吃过主菜后,一般要上一些西式点心,如蛋糕、吐司、三明治等。

(6) 甜品。吃过点心,接着上甜品,如布丁等。

(7) 水果。吃完甜品,一般还要摆上新鲜果品。

(8) 热饮。在宴会结束前,还要为来宾提供热饮,一般为红茶或咖啡,以帮助消化。热饮既可以在餐桌上饮用,也可以到休息室或客厅饮用。

(四) 西餐菜点与酒水搭配礼仪

西餐菜点与酒水的搭配很有讲究,并已形成礼仪的一部分。

1. 餐前酒

餐前酒又称开胃酒,一般为又浓又香、能刺激胃口的威士忌(Whisky)、杜松子酒(Jin)、伏特加(Vodka)、雪利酒(Sherry)和朗姆酒(Rum)等系列,鸡尾酒也是理想的开胃酒。

2. 餐中酒

西餐中的酒多选择葡萄酒,"红酒配红肉,白酒配白肉"。色、香、味淡雅的酒品应与色调冷、香气雅、口味纯、较为清淡的菜肴搭配,如头盘鱼、海鲜类应配以冰冻后的白葡萄酒;香味浓郁的酒应与色调暖、香气浓、口味杂、较难消化的菜肴搭配;咸食选用干、酸型酒类;甜食选用甜型酒类;在难以确定时,则选用中性酒类。

(1) 食生蚝或其他贝类时,饮无甜味的白葡萄酒。

(2) 喝汤时,配颜色较深的雪利酒和(或)玛德拉酒(Madeora)。

(3) 吃鱼时,可配任何白葡萄酒,但以不过甜为宜。

(4) 吃肉类时配红葡萄酒。

(5) 食干酪时,配带甜味的红葡萄酒。

(6) 吃核桃等坚果时,配浓度较强的强力酒,如玛德拉酒。

3. 餐后酒

餐后一般选择浓、香、烈的酒。常见的餐后酒有白兰地、香槟酒(Champagne)或利口酒(Liqueur)。

（五）宴会就餐礼仪

1. 刀叉的使用

（1）使用刀叉有两种常规方法。其一为英国式，要求就餐时，右手持刀，左手持叉，一边切割，一边叉而食之；其二为美国式，要求仍是左叉右刀，但先将餐盘中食物全部切割好后，双手交换刀叉，右手持叉吃食。

（2）就餐中途放下刀叉休息或离开时，应将刀叉呈"八"字形摆放在餐盘中，且刀口向内，叉齿向下；就餐完毕，则刀叉并排纵放或刀上叉下横放在餐盘中，且刀口向内，叉齿向上。任何时候，都不可将刀叉的一端放在盘子上，另一端放在桌子上。使用刀叉一定要中规中矩。

（3）切割食品时，不要弄出声响。

（4）切割食品时，双肘下沉，讲究姿态美观。

2. 喝汤的礼仪

（1）喝汤用汤匙，不能端起来喝。

（2）汤匙由内向外舀汤，注意第一勺宜少，先试温度，浅尝，不用口吹热汤。

（3）喝汤不出声，一匙汤不分几次喝。

（4）汤将见底，可将汤碗倾斜，以便舀取。

（5）喝汤完毕，汤匙应搁在餐盘上，匙把指向自己。

3. 吃面包、面条的礼仪

（1）面包要撕成小片，撕一片吃一口，切不可直接用口咬着吃或用餐刀切割。

（2）涂抹黄油或果酱时，也要先将面包撕成小块再抹。

（3）撕面包时，注意用餐盘盛接碎屑。

（4）吃面条时要用叉子先将面条卷起，然后送入口中。

4. 吃鱼等带刺的菜的礼仪

（1）吃鱼等带刺的菜时，不要直接外吐，可用餐巾捂嘴吐在餐纸内放入盘内。

（2）如盘内剩余少量菜肴时，不要用叉子刮盘底，更不要用手指相助食用，应以小块面包或叉子帮助食用。

（3）吃鱼时不要将鱼翻身，要吃完上层后用刀叉将鱼骨剔掉后再吃下层的肉；要切一块吃一块，决不能切得过大，或一次将肉都切成块。

5. 喝咖啡的礼仪

咖啡是英文 Coffee 的译音。咖啡原产于非洲，19 世纪下半叶引进我国台湾、海南岛。咖啡是将咖啡树的种子烤成棕色，磨成粉末制成的饮料。咖啡树在当今巴西、印度尼西亚有大量栽种，我国广东、广西、云南、福建也有种植。

咖啡含有咖啡因、脂肪、蛋白质、糖类、无机盐和多种维生素。饮用咖啡不仅能解渴，而且还能帮助消化、提神，消除疲劳，促进思考以及防暑等。

我国目前生产的咖啡饮料品种主要有清咖啡、牛奶咖啡、速溶咖啡、咖啡茶等。前两种饮用时需加水煮沸，后三种直接用开水冲饮即可。食用时可加香桃、冰淇淋、奶，且可热饮、冻饮。咖啡粉极易受潮，保管时要注意防潮。

喝咖啡时，应用小茶匙搅拌方糖，而不是用来舀饮；一经饮过，则不宜将匙放入杯中。放方糖时,用方糖夹夹住方糖至杯垫上靠近咖啡杯的位置,用小茶匙舀方糖放入杯中;如需加入炼乳和方糖,则应先放方糖再放炼乳,让方糖先溶解。在鸡尾酒会或冷餐会中,宾客自由走动,可左手端杯垫,右手持杯喝咖啡,再放置杯垫中;而在有固定席位的就餐过程中,则不需端杯垫,只需右手拇指、食指、中指捏住杯柄直接品饮。

6. 告别礼仪

宴会结束时,主人首先站起来,宣布散席。先让女宾离席,然后是男宾。无论是离席或入席,男宾都要帮助女宾拉椅,协助离席或入席。离席后,不可急忙告退,应等待女主人出门送客,才可握手言别。

西餐就餐禁忌

一是入席后,不要用餐巾擦拭刀叉,这是极其不礼貌的行为,仿佛嫌主人准备的刀叉不干净。

二是不可在餐桌边化妆,用餐巾擦鼻涕。用餐时打嗝是最大的禁忌,万一发生此种情况,应立即向周围的人道歉。取食时不要站立起来,拿不到的食物应请别人传递。

三是就餐时不可狼吞虎咽。对自己不愿吃的食物也应要一点放在盘中,以示礼貌。有时主人劝客人添菜,如有胃口,添菜不算失礼,相反主人也许会引以为荣。

四是不宜在进餐时中途退席。如有事确需离开,应向左右的客人小声打招呼。

五是饮酒干杯时,即使不喝,也应将杯口在唇上碰一碰,以示敬意。当别人斟酒时,如不要,可简单地说一声"不,谢谢"或以手稍盖酒杯,表示谢绝。

六是在进餐尚未全部结束时,不可抽烟,直到上咖啡表示用餐结束时方可。如左右有女客人时,应有礼貌地询问一声"您不介意吧"。

七是应用餐巾内侧擦拭弄脏的嘴巴,避免用自己的手帕擦拭。手指洗过后也是用餐巾擦。若餐巾脏得厉害,可请侍者重新更换一条。

八是聊天切忌大声喧哗。在餐厅吃饭时就要享受美食和社交的乐趣,沉默地各吃各的会很奇怪,但旁若无人地大声喧哗,也是极失礼的行为。交谈时音量要保持对方能听见的程度。

九是在整个进餐过程中,尽量不使刀叉发出声响。

7. 自助餐就餐礼仪

自助餐亦称冷餐会,是目前国际上通行的一种非正式的西式宴会,是由就餐者自主取食,或立或坐,自由与他人或独自一人用餐的一种就餐方式,也是现代普遍采用的一种宴请方式。

自助餐就餐时,应注意以下礼仪。

(1) 排队取菜。不允许乱挤、乱抢、乱加塞,更不允许插队。

(2) 循序取菜。自助餐取餐的顺序应按西餐顺序,吃一道取一道。第一次取汤、面包、黄油,第二次取冷菜,第三次取热菜,第四次取甜点和水果。每次取适量的食物,以免食物洒出。

（3）多次少取。即"多次取菜，每次少取"。每次取食量力而行，即便是自己所喜欢的，也宁可多取几次，避免吃不完剩余浪费。

（4）避免外带。自助餐只许就餐者在用餐现场里自行享用，绝对不许在就餐完毕后携带回家。

（5）送回餐具。自助餐强调的是客人自我服务，善始善终。在用餐结束后，应自觉将餐具送至指定位置。

（6）在用餐过程中，对于其他相识或不相识的用餐者要以礼相待，在排队、取菜、寻找座位以及行进过程中，要主动谦让，不可横冲直撞。

第七章 商务人员会议礼仪

商务人员在日常交往活动中必不可少的一项事情,就是组织会议、领导会议或者参加会议,因此会议自然而然地成为商务活动的重要组成部分之一。会议有狭义、广义之分。狭义的会议专指有组织、有计划、有领导地共同商讨、决定某种事项的一种集体活动方式。广义的会议则指一切集会。但并非任何集体活动都构成会议。会议一般包括八个要素,即名称、时间、地点、方式、承办者、与会者、意向、结果。

在商务交往中,会议发挥着极其重要的作用:其一,它是贯彻决策、下达任务、沟通信息、协调行动的有效方法;其二,它是保持接触、建立联络、结交朋友的基本途径。

一次会议的召开能否取得预期的良好效果,主要取决于会议内容确定是否恰当,会议组织者准备工作是否周到、细致,与会者是否有较高的素养等因素,但组织者、与会者双方是否都能遵循会议的礼节和仪式,即会议礼仪,也是其中重要的一点。

商务活动中,会议的种类很多,按不同标准划分有以下几种情况。

(1)按规模分,可分为小型会议(几人到几十人)、中型会议(一百到几百人)、大型会议(一千到几千人)和特大型会议(万人以上)。

(2)按内容分,可分为政治类会议、行政类会议、事务类会议、商务类会议、经济类会议、军事类会议和学术类会议。

(3)按性质分,可分为规定性会议、一般性会议、专题性会议、座谈性会议和纪念性会议。

(4)按形式分,可分为有聚有议的会议(如讨论会)和有聚不议的会议(如报告会)。

(5)按会议手段分,可分为传统方式的常规会议和运用电视、电话、网络等现代通信工具进行的电讯会议。

按照会议的性质可以将会议分为一般会议和专题会议。会议类型不同,其礼仪也有所不同。现分别以一般会议礼仪和专题会议礼仪进行介绍。

一、一般会议礼仪

(一)会前准备礼仪

会议要想圆满成功,达到预期的目的,其中很重要的环节就是会前的准备工作是否周到、细致,要做到"环环相扣,衔接紧密"。具体而言,会前准备礼仪主要有以下三项。

1. 确定会议主题

所谓会议主题,就是会议的指导思想,它是拟定会议的内容、任务、形式、议程、期限、出席人员等的前提。在通常情况下,会议的主题可以直接通过会议名称体现。一次成功的会议应当是始终坚持会议既定主题的会议。

2．拟发会议通知

会议通知是会议主办单位发给与会单位和个人的书面通知，通常采用会议通知、邀请信（函、书）、请柬、海报、公告等形式。撰写会议通知时，要求内容具体明确，格式规范，语言简洁诚恳。会议通知主要包括以下内容：

（1）会议名称（可在标题或正文中说明）；

（2）主办者；

（3）会议内容（反映会议的主题）；

（4）参加对象（明确出席会议者的资格条件）；

（5）会议时间（包括报到时间和会议起止时间）；

（6）会议地点（包括报到地点和会场地址）；

（7）在通知中附回执或报名表。

3．布置会场

（1）会场座位格局类型。

会场座位的布置应根据参加会议人数的多少、规格的高低、厅室的形状和面积大小来确定，会场座位的格局一般有马蹄形、凹字形、正方形、长方形等。选择什么样的座位格局要因人因地而异。一般会场多采用马蹄形，即正中迎门处摆四个或两个沙发，两边留有出入口，每两个沙发之间放一张小茶几（或一张茶几配一个沙发）。这种形式的特点是：主次分明，座位集中，出入方便，格局庄严、适用。

（2）与会者座位排列的礼仪要求。

① 按职务高低顺序排列。

② 按姓氏笔画排列。

③ 按上级批复或任命通知中的名单次序排列。

④ 按各单位名称笔画排列。

（3）主席台的座位安排礼仪。

① 身份最高的领导人（有时可以是声望较高的来宾）安排在主席台前排中央就座。

② 其他人员按先左后右（以主席台的朝向为准）、一左一右的顺序排列。

③ 主席台就座的人数为偶数时，前两位领导人共同居中就座，第一位领导人坐在第二位领导人的左侧。

④ 主持人的座次按其身份高低安排。

⑤ 双方共同主持的会议采取交叉间隔排列的方法（如附录图7-1所示）。

（4）会议所需物品的准备。

会议所需物品主要有如下两大类。

① 会场装饰物，如会标、会徽、标语、花卉、灯光等。

② 会议所需物品，如音响、空调、摄像、摄影等设备，茶具（茶杯、垫盘、茶壶、茶叶漏、暖瓶及茶叶等），烟具（烟灰缸、火柴），文具（小便笺、笔），服务用具（大、小毛巾，托盘，口布，擦布，香水）及厕所用具（毛巾、皂盒、洗手液、梳子、卫生纸等）。

在准备以上物品时，数量一定要富余，用具一定要干净卫生并由专人负责，而且应在会议前1小时准备就绪。

（二）会议服务礼仪

现代商务会议礼仪应当是全方位、立体化的服务，因此，应将礼仪服务贯穿会议始终。

1. 会前服务礼仪

会议召开时要热情、周到，有条不紊。应安排专人负责接待与会者，为其办理登记和入住手续，并热情做好引导、介绍服务。对远道而来的客人需要接站的，应派人到车站、码头、机场等地按相应接待规格迎接，接站牌要醒目。

2. 会间服务礼仪

主办单位的服务人员应提前到场。当参加会议的客人到来时，应有专门的服务人员到门口迎接。

当与会人员落座后，接待人员应及时倒茶递茶。递茶要用双手，茶杯把儿要放在与会者的右手处。倒茶要轻而规范，杯盖的内口不能接触桌面，手指不能按住杯口，可左手拿开杯盖，右手持水壶，将开水准确倒入杯内。茶水倒至七分满为宜，然后将杯盖盖上。有条件的可先递上热毛巾，并等待客人用毕后适时收回。

会议开始后，应根据会议规模配备适当数目的服务人员。服务人员应站在适当的位置观察会场内的情况。会场内有人招呼要及时应答。在会议期间，服务人员一般应每15～20分钟给宾客续水一次。续水时应带小暖瓶，并带小毛巾一块，以便随时用来擦干洒在杯子外的水。会议结束后，服务人员应及时打开厅室门，并检查活动现场。发现未熄灭的烟头要及时熄灭；发现与会人员遗忘的物品要立即送归原主，如果物主已离开，可上交主办负责人处理。会议厅中的温度，夏天一般宜控制在24～25℃，冬天在20～22℃为宜。

会议如果有领奖内容，工作人员应迅速组织受奖人按顺序排列好，礼仪人员及时送上奖状或荣誉证书，由领导颁发给受奖者。

会议期间如果有电话或有事相告，工作人员应走到其人身边，轻声转告。如果要通知主席台上的领导，最好用字条传递通知。应避免工作人员在台上频繁走动和耳语而分散他人注意力，影响会议效果。工作人员在会场上不要随意走动，不要开呼机或使用手机。

若会场上因工作不当发生差错，工作人员应不动声色，尽快处理，不能惊动其他人，更不能慌慌张张、来回奔跑，以免影响会议气氛和正常秩序。

（三）与会者礼仪

参加会议是一件严肃的事情。作为会议代表，有的是以个人身份参加的，有的是以单位名义出席的。不管以什么身份赴会，与会者都必须注意个人的一言一行。言谈要稳重，举止要端庄，时刻注意自我形象，严格遵守会议纪律，以确保礼仪规范。

1. 注意身份，举止得体

参加会议的人员所处地位各不相同，有的是以贵宾身份被邀出席，有的则是以一般代表身份参加，还有的是作为列席代表参加。每个与会者都必须注意个人在会议中所处的地位，做到不卑不亢，落落大方。

作为贵宾被邀出席会议时，要听从东道主的安排。当邀请在主席台就座时，要按名签或主人指定的座位就座；台下鼓掌欢迎时，要点头示意或以鼓掌作答，以示礼貌待人。如果被安排发言时，要紧扣主题，作简明即席讲话，主要表示对会议的祝贺及对与会者的欢迎。发言切忌长篇大论,哗众取宠。在主席台就座时,既要主动与其他贵宾打招呼,又不能与他人长时间交头接耳,影响会议气氛。贵宾一般不要中途退席,尤其是在别人发言时退席,是极不礼貌的。

另外,会议的主持人、报告人以及在主席台上就座者,都应遵守端庄得体、高雅规范的着装原则,既不要太随意休闲,也不要像去赴"舞会"一样过于隆重,否则会给与会者留下不尊重人的印象。

如果是以一般与会者身份出席会议时,也要听从会议东道主的安排,在指定区域就座。不允许"擅自离队",寻找无人之处、偏远之处就座,企图"忙里偷闲"。也不能跑去找熟人"扎堆",指望借机大摆"龙门阵"。

列席代表应特别注意个人身份。参加有表决议程的会议时,列席代表是没有表决权的,千万不要举手表决,以免造成统计失误,给东道主造成困难。

2. 严守时间,遵守秩序

遵时守约是现代人的基本素质,参加会议,必须准时。在本地开会也应提前3~5分钟以上的时间到达会场,以便有充裕的时间签名、领取材料,并找到就座之处。去异地参加会议,最好提前1天报到,以便熟悉有关情况。

提倡正点开会,正点散会,反对轻易迟延。提倡限时发言,发言者要有明确的时间观念。在准备发言时,要切记少讲、精讲;届时发言时,要控制好发言的时间,不要没完没了地大讲特讲。

3. 集中精力,凝神聆听

每一位与会者,在会议期间都要聚精会神,专心听讲,并记好笔记,以便会后掌握、理解会议精神。他人发言时,专心听讲也是尊重对方的一种表现。"既来之,则安之",切勿"身在曹营心在汉",神不守舍,失去参加会议的意义。

他人发言时,不可以破坏会场的安静,或是影响发言人的情绪。他人发言时不应与旁边的人窃窃私语或是肆无忌惮地接打手机、接发短信,也不应打哈欠、皱眉头、摇头晃脑、指指点点,这些举动,只能表明不尊重发言人,同时也说明自己心思不定,用心不专。

会议进行中,不可随意走动,更不能擅自中途退场,以免造成混乱场面,影响会议的正常进行。对待发言人的讲话,可在适当之时以掌声予以鼓励。但鼓掌要适时、适当,要合乎礼节,不要有意起哄,使之成为"鼓倒掌"。对会议或某些人的发言如有意见,可通过正当渠道向上反映,不要在会场上借题发挥,与其他人争执不休,更不要在他人发言时站出来与之唱对台戏。

会议的成功,需要组织者和与会者共同的努力,尤其东道主往往要费很大的精力。因此,与会者应按"客随主便"的习俗,一切听从主人的安排,不过早报到,不滞后返程;在生活上应充分体谅东道主的苦衷,不要过分挑剔,给东道主造成麻烦与困难。

(四) 会议结束礼仪

会议结束工作要圆满周到,善始善终,不能虎头蛇尾。有时会议结束时,会议组织者同与会人员要合影留念,合影时也要注意位置的安排,人员排序与主席台安排相同。会议结束时通常还会发放编印好的代表通讯录,同时还要做好以下三项工作。

1. 通过会议决议

根据会议的实际需要，在会议的结束阶段，应形成会议决议、会议纪要等专门的会议文件，以贯彻、落实会议精神。撰写文件时应广泛征求代表的意见，以表示对与会者的尊重。会议闭幕前，必须将这些起草好的决议、纪要提交全体会议表决通过，这样才能作为正式文件传达。

2. 处理会议文件

对于有关会议的文件材料，应做到会议内外有别。在会议结束时，应根据工作需要和保密制度，该汇总的汇总，该回收的回收，该销毁的销毁。这一切，都必须向与会者讲明原因，以免造成误解与矛盾。

为了给会后的工作提供借鉴和依据，对每次会议的全部文件，如通知、报告、简报、决议、纪要、记录、群众来信、新闻报道等，都应立卷归档，妥为保存。

3. 做好送站工作

会议临结束时，主办单位应主动过问与会者的返程有无困难。必要时，可量力而行为之安排交通工具，根据与会者返程的车次、航班的具体时间，做好送站工作。与会人员离别时，工作人员应根据情况安排车辆把客人送到车站、码头或机场，待客人登上车、船、飞机，与客人告别后方可离去。

如果所订返程票不能完全满足与会者要求时，应优先照顾年老体弱者和女士，并对其他人耐心解释，取得他们的谅解。对个别因故在结束后暂时滞留的与会者，也要一如既往予以关照，并尽可能地为其解决实际困难，不能一推了之。

二、专题会议礼仪

在商务活动中，常见的专题会议有新闻发布会、展览会、赞助会等。

(一) 新闻发布会礼仪

新闻发布会，简称发布会，通常也称新闻招待会。它是一种主动传播各类有关信息，谋求新闻界对某一社会组织或某一活动、事件进行客观而公正的报道的有效沟通方式，是以发布新闻为主要内容的会议。对商界而言，举办新闻发布会，是进行联络、协调与新闻媒介相互关系的一种重要手段。新闻发布会的礼仪规范应包括以下内容。

1. 会议筹备阶段

(1) 确定新闻发布会的主题。

新闻发布会的主题，即新闻发布会的中心议题。主题确定是否得当，往往直接关系到本次发布会的预期目标能否实现。首先，新闻发布会的主题一定要有新闻价值，否则就不能引起媒体的关注。其次，新闻发布会的主题应该单一，在一个新闻发布会上不能同时发布多个新闻主题。通常，新闻发布会的主题大致有两类。

① 说明性主题：如企业推出新产品、企业的经营方针有所改变等，此时新闻发布会主要是对外宣布决定。

② 解释性主题：如企业产品质量出现了问题，企业出现了重大事故等，此时新闻发布会主要是对所发生的事件进行解释。

根据新闻发布会发布信息的主题特点，发布会大体可以分为表 7-1 所示的几个模式，而模式的不同又决定了风格各异。

表 7-1　发布会的类型与风格

发布会的类型	发布会的风格
政治性发布会	庄严肃穆
文化类发布会	文化氛围、历史感
娱乐类发布会	前卫、热烈、活泼
高科技类产品发布会	规范而又气氛轻松
一般工业产品发布会	突出科技元素与品质
时尚产品发布会	流行元素、时尚气息或经典雅致
农产品发布会	绿色、自然、环保
工艺品发布会	艺术气息，或典雅或朴拙或新潮

（2）选定新闻发布会举行的时机。

时机选择是否理想，对新闻发布会的效果有着重要影响。适于举办新闻发布会的时机主要包括以下几项：

① 公司及产品（服务）已成为公众关注问题的一部分；

② 公司或其他成员已成为众矢之的；

③ 新产品上市；

④ 开始聘用某大腕明星为自己的产品做形象代言人；

⑤ 公司人员重大调整；

⑥ 公司扩大生产规模；

⑦ 公司的销售业绩取得最新纪录。

选定新闻发布会举行时间时要注意以下几点：

① 通常，一次新闻发布会所使用的全部时间，应当限制在 2 小时以内。

② 举行新闻发布会的最佳时间，为周一至周四的上午 9 点至 12 点，或下午 3 点至 5 点左右。因为在此时间内，绝大多数人都是方便的。

③ 需要注意的是，新闻发布会应避开一些重大节日和社会重大活动，或其他单位的发布会。

（3）确定新闻发布会举行的地点。

举行新闻发布会可考虑以下地点：

① 本单位所在地；

② 事件发生地；

③ 当地著名的宾馆、会议厅等。

发布会现场还应考虑交通是否方便，采访条件是否优越，扩音、录音、录像、照明设备是否完好、齐备，座位是否够用等。

（4）确定邀请的对象。

应根据新闻发布会的主题，确定邀请对象。

新闻记者是新闻发布会的主宾。邀请哪些媒体记者参加，应根据新闻发布会的性质而定。如果是为了扩大影响和知名度，可以邀请多种类、多层次、知名度高的媒体记者；如果是专业性较强的新闻发布会，则应邀请专业的媒体参加；如果只是进行宣传解释，则邀请面可小一些。

此外,广告公司、客户、同行等也是受邀请的对象。

要拟订详细的邀请名单,提前3~5天发出邀请。请柬上应说明发布会的主题、地点、日期、单位名称和联系方式,临近开会前还应打电话联系落实。

(5) 选择新闻发布会的主持人和发言人。

新闻发布会的主办方必须做好有关人员安排工作。

首先,新闻发布会的主持人大多由主办单位的办公室主任或秘书长、公关部部长担任。主持人的基本条件是:仪表端庄,见多识广,反应灵活,语言流畅,幽默风趣,善于把握大局,长于引导提问,并具有丰富的主持会议的经验。

其次,新闻发布会的发言人是会议的主角,通常由本单位的领导人担任,因为领导人对本单位的方针、政策及各方面情况比较了解,由他们回答记者的提问更具说服力和权威性。

发言人代表公司形象,对公众认知会产生重大影响,所以必须具备以下条件:

① 要有有效传播与沟通的能力,包括广博的知识面,清晰准确的语言表达能力,倾听的能力及反应力,良好的个人形象等;

② 身居要职,即新闻发布会的发言人应有较高职务,有权代表公司讲话。

再次,要注重主持人与发言人之间的配合。新闻发布会上,主持人与发言人要配合默契,既要分工明确,又要彼此支持。主持人主要是主持会议、引导提问,发言人主要是做主旨发言、答复提问。在发布会上,主持人、发言人的彼此配合是极其重要的,两者必须保持一致的口径。

最后,除了要慎重选择主持人、发言人之外,还应精选一些人员负责会议现场的接待工作。通常,接待人员应是品行良好、相貌端正、工作负责、善于交际的年轻女性。

为了宾主方便,主办方所有正式出席新闻发布会的人员都应佩戴统一制造的姓名胸卡,其内容包括姓名、单位、部门、职务等。

(6) 准备会议材料。

新闻发布会应准备四个方面的材料。

① 发言人的发言稿。它是发言人在新闻发布会上进行正式发言的发言提纲。发言稿既要紧扣主题,又要全面、准确、真实、生动。

② 回答提纲。为使发言人在现场回答问题时表现自如,可事先预测一下记者将要问到的问题,并准备好答案,以使发言人心中有数,必要时予以参考。

③ 报道提纲。为了方便新闻记者在进行宣传报道时抓住重点、资讯翔实,主办单位可事先将报道重点、有关数据、资料编印出来,作为记者采访报道的参考资料。在宣传报道提纲上,应列出单位名称、联络电话、传真号码和网址等,以供新闻记者核实之用。

④ 其他辅助材料。最好在新闻发布会的现场准备一些可以强化会议效果的形象直观化的视听材料,如附加图片、实物、模型、录音、录像、影片、幻灯和光碟等,目的是增强发言人的讲话效果,加深与会者对会议主题的认识和理解。

(7) 预算会议所需费用。

应根据新闻发布会的规格和规模做出可行的经费预算。费用项目一般有场租、会场布置、印刷品、茶点、礼品、文书用品、音响器材、邮费、电话费和交通费等。需要用餐时还应加上餐费。

(8)其他准备工作。

其他准备工作包括会场的布置、音响设备的调试、礼品的准备、座次的安排、工作人员胸卡的制造以及与会人员的仪态举止训练等。

2. 新闻发布会的程序

(1)签到。

(2)分发会议资料。应发给每位来宾一个事先准备好的资料袋,其中包括信息发布稿、技术性说明(必要时发放)、主持人的传略材料和照片以及会上要展示的产品或模型的照片等。

(3)宣布会议开始。会议开始时主持人简要说明召集会议的目的、所要发布信息或事件发生的背景和经过等。

(4)发言人讲话。

(5)回答记者提问。

(6)接受重点采访。

3. 发布会的善后工作

发布会结束后,应在一定时间内对其进行一次认真的评估工作。

(1)了解新闻界的反应。

对照来宾签到簿与来宾邀请名单,核查新闻界人士的到会情况,了解一下与会者对此次发布会的意见或建议,尽快找出缺陷与不足。

(2)整理保存会议资料。

需要主办单位认真整理保存的新闻发布会的有关资料大致上可以分为两类:一类是会议自身的图文声像资料,包括在会议进行过程中所使用的一切文件、图表、录音和录像等;另一类则是新闻媒介有关会议报道的资料,主要包括在电视、报纸、广播、杂志上所公开发表的涉及此次新闻发布会的消息、通讯、评论、图片等,具体可以分为有利报道、不利报道和中性报道三类。

(3)及时采取补救措施。

在听取了与会者的意见、建议,总结了会议的举办经验,收集、研究了新闻界对会议的相关报道之后,对于失误、过错或误会,都要主动采取一些必要的对策。对于在新闻发布会之后出现的不利报道,特别要注意具体分析,具体对待。

此类不利报道大致可分三类:一是事实准确的批评性报道,二是因误解而出现的失实性报道,三是有意歪曲事实的敌视性报道。对于批评性报道,主办单位应当闻过即改,虚心接受。对于失实性报道,主办单位应通过适当途径加以解释,消除误解。对于敌视性报道,主办单位则应在讲究策略、方式的前提下据理力争,立场坚定,尽量为自己挽回声誉。

4. 举办新闻发布会的注意事项

(1)主持人应充分发挥其主持者和组织者的作用,言谈庄重而幽默,能把握会议议题,掌握会议时间,活跃会场气氛。

(2)发言人讲话应简明扼要,重点突出,清晰流畅,对记者提问要回答得诚恳而巧妙。

(3)发布的信息必须准确无误,发现错误应立即更正。对于不便发表和透露的内容,应委婉地做出解释。

(4)各位发言人在重大问题上要统一口径,切忌说法不一。

(5) 不要随意打断记者的发言和提问,对各方记者要一视同仁,尊重他们的劳动,以礼相待、以诚相待,不能厚此薄彼。

(6) 注意仪表修饰。在新闻发布会上,代表主办单位出场的主持人、发言人,是被新闻界人士视为主办单位的化身和代言人的。因此,主持人、发言人对于自己的外表,尤其是仪容、服饰、举止,一定要事先进行认真的修饰。按惯例,主持人、发言人要进行必要的化妆,并且以淡妆为主,妆容应庄重而大方。男士宜穿深色西装套装、白色衬衫、黑袜黑鞋,打领带;女士则宜着单色套裙、肉色丝袜,穿高跟皮鞋。服装必须干净、挺括,一般不宜佩戴首饰。在面对新闻界人士时,主持人、发言人都要注意做到举止自然而大方,要面带微笑,表情自若,坐姿端正。

(二) 展览会礼仪

展览会主要指商务组织为了介绍本单位的业绩,展示本单位的成果,推销本单位的产品、技术或专利,而集中陈列实物、模型、文字、图表、影像资料以供人参观了解的一种综合性宣传活动。它是商务人士从事公共关系活动的一种常规手段,在商务交往中发挥着重要作用。

展览会礼仪,通常是指商界单位在组织、参加展览会时,所应当遵循的规范与惯例。各经济单位参加或举办展览会,其目的多是宣传自己的产品,寻找企业上下游的客户,签订商务合同。可以说,展览会是一面镜子,它所展示的不仅是商品,更是一个企业的整体形象。因此,展览会礼仪十分重要。

展览会主要包括四个方面的主要问题。

1. 举办展览会的目的

通常,举办展览会主要有以下三个目的:

(1) 开拓新市场;

(2) 体现自身实力,获得新成果或推出新产品;

(3) 征询意见,不断完善自我。

2. 展览会的分类

严格地讲,展览会是一个覆盖面很广的基本概念。按照商界目前所通行的不同标准,可将展览会划分为不同的类型。

(1) 根据展览会的目的划分。

这是划分展览会类型的最基本的标准。依照这一标准,展览会可被分为宣传型展览会和销售型展览会两种类型。

顾名思义,宣传型展览会显然意在向外界宣传、介绍参展单位的显著成就、雄厚实力、发展历史与企业经营理念,或者向公众揭露某种骗局。而销售型展览会则主要是为了通过展示参展单位的产品、技术和专利,以此吸引招徕顾客,进而开拓商品市场,以展促销。因此,人们又常将销售型展览会直截了当地称为展销会或交易会。

(2) 根据展览品的种类划分。

根据展览品具体种类的不同,可以将展览会分为单一型展览会与综合型展览会。

单一型展览会展出的商品品种单一,往往只展示某一大的门类的产品、技术或专利,如家电产品、化妆品、汽车等,其型号和规格则琳琅满目,来自不同厂家。因此,人们经常会以其具体展示的某一门类的产品、技术或专利的名称,来对单一型展览会进行直接的冠名,如"家电产品展览会""化妆品展览会""汽车展览会"等。在一般情况下,单一型展览会的参展单位多是同一行业的竞争对手,因此这种类型的展览会不仅会使竞争更为激烈,而且对于所有参展单位而言都是一场公平的市场考试。

综合型展览会又称混合型展览会,它是一种包罗万象的,同时展示多种门类的产品、技术或专利的大型展览会。例如,年年举办的广州商品交易会即属此类。与单一型展览会相比,综合型展览会所侧重的主要是参展单位的综合实力。因此,展览会上展览品具体种类的多少,往往会直接导致展览会的性质有所不同。

(3) 根据展览会的规模划分。

根据具体规模的大小,展览会又可以分为大型展览会、小型展览会与微型展览会。

大型展览会,如国际博览会、全国性展览会等,通常由社会上的专门机构出面承办,其参展的单位多、参展的项目广,因而规模较大。举办此类展览会,要求有一定的操作技巧。因其档次高、影响大,参展单位必须经过申报、审核、批准等一系列程序。有时,还需支付一定的费用。

小型展览会,如各企业、公司独家举办的展览会,一般都由某一单位自行举办,其规模相对较小。在小型展览会上,展示的主要是代表着主办单位最新成就的各种产品、技术和专利。

微型展览会,则是小型展览会的进一步微缩。它吸取了小型展览会的精华之处,一般不在社会上进行商业性展示,而只是将其安排陈列于本单位的展览室或荣誉室之内,主要用以教育鞭策本单位的员工和供来宾参观,如橱窗陈列展览等。

(4) 根据参展者的区域划分。

根据参展单位所在地理区域的不同,可将展览会划分为国际性展览会、洲际性展览会、全国性展览会、全省性展览会和本地性展览会。

规模较大的国际性展览会、洲际性展览会和全国性展览会往往被人们称为博览会。应当指出的是,组织展览会不一定非要贪大求全,特别是忌讳虚张声势、名不副实,动辄冠以"世界""全球""全国"之名。若是根据参展单位所属行业的不同,则展览会也可分为行业性展览会和跨行业展览会。

(5) 根据展览会的场地划分。

举办展览会,免不了要占用一定面积的场地。若以所占场地的不同而论,展览会又有室内展览会与露天展览会之别。

室内展览会多被安排在专门的展览馆或是宾馆和本单位的展览厅、展览室之内,显得隆重而有档次。室内展览会多设计考究,布置精美,陈列有序,安全防盗,并且可以不受时间与天气的制约,举办时间也可以延续较长;但其缺点是布展较为复杂,所需费用也较多。在展示价值高昂、制作精美、忌晒忌雨、易于失盗的展品时,室内展览会是最佳选择。

露天展览会则安排在室外,其优点是可以提供较大的场地,花费较小,而且不必为设计、布置费力过多。在展示大型展品或需要以自然界为背景的展品时,选择露天展览会为佳。例如,展示花卉、农产品、工程机械、大型设备时,多选择露天展览。不过,露天展览会受天气等自然条件影响较大,展览时间不宜过长,否则,极易使展品丢失或受损。

(6) 根据展览会的时间划分。

举办展览会所用具体时间的长短称为展期。根据展期的不同,可以把展览会分为长期展览会、定期展览会和临时展览会。

长期展览会多常年举行,其展览场所固定,展品变动不大。

定期展览会的展期一般固定为每隔一段时间在某一个特定的时间段内举行。例如,每三年举行一次,或者每年春季举行一次,等等。定期展览会的展览主题多既定不变,但允许变更展览场所,或展品内容有所变动。一般来讲,定期展览会往往呈现连续性、系列性的特征。

临时展览会可随时根据需要和条件举办。它所选择的展览场所、展品内容乃至展览主题往往不尽相同,但其展期一般不长。

3. 展览会的组织与实施

一般的展览会,既可以由参展单位自行组织,也可以由社会上的专门机构出面承担。不论组织者由谁来担任,都必须认真做好具体的工作,力求使展览会取得预期的完美效果。

根据惯例,展览会的组织者需要重点进行的具体工作主要包括:确定展览会的主题、目的与类型,确定参展单位,宣传展览内容,分配展位与布置展台,确定安全保卫的事项,确定辅助服务的项目,等等。

(1) 确定展览会的主题、目的与类型。

明确展览会主题,可以使所有展品得到有机的排列与组合。同时,展览会主题又决定着展览会中将使用的沟通方式与接待方式。确定展览会的目的是划分展览会类型的最基本标准。

(2) 确定参展单位。

一旦决定举办展览会,则确定参展单位通常都是非常重要的。在具体考虑参展单位的时候,必须注意自愿原则,不得勉强。按照商务礼仪的要求,主办单位事先应以适当的方式,对拟参展的单位发出正式的邀请或召集。邀请或召集参展单位的主要方式有刊登广告、寄发邀请函、召开新闻发布会,等等。不管是采用其中哪种方式,均须同时将展览会的宗旨、展出的主要项目、参展单位的范围与条件、举办展览会的时间与地点、报名参展的具体时间与地点、咨询有关问题的联络方法、主办单位拟提供的辅助服务项目、参展单位所应负担的基本费用等,如实地告知参展单位,以便对方参考权衡是否参加展览会。

对于报名参展的单位,主办单位应根据展览会的主题与具体条件进行必要的审核,以确保展览会达到预期的目的和效果。当参展单位的正式名单确定之后,主办单位应及时地以专函进行通知,从而使被批准的参展单位能够尽早准备参展事宜。

(3) 宣传展览内容。

为了引起社会各界对展览会的关注与重视,并且尽量地扩大其影响,主办单位有必要对展览会进行大力宣传。宣传的重点,应当是展览的内容,即展览会上展示陈列之物。因为展品才是真正吸引各界人士注意力和兴趣的关键。对展览会,尤其是对展览内容所进行的宣传,主要可以采用下列几种方式:

① 举办新闻发布会前,要认真制订新闻发布计划,确定好发布内容、发布时间和发布形式;

② 邀请新闻界人士到场进行实地参观采访;

③ 发表有关展览会的新闻稿;

④ 公开刊发广告；
⑤ 张贴有关展览会的宣传画；
⑥ 在展览会现场散发宣传性材料和纪念品；
⑦ 在举办地悬挂彩旗、彩带或横幅；
⑧ 利用升空的彩色气球和飞艇进行宣传。

以上八种方式，可以只择其一，亦可多种同时并用。在具体进行选择时，一定要量力行事，并且要严守法纪，注意安全。为了搞好宣传工作，增强宣传效果，在举办大型展览会时，主办单位应专门成立对外进行宣传的组织机构，其正式名称，可以叫新闻组，也可以叫宣传办公室。

（4）分配展位与布置展台。

对展览会的组织者来讲，展位的分配与展台的布置通常是其重要职责之一。展品在展览会上进行展示陈列的具体位置称为展位。大凡理想的展位，除了收费合理之外，还应当面积适当，客流较多，处于展览会上较为醒目之处；同时设施齐备，采光、水电的供给良好。在一般情况下，展览会的组织者要想尽一切办法充分满足参展单位关于展位的合理要求。假如参展单位较多，并且对于较为理想的展位竞争较为激烈的话，则展览会的组织者可依照展览会的惯例，采用下列方法之一对展位进行合理分配。

① 对展位进行竞拍。即由组织者根据展位的不同而制定不同的收费标准，然后组织一场拍卖会，由参展者在会上自由进行角逐，由出价高者拥有自己满意的展位。

② 对展位进行投标。即由参展单位依照组织者所公告的招标标准和具体条件自行报价，并据此填具标单；然后由组织者按照"就高不就低"的常规，将展位分配给报价高者。

③ 对展位进行抽签。即先将展位编号，然后将号码写在纸签之上，再由参展单位的代表在公证人员的监督之下，每人各取一个，以此来确定其各自的具体展位。

④ 按"先来后到"分配。即以参展单位正式报名的先后为序，谁先报名，谁便有权优先选择自己所看中的展位。

不管采用上述何种方法，组织者均须事先将其广而告之，以便参展单位早作准备，尽量选到称心如意的展位。

在布置展台时的根本出发点是：以参观者的感受为核心，从参观者的角度去构思、安排和布局。例如，将服装放在包装盒中陈列在展台上就不如挂在模特架上给人的印象深。展台的具体布置还要考虑色彩、照明、造型等特殊视觉效果。展品布置的基本要求是：展示陈列的各种展品在外观上要力求完美无缺，在质量上要优中选优，在陈列上要围绕既定的主题，进行互为衬托的合理组合与搭配，从而在整体上显得井然有序、浑然一体。因此，可借助各种手法来达到这一目的，例如，以琅光灯烘托高档商品，用大屏幕演示产品的生产，使产品处于工作状态等。

（5）确定安全保卫的事项。

无论展览会举办地的社会治安环境如何，组织者对于有关的安全保卫事项均应认真对待，以免由于事前考虑不周而麻烦丛生，或是"大意失荆州"。因此，主办者要主动将展览会的举办详情及时地向当地公安部门通报，求得其理解、支持与合作。

如果是举办规模较大的展览会，则最好从合法的保卫公司聘请一定数量的保安人员，将展览会的保安工作全权交予对方负责。

同时，为了预防天灾人祸等不测事件的发生，应向声誉良好的保险公司进行数额合理的投保，以便利用社会力量为自己分忧。

此外，在展览会入口处或展览会的入场券上，应将参观的具体注意事项正式成文列出，以使观众心中有数，减少不必要的纠纷。

对于展览会组织单位的全体工作人员来讲，均应自觉树立良好的防损、防盗、防火、防水等安全意识，为展览会的平安进行竭尽一己之力。

按照常规，有关安全保卫的事项，必要时最好由有关各方正式签订合约或协议，并且经过公证。

(6) 确定辅助的服务项目。

作为展览会的组织者，主办单位有义务为各参展单位提供一切必要的辅助性服务项目，否则，不但会影响自己的声誉，而且还会授人以柄。

由展览会的组织者为参展单位提供的各项辅助性服务项目，最好有言在先，并且对有关费用的支付进行详尽的说明。

具体而言，为参展单位所提供的辅助性服务项目通常主要包括下述各项：① 展品的运输与安装；② 车、船、机票的订购；③ 与海关、商检、防疫部门的协调；④ 跨国参展时有关证件、证明的办理；⑤ 电话、传真、电脑、复印机等现代化的通信联络设备；⑥ 举行洽谈会、发布会等商务会议或休息之时所使用的适当场所；⑦ 餐饮及有关展览时使用的零配件的提供；⑧ 供参展单位选用的礼仪、讲解、推销人员等。

4. 展览会的参加礼仪

参展单位在正式参加展览会时，必须要求己方全部派出人员齐心协力、同心同德，确保展览会收到预期的效果。因此，在整体形象、待人接物、解说技巧等三个主要方面，参展单位要予以特别的重视。

(1) 要努力维护企业整体形象。

在参与展览时，参展单位的整体形象直接映入观众的眼里，因而对参展的成败影响极大。参展单位的整体形象，主要由展示之物的形象与工作人员的形象两个部分所构成。对于二者要给予同等的重视，不可偏废其一。

展示之物的形象，主要由展品的外观、展品的质量、展品的陈列、展位的布置、发放的资料等构成。用以进行展览的展品，陈列上要既整齐美观又讲究主次，布置上要兼顾主题的突出与对观众的吸引力。同时，用以在展览会上向观众直接散发的有关资料，要印刷精美，图文并茂，资讯丰富，并且应注明参展单位的主要联络方法，如公关部门与销售部门的电话、电报、电传、传真以及电子邮箱，等等。

工作人员的形象，主要是指在展览会上直接代表参展单位露面的人员的穿着打扮问题。在一般情况下，在展位上工作的人员应统一着装。最佳的选择，是身穿本单位的制服，或者是穿深色的西装、套裙。在大型的展览会上，参展单位若安排礼仪小姐迎送宾客，则最好请其身穿色彩鲜艳的单色旗袍，并身披印有参展单位或其主打展品名称的大红色绶带。为了说明各自的身份，全体工作人员皆应在左胸佩戴标明本人单位、职务、姓名的胸卡，但礼仪小姐可以例外。按照惯例，工作人员不应佩戴首饰，同时，男士应当剃须，女士最好化淡妆，以体现企业的良好形象。

(2) 要时时注意礼貌待人。

在展览会上,不管是宣传型展览会还是销售型展览会,参展单位的工作人员都必须真正地意识到观众是自己的上帝,为其热情而竭诚地服务则是自己的天职。

展览一旦正式开始,全体参展单位的工作人员即应各就各位,站立迎宾。不允许迟到、早退,不允许无故脱岗、东游西逛,更不允许在观众到来之时坐、卧不起,怠慢对方。

当观众走近自己的展位时,不管对方是否向自己打了招呼,工作人员都要面含微笑,主动地向对方问候:"您好!欢迎光临!"随后,还应面向对方,稍许欠身,伸出右手,掌心斜向上,指尖直指展台,并告知对方:"敬请参观。"

当观众在本单位的展位上进行参观时,工作人员可随行于其后,以备对方向自己进行咨询;也可请其自便,不加干扰。假如观众较多,尤其是在接待组团而来的观众时,工作人员亦可在左前方引导对方进行参观。对于观众所提出的问题,工作人员要认真做出回答,不允许置之不理,或以不礼貌的言行对待对方。

当观众离去时,工作人员应真诚地向对方欠身施礼,并道以"谢谢光临"或是"再见"。

在任何情况下,工作人员均不得对观众恶语相加,或讥讽嘲弄。对于极个别不守展览会规则而乱摸乱动、乱拿展品的观众,仍须以礼相劝,必要时可请保安人员协助,但不允许对对方擅自动粗,进行打骂、扣留或者非法搜身。

(3)要善于运用解说技巧。

所谓解说技巧,此处主要是指参展单位的工作人员在向观众介绍或说明展品时应当掌握的基本方法和技能。具体而论,在宣传型展览会与销售型展览会上,其解说技巧既有共性可循,又有各自的不同之处。

在各种展览会上,解说技巧的共性在于:要善于因人而异,使解说具有针对性;与此同时,要突出自己展品的特色。应在实事求是的前提下,注意对展品扬长避短,强调"人无我有"之处。在必要时,还可邀请观众亲自动手操作,或由工作人员为其进行现场示范。此外,还可安排观众观看与展品相关的影视片,并向其提供说明材料与单位名片。通常,说明材料与单位名片应常备于展台之上,由观众自取。

进而言之,宣传型展览会与销售型展览会的解说技巧又有一些不同之处。在宣传型展览会上,解说的重点应当放在推广参展单位的形象上,即要善于使解说围绕参展单位与公众的双向沟通而进行,时时刻刻都应大力宣传本单位的成就和理念,以便使公众对参展单位给予认可。而在销售型展览会上,解说的重点则必须放在主要展品的介绍与推销上,即解说时应当以客户利益为重,在提供有利证据的前提之下,着重强调自己所介绍、推销展品的主要特征与主要优点,从而使客户觉得言之有理并乐于接受。

(三)赞助会礼仪

所谓赞助,通常是指某一单位或某一个人拿出自己的钱财、物品,来对其他单位或个人进行帮助和支持。在现代社会中,赞助乃是社会慈善事业的重要组成部分之一。它不仅可以扶危济贫,向社会奉献自己的爱心,体现自己对于社会的高度责任感,以自己的实际行动报效于社会、报效于人民,而且也有助于获得社会对自己的好感,提高自己在社会上的知名度、美誉度,为自己塑造良好的公众形象。对于商界而言,积极地、力所能及地参与赞助活动,本身就是进行商务活动的一种常规的形式,同时也是协调本单位与政府、社会各界的公共关系的一种重要手段。所以,赞助一向颇受商界的重视。为了扩大影响,商界在公开进行赞助活动时,往往会专门为此举行一次一定规模的正式会议。这种以赞助为主题的会议即为赞助会。要想使赞助会取得成功,遵守赞助会礼仪是十分必要的。

赞助会礼仪,一般是指在筹备、召开赞助会的整个过程中所应遵守的有关礼仪规范,其主要内容包括赞助的类型、赞助的步骤、会务的安排、活动的评估等。

1. 赞助的类型

赞助的类型,是指赞助的具体形式。根据不同的标准,赞助的类型可有各种不同的划分方式。其中,最为常见的赞助类型有如下两种。

(1) 依据赞助的项目所划分的赞助类型。

赞助的项目,在此具体主要是指受赞助的对象。据此划分赞助的类型往往可以对赞助单位的动机、品位进行直观而形象的了解。在目前情况下,商界通常积极赞助的项目大致上共有以下 10 类:

① 赞助公益事业。它是指对社会的公共设施、公共活动进行赞助,直接造福于社会、造福于人民,并可赢得公众与舆论的赞赏。

② 赞助慈善事业。它是指对社会慈善福利组织或慈善福利活动的赞助,既可以向社会表明本单位勇于承担自己的社会义务、社会责任,又有助于获得政府与社会的好感。

③ 赞助教育事业。它是指对教育界的赞助,可以给予教育界以有力的支持,并且为本单位日后的进一步发展培养必不可少的后备人才。

④ 赞助科研活动。它是指对科学研究与学术活动的赞助。此举不仅表明本单位对人才与科技进步的重视,而且还可以使自己得到专家、学者的肯定、支持或指导。

⑤ 赞助专著出版。它是指对确有学术水平的学术专著出版所给予的赞助,主要可以表明本单位对知识的无比重视和对学术研究的大力支持。

⑥ 赞助医疗卫生。它是指对医疗、保健、卫生、康复事业的赞助,体现着本单位对于全社会的关怀,同时也是对社会的一种奉献。

⑦ 赞助文化活动。它是指对文化事业的赞助,有助于促进我国的社会主义精神文明建设,用高尚的精神去鼓舞人民,教育人民,提高其文化修养与精神境界。

⑧ 赞助展览画廊。它是指对于具有一定艺术品位的非营利性的展览、画廊的赞助,体现了本单位的艺术品位以及对艺术界的支持和帮助。

⑨ 赞助体育运动。它是指对各类体育比赛活动的赞助。体育比赛是当今的社会热点之一,对其进行赞助,往往可使本单位名利双收,一举两得。

⑩ 赞助娱乐休闲。它是指对群众性娱乐休闲活动的赞助,表达了本单位对广大群众的关怀与诚意,可提高对方对本单位的认同感。

(2) 依据赞助物所划分的赞助类型。

赞助物,在此特指赞助单位或个人向受赞助者所提供的赞助物品,它往往取决于赞助单位或个人的实力与受赞助者的实际需求。通常,赞助物可以分为如下四类:

① 现金。即赞助单位以现金或支票的形式,向受赞助者所提供的赞助。它可由受赞助者根据自己的客观需要而进行受一定限制的支配。

② 实物。即赞助单位或个人以一种或数种具有实用性的物资的形式,向受赞助者所提供的赞助。它不仅可以及时地满足受赞助者的需要,而且不易被挪作他用。

③ 义卖。即赞助单位或个人将自己所拥有的某件物品进行拍卖,或是划定某段时间将

本单位或个人的商品向社会出售,然后再将全部所得(以现金的形式)捐赠给受赞助者。此种赞助的赞助额事先难以确定,但其影响较大,并且易于赢得社会各界的支持。

④ 义工。即赞助单位或个人派出一定数量的员工,前往受赞助者所在单位或其他场所,进行义务劳动或有偿劳动,然后以劳务的形式或以劳务所得,向受赞助者提供赞助。它可以使有关方面有钱出钱、有力出力,更好地调动各方的积极性,并获得更为广泛的参与。

除此之外,还可以根据赞助单位或个人向受赞助者所提供的对方所需金额的多少,将赞助的类型分为全额赞助或部分赞助;或者根据赞助单位或个人的具体数量的多少,将赞助的类型分为单方赞助与多方赞助。

2. 赞助的步骤

赞助的步骤,指的是赞助活动运作过程之中的各个主要环节。任何一家商界单位意欲进行赞助活动时,均须按部就班地依照相应的步骤来进行认真的运作。就一般情况而言,赞助活动中必须认真对待的重要步骤共有下列四项。

(1) 做好前期研究。

在正式决定进行赞助之前,赞助单位首先有必要进行前期的研究,并且对赞助活动的必要性与可能性进行详尽的论证。通常,商界的单位在接到其他单位、组织或个人的赞助请求后,对于是否应当进行赞助、在赞助时应当采取何种具体形式、具体赞助的财物的数量等,都要进行认真的研究。对于赞助请求,既没有必要来而不拒、大包大揽,也不应当一推了之、一毛不拔。在就某次赞助活动进行研究、论证时,赞助单位必须充分明确下列四点。

① 它必须符合我国的宪法和法律,绝对不允许从事违法乱纪活动;
② 它必须与本单位的经营策略、公共关系目标相适应,而不是与其背道而驰;
③ 它必须真正地有利于受赞助者,同时也有利于整个社会;
④ 它必须是本单位力所能及之事,至少也不应当半途而废,甚至劳而无功。

(2) 制订赞助计划。

通过前期研究、论证,商界单位一旦决定进行赞助活动之后,即应着手制订详尽的赞助计划,以确保其成功。

根据惯例,赞助计划应当是由专司其职的工作部门,在进行前期研究、论证的基础上,根据本单位既定的赞助政策和赞助方向,认真制订而成。一般来讲,商界单位之中负责赞助计划的工作部门主要是指其公关部。在某些情况下,办公室、财务部亦应介入此事。制订赞助计划,必须要树立正确的指导思想,其核心之点应为:赞助活动必须同本单位的经营策略、公共关系目标相一致,赞助活动的终极目标应当是赞助单位、受赞助者和社会三方同时受益。赞助政策的制定、赞助方向的选择,均应以此作为指南。

在一般情况下,赞助计划需要专人草拟,并经本单位的决策机构批准。大致来看,赞助计划又可分为以下两类。

① 年度性的赞助计划。如前所述,赞助是商务活动的主要形式之一,因此商界单位必须将其列入自己的议事日程,最好每年正式制订一次本单位的全年度赞助计划。这种做法的长处是,本单位的赞助活动可以规范有序、有的放矢;同时也可以从宏观上控制赞助活动的规模,避免使之超出本单位所能承受的程度,甚至由此而产生毫无意义的浪费或损耗。

② 临时性的赞助计划。它主要是针对临时性、突发性的事件所制订的赞助计划。制订此类计划,仍然必须坚持认真进行调查研究,并且不得有悖于本单位的大政方针。从根本上

讲,临时性的赞助计划只能算是对年度性的赞助计划的补充。

(3) 审核赞助项目。

在进行正式的赞助活动之前,对于既定的赞助项目进行审核往往是极其必要的。赞助项目的审核,在此主要是指赞助单位事先对自己所参与的赞助项目所进行的核定与审查。在正常的情况下,审核是赞助单位专门负责赞助活动的工作部门所负责进行的。

在审核赞助项目时,有关人员必须抱着高度的责任心,对赞助活动的各个具体环节逐一进行细致的分析研究,发现问题,防患于未然。在具体对赞助项目进行审查核定时,重点应放在以下 10 个方面:

① 赞助项目是否符合本单位的经营策略与公共关系目标;
② 受赞助者的口碑如何;
③ 赞助能否真正取得成功;
④ 赞助的具体方式是否合适;
⑤ 赞助单位的承受力如何;
⑥ 赞助的时机是否得当;
⑦ 赞助将会产生多大的社会作用;
⑧ 社会舆论与社会公众将会如何评价此次赞助活动;
⑨ 进行赞助之后对本单位会有多大的积极作用;
⑩ 此次进行赞助会给本单位造成多大的负面影响。

经过综合审核之后,假定赞助项目得大于失,即可将其付诸实施;假如赞助项目失大于得,尤其是其毫无任何社会效益可言时,则应当坚决予以否决。

(4) 兑现赞助承诺。

赞助活动一经正常决定,即应择机将其付诸实施。在实施过程之中,赞助单位应特别注意以下四项:

① 必须有约在先。为了确保赞助活动取得成功,防止中途发生种种变故,一般而言,凡重大的赞助活动在正式实施以前,赞助单位与受赞助者双方均应正式签订赞助合同或赞助协议,并且经公证机关进行公证。这样一来,双方所各自承担的权利与义务便被正式规定了下来。任何一方如有违反,便可依约追究其法律责任。

② 必须审慎行事。在赞助的实施过程中,赞助单位必须处处审慎而行,既要认真履约,又要争取社会的理解与被赞助者的支持。对于受赞助者一定要平等相待,不要以"救世主"自居,时时趾高气扬,处处讨价还价,从而令对方产生逆反心理,好心却办了坏事。必须明确的是,赞助绝非一种单方面的赏赐。在赞助活动中,双方往往都是有利可图的。

③ 必须扩大影响。在可能的情况下,赞助单位在实施赞助计划的过程中,不仅要求得到社会各界的理解与支持,而且还要善于巧借良机,利用各种传播媒介,在法律、法规允许的前提下,对自己进行适度宣传,以求扩大本单位的社会影响力,提高自己的知名度与美誉度。不过在宣传时必须讲究技巧,切勿自吹自擂,令人生厌。

④ 必须严守承诺。进行赞助时,赞助单位务必要言而有信,兑现承诺,在指定的时间内,将自己拟赞助的财物如数全部到位。不论发生了什么情况,都不允许赞助单位拖延时间,取消赞助。此外,削减数额、以次充好、以假充真、以物抵款等,也是不被许可的。赞助单位如果真的那么做了,不但是一种单方面的毁约行为,而且还表明自己原先的承诺仅仅是为

了沽名钓誉。

3. 会务的安排

在赞助活动正式实施之际，往往需要正式举行一次集会，将有关的事宜公告于社会。这种以赞助为主题的赞助会，在赞助活动中，尤其是大型的赞助中，常常必不可少。有时，人们亦称之为赞助仪式。赞助仪式主要是为了向全社会公告赞助活动正式启动，是赞助活动中作用巨大的一项重要环节。

根据商务礼仪的规范，赞助会通常应由受赞助者出面承办，而由赞助单位给予其适当的支持。赞助会的举行地点，一般可选择受赞助者所在单位的会议厅，或是由受赞助者出面租用社会上的会议厅。用以举行赞助会的会议厅，除了其面积的大小必须与出席者的人数相适应之外，还需打扫干净，并且略加装饰。举行赞助会的会议厅之内，灯光应当亮度适宜。在主席台的正上方，或是面对会议厅正门之处的墙壁上，还需悬挂一条大红横幅，横幅上应以金色或黑色的楷书书写"某某单位赞助某某项目大会"或者"某某赞助仪式"的字样。前一种写法，意在突出赞助单位；后一种写法，则主要是为了强调接受赞助的具体项目。

依照常规，一次赞助会的全部时间应控制在1小时之内。因此，赞助会的具体会议议程必须既周密，又紧凑。赞助会的具体会议议程大致有以下六项。

(1) 宣布赞助会正式开始。

赞助会的主持人，一般应由受赞助单位的负责人或公关人员担任。在宣布正式开会前，主持人应恭请全体与会者各就各位，保持肃静，并且邀请贵宾到主席台上就座。

(2) 奏国歌。

奏国歌前，全体与会者须一致起立。在奏国歌之后，还可奏本单位标志性歌曲。有时，奏国歌、奏本单位标志性歌曲，可改为唱国歌、唱本单位标志性歌曲。

(3) 赞助单位正式实施赞助。

正式实施赞助的具体做法通常是赞助单位的代表首先出场，口头上宣布其赞助的具体方式或具体数额；随后，受赞助单位的代表上场，双方热情握手；接下来，由赞助单位的代表正式将标有一定金额的巨型支票或实物清单双手捧交给受赞助单位的代表。必要时，礼仪小姐应为双方提供帮助。若赞助的物资重量、体积不大时，亦可由双方在此刻当面交接。在此过程之中，全体与会者应热情鼓掌。

(4) 赞助单位代表发言。

赞助单位代表的发言内容重在阐述赞助的目的与动机。与此同时，发言还可以对本单位的简况略作介绍。

(5) 受赞助单位代表发言。

受赞助单位的发言者一般应为受赞助单位的主要负责人或主要受赞助者。其发言的中心，应集中在对赞助单位的感谢方面。

(6) 来宾代表发言。

根据惯例，可邀请政府有关部门的负责人讲话。来宾的讲话，主要是肯定赞助单位的义举，同时亦可呼吁全社会积极倡导这种互助友爱的美德。该项议程有时亦可略去。

至此，赞助会即可宣告结束。在赞助会正式结束后，赞助单位、受赞助单位双方的主要代表以及会议的主要来宾，通常应当合影留念。此后，宾主双方可稍事晤谈，然后来宾即应一一告辞。一般情况下，在赞助会结束后，东道主多不为来宾安排膳食。如确有必要，则至多略备便餐,而绝对不宜设宴待客。

在极个别的情况之下,赞助会亦可由赞助单位操办。由赞助单位所操办的赞助会,其会务工作与以上所述基本相仿。

4．活动的评估

经验来源于实践,经验有待于总结。在赞助会结束后,尤其是在整个赞助活动告一段落之后,赞助单位有必要对其进行一次认真而系统的评估。对赞助活动所进行的评估,实际上主要是指在对赞助活动进行综合分析和系统总结之后,对活动的社会效果所进行的科学评价与分析。对任何商界单位而言,一项赞助活动无论如何都是其重点进行的公共关系活动之一,都需要为此而投入大量的人力、物力和财力。因此,在赞助活动结束后对其进行一次全面的评估,总结经验、吸取教训、听取意见、调整对策,是十分有益的。

进行赞助活动的评估工作,一般应由赞助单位的公关部牵头负责;有时,亦可由专司此事的部门主持。在评估工作完成之后,应形成正式的书面报告,提交本单位的决策机构以及各位主要负责人,以供领导参考,并掌握具体的情况。

根据一般规律,进行赞助活动的评估工作必须集思广益,广开言路,深入调查,反复研究,善于听取正反两方面的不同意见,善于去粗取精、去伪存真、由此及彼、由表及里。只有这样,才能够真正地掌握实际的情况。进行赞助活动的评估工作,大致上要抓住以下四个方面的重点问题。

(1) 要将实施效果与先期计划相比照。

应重点研究赞助单位是否真正地实现了自己的赞助意图,赞助活动是否已经达到预定的目标。

(2) 要掌握社会各界对此次赞助活动的认同程度。

可通过各类调查,了解各类公众,包括受赞助单位、地方政府、新闻媒介对此次活动的真实评价与看法。

(3) 要及时发现总结此次赞助活动的成功经验与所留缺憾。

要认真总结赞助活动因何而成功,或者因何而受挫。对于己方与其他各方的问题,都不应当讳疾忌医。

(4) 要了解赞助活动在实施过程中所出现的问题。

不管这些问题是否已在意料之中,原因在于何方,均应被认真看待,并引起重视。

第八章　商务人员谈判礼仪

　　商界人士所进行的商务谈判又称洽谈,它是最重要的商务活动之一。谈判的含义,是指在商务交往中,存在着某种关系的有关各方,为了保持接触、建立联系、进行合作、达成交易、拟定协议、签署合同,或是为了要求索赔、处理争端、消除分歧,而坐在一起进行面对面的讨论与协商,以求达成某种程度上的妥协。一般来说,如果不是在正式场合解决某项重大问题或协调争端,人们更习惯称谈判为洽谈。洽谈一词的"洽"字意为协和、和睦,亦含商量、交换意见的意思,"谈"字是讲话、谈论、彼此对话的意思;而谈判的"判"字是评判的意思。因此,谈判和洽谈并无根本的区别。

　　商务谈判既是一门科学,又是一门艺术。优秀的谈判人员不仅要精通专业知识,还要掌握社会学、心理学、语言学、礼仪学等各方面的知识,这样才能在谈判中得心应手,应付自如。按照常规,商务谈判一向被视为一种利益之争,因此,在谈判中,如欲"克敌制胜",就不能不讲究洽谈的谋略。同时,大凡正规、正式的谈判,都是很注重礼仪的。绝大多数正式的商务谈判,本身就是按照一系列既定礼仪和程序进行的庄重的会晤。在商务谈判中,正确的态度应当是:既要讲谋略,又要讲礼仪。忽略任何一方,都不会有助于谈判的成功。

　　一般来说,谈判礼仪主要体现在谈判的筹划与谈判的方针两大方面。它们互为表里、不可分割,共同决定着谈判的成功。

一、谈判准备礼仪

　　谈判前的充分准备是保证谈判成功的关键。孙子曰:"知己知彼,百战不殆。"这句至理名言,对谈判者准备谈判也有一定的教益。在谈判之前,如能对对手有所了解,并就此有所准备,则在谈判之中,谈判者就能扬长避短、避实就虚,"以我之长,击敌之短",从而取得更好的效果。

　　(一) 商务谈判的技术准备

　　1. 收集信息,查询资料

　　谈判前一定要详尽地了解双方形势、目标、意图和退让的幅度,做到知己知彼。

　　己方信息包括:我方的优势和劣势;我方参加谈判的人选,即主谈、辅谈;谈判的最低要求和最高目标;谈判策略;谈判的时间、地点、环境等。了解这些信息,力争在谈判中取得主动权。

　　对方信息主要包含以下内容。

　　(1) 谈判对方公司的基本情况:对方的法人资格、资信状况、法定地址、经营范围,这些是谈判的基础。对这些基本情况应予审查或取得旁证。此外,还要了解对方公司的历史沿革、主导产品、产品性能、市场占有率、市场竞争近况、公司规模和管理水平等,外商则必须有法人资格、本人身份证明以及经中国银行认可的外国银行的资本和信誉证明。

(2)谈判对手的基本情况:尤其是主谈人的个人情况,如年龄、学历、资历、个性爱好、谈判目的、对方所持的立场、所许诺条件的优缺点、谈判风格、谈判经历、谈判心理以及对本公司的态度等。谈判对手的其他成员及整体班子的搭配情况,也应仔细了解。如谈判对手的风俗习惯、价值观念、文化、信仰等。

此外,还要了解行业和市场的信息,如合作生产或经营的产品的销路、档次等。

2. 熟悉谈判程序

谈判程序主要包括七个步骤:探询、准备、磋商、小结、再磋商、终结、谈判的重建。每一个具体步骤,都有自己特殊的"起、承、转、合",都有一系列的台前与幕后的准备工作要做,并且需要当事人具体问题具体分析,随机应变。

因此,商务人员在准备谈判时,一定要多下工夫,多做案头的准备工作,尤其是要精心细致地研究谈判的常规程序及其灵活的变化,以便在谈判中胸有成竹,处变不惊。

3. 学习谈判策略

商务人员在进行谈判时,总的指导思想是平等、互利,但这并不排斥努力捍卫或争取己方的利益。事实上,任何一方在谈判中的成功,不仅要凭借实力,更要依靠对谈判策略的灵活运用。常用的谈判策略有以弱胜强、制造竞争、火上浇油、出奇制胜、利用时限、声东击西等。

在商务谈判中,不仅要熟悉谈判策略,更要做到对谈判策略的灵活运用。

(二)商务谈判的礼仪准备

商务谈判的礼仪准备,是要求谈判者在安排或准备谈判会时,应注意自己的仪表,预备好谈判的场所,并且以此来显示己方对于谈判的郑重其事以及对于谈判对象的尊重。

1. 谈判双方成员的仪表要求

在准备谈判时,礼仪性准备与技术性准备相比是同等重要的。

意大利著名影星索菲亚·罗兰认为:"你的衣服往往会表明你是哪一类人物,它代表你的个性,一个与你会面的人总会自觉不自觉地根据你的衣着来判断你的为人。"这表明,服饰代表了一个人的身份、地位、性格、修养等内容。

在谈判中,谈判对手大多是精明人士,往往智慧过人,对人的洞察力胜人一筹。他们容易通过衣着来判断对方的性格,从而达到战胜对方的目的。所以,参加谈判,尤其是参加大中型谈判的人,一般不宜穿个性化的服装,而通常是西装打扮。西装打扮一方面能显示谈判的庄重气氛,另一方面也可遮掩本人的性格、心理,增加神秘感,不至于让对方轻易看透自己而使谈判失败。

具体而言,正式出席谈判的人员,在仪表上务必要有严格的要求和统一的规定。男士一律应理发、剃须,不准蓬头乱发,不准留胡子或留大鬓角,发型应成熟而稳重;女士应选择端庄、素雅的发型,并且化淡妆,但不允许做过于摩登或超前的发型,不允许染彩色头发或化艳妆,或使用香气过于浓烈的化妆品。

在仪表方面,最值得出席谈判会的商界人士重视的是服装。由于商务谈判关系大局,所以商界人士在这种场合理应穿着传统、简约、高雅、规范的礼仪服装。可能的话,男士应穿深色三件套西装和白衬衫,打素色或条纹式领带,配深色袜子和黑色系带皮鞋;女士则须穿深色西装套裙和白衬衫,配肉色长筒或连裤式丝袜和黑色高跟或半高跟皮鞋。

有时,在谈判桌上会面对这样一些人:男的穿夹克衫、牛仔裤或短袖衬衫、T恤衫,配旅游鞋或凉鞋;女的穿紧身装、透视装、低胸装、露背装、超短装、牛仔装、运动装或休闲装,且浑身上下戴满各式首饰。这样打扮的人,留给他人的印象,不是不尊重自己、不尊重别人、不重视谈判、自以为了不起,就是没有一点教养。

2. 谈判地点的确定

根据商务谈判举行地点的不同,可以将谈判分为客座谈判、主座谈判、客主座轮流谈判以及第三地点谈判。客座谈判,即在谈判对手所在地进行的谈判;主座谈判,即在己方所在地进行的谈判;客主座轮流谈判,即在谈判双方所在地轮流进行的谈判;第三地点谈判,即在不属于谈判双方任何一方的地点所进行的谈判。

以上四种谈判地点的确定,应通过各方协商而定。倘若己方担任东道主,出面安排谈判,则一定要在各方面打好礼仪这张"王牌"。人们常说"礼多人不怪",其实在商务谈判中也是如此。在谈判的台前幕后,恰如其分地运用礼仪,迎送、照顾对手,都可以赢得信赖,获得理解与尊重,使谈判能够顺利进行。

二、谈判座次礼仪

(一)双边谈判座次

举行双边谈判时,应使用长桌或椭圆形桌子,宾主分坐于桌子两侧。若桌子横放,则面对门的一方为上座,留给客方坐;背对门的一方为下座,由主方坐。若桌子竖放,则应以进门的方向为准,右侧为上,留给客方坐;左侧为下,由主方坐。在进行谈判时,各方的主谈人员应在自己一方居中而坐,其他人员则应遵循"右高左低"的原则,依照职务的高低自近而远地分别在主谈人的两侧就座。假如需要译员,则应安排其就座于仅次主谈人的位置,即主谈人的右侧(如附录图8-1、图8-2所示)。

(二)多边谈判座次礼仪

举行多边谈判时,为了不失礼,按照国际惯例,一般均以圆桌为谈判桌,即所谓圆桌会议,这样可以淡化尊卑界限。无论何种谈判,有关各方与会人员都应尽量同时入场、同时就座;至少,主方人员不应在客方人员之前就座。

三、谈判过程礼仪

一个完整的谈判进程大致可分为六个阶段,即开局阶段、探寻阶段、明示阶段、交锋阶段、妥协阶段和达成阶段。

(一)开局阶段

开局阶段,又称导入阶段。开局是谈判的起点。谈判之初,谈判双方接触的第一印象十分重要,言谈举止要尽可能创造出友好、轻松的谈判气氛。进行自我介绍时要自然大方,不可流露傲慢之意。被介绍到的人应起立或欠身一下微笑示意,并礼貌地道"幸会""请多关照"之类。询问对方要客气,如"请教尊姓大名"等。为了给谈判创造一个友好、和谐、融洽的氛围,一般应以一些非业务性的中性话题开头。例如,如果对方是熟悉的客户,就可以回顾以往愉快合作的经历、双方的共同爱好等;如果双方不熟悉,则可以谈谈旅途见闻、天气状况、新闻人物等内容。这些话题应是友好的、令人愉快的,有利于消除陌生感和尴尬的心理,创造轻松诚挚的开局气氛。

简短的寒暄后要及时切入正题,进行各自的阐述。双方应各自说明自己的基本意图和目的。说明己方的观点时应简洁、明确,突出重点;语气要自信、诚恳、坚定,语速不宜过快显出急躁,也不宜过慢显得毫无生气。要利用自己的口头语言和体态语言恰如其分地表达己方的想法和态度,力求让对方感到坦率和真诚。当对方陈述时要认真倾听,并辅以记录和分析,还可以用点头、微笑表示理解。这既是对对方的尊重,也可以探听对方的虚实。一般来讲,谈判双方的陈述时间要大体相等。

(二)探询阶段

这是一个相当微妙的阶段。双方都想通过开局后的简短交谈迅速摸清对方的谈判诚意、真实意图、准备情况、预期目标、谈判策略、对行情的熟悉程度等;同时,双方对己方的情况和意图往往藏头露尾、闪烁其词,令人难以捉摸。所以,这时的谈话应特别谨慎,绝不要滔滔不绝地长篇大论。一些谈判高手往往可在这一阶段从对手的语言、神情、姿态中揣测到许多微妙的信息,如对手的经验和技巧、性格和作风、意图和希望等。

(三)明示阶段

经过开局和探询阶段的接触,双方谈判人员对彼此的谈判意图、谈判策略都有了初步的了解,谈判至此开始进入实质性阶段,即明示阶段。在这一阶段,双方按照预定策略或根据接触情况调整预定策略后,明确向对方提出自己的要求,一一罗列自己的谈判条件。

明示阶段的陈述要清楚、准确,但该保密的部分还应保密,如动机、权限、最后期限等。在此阶段,双方还要互相提问题,说明不同看法,所以很容易产生分歧和矛盾。如果操作不当,友好、和谐的谈判气氛就会荡然无存,甚至充满火药味。如果气氛紧张,对方语气尖锐,或是当对方热衷追问某一件事时,谈判人员应具备"转移话题"的能力,应不动声色地避开对方的矛头。如果处于劣势,采用强硬的话语固然有威慑力,但刚柔相济的"软话"有时会比强硬之语更有威力。所以,明示阶段要特别注意说话的语气和技巧,具体地说要注意以下几点。

(1)提问时要注意语气的平和亲切,不能把询问变成审问或责难,引起对方反感。语言应以协调性、征询性语气为主,发问前先取得对方的同意,提敏感性问题时应先说明一下发问理由,以示对对方的尊重。

(2)交谈时语言要讲究礼貌,要有礼貌地使用拒绝性的语言,说服别人时应考虑到对方的自尊。语言应刚中有柔,不可咄咄逼人,更不能进行人身攻击,甚至说出一些会伤害对方自尊心的话语,如"这个问题简单得很""那是最起码的常识""没遇到像你这么谈问题的"等。

(3)谈判人员还要学会造词造句,提问时要做到条理清晰、逻辑性强,充分运用修辞和逻辑的力量,幽默而不失严谨,诙谐而不离开主题,既坦诚相见,又善于倾听,以显示提问者的深思熟虑和对此次谈判的重视。

(4) 提问时要注意观察现场气氛和对方反应,不要提那些带有攻击性的问题。提问得到回答后应向对方表示感谢,使交谈洋溢着友好的气氛。

(5) 对方提问时,应认真倾听,不要随便打断对方的讲话,否则是很不礼貌的。

(四) 交锋阶段

交锋阶段就是通常所说的"讨价还价"阶段,是谈判过程中最紧张、最关键,也是最困难的阶段。在这一阶段,双方为了各自的利益唇枪舌剑,都力求在交锋中占据优势,控制局面,以致感情冲动,恼羞成怒。失态无礼的言行大多容易发生在这个阶段。因此,越是在这个时刻,谈判者越要注意谈判的礼仪,时刻把握好"利益"与"礼仪"的辩证关系。

具体而言,交锋阶段应注意以下四个方面。

1. 心平气和

要心平气和地讨价还价,讨论问题;要诚心诚意地探讨解决问题的途径,不要幻想一蹴而就,轻易取得成功。

2. 注意策略

谈判交锋时态度要和善,语言要文明,举止要庄重。必须在克己敬人、"寸土必争"的前提下,保持自己应有的风度,始终以礼待人。切忌狡辩、诡辩、无理纠缠;或是抓住对方的偶尔口误不放;忌讽刺、挖苦、嘲笑,进行人身攻击。当对方做出一定让步后,不要脱离实际,穷追猛打,以免导致谈判破裂。

3. 注意巧妙利用体态语言

不要做引起对方误解的动作。例如,双臂交叉胸前,往往被认为表示防备心理,或表示对对方意见持否定态度;两腿不停地挪动或来回交叉,会被认为不耐烦或有抵触;揉眼睛、冷笑、捏鼻子、向后仰靠在椅背上,是不信任、有抵触或不愿继续谈的表示;说话时手心朝下,通常表示高傲、自信、踌躇满志或暗示自己地位高。而摊开手掌,手脚自然放松不交叠,会被认为愿意开诚布公;如果再向对方方向挪挪椅子,则会被认为很有诚意,想尽快成交,不再绕圈子等。

4. 善于打破谈判僵局

在交锋阶段,如果双方的想法和要求差距很大或各执己见,出现僵局时,要用友好的方式打破僵局。例如,暂时转换话题,插入几句幽默诙谐的语言以缓和气氛,以及暂时休会或稍事休息。总之,要克服谈判障碍,千万不能伤了和气,以致伤害对方自尊,失去对方的信任。

(五) 妥协阶段

在谈判出现僵局或分歧时,不要轻易放弃,而是要寻找一切可能的途径,达到预期目的。一般来说,有诚意地适当调整自己的目标,做一些必要的妥协让步是十分有益的。

1. 适当让步

让步是谈判中常用的技巧,其目的是为了双方的最终利益。

运用让步技巧时,要做到有理、有利、有礼、有度。首先,让步要抓住时机。当谈判目标已达到,或对方再无让步可能的时刻,不要咄咄逼人、贪得无厌,把对手逼入死角。事实表明,只有达到双赢的目的,才能真正加强彼此的合作。其次,要掌握好让步的时机和幅度,不可一让到底。让步幅度过大、过快,反而会让对方生疑,影响谈判结果。

　　2. 表情坦荡

　　在让步时,不必感到不好意思,甚至感到失礼、内疚。要知道正因为让步,才能使对方受到鼓励,增强成交的信心。如果对手让步了,也要控制自己的情绪,不要喜形于色,得意忘形,要及时称赞对方的让步是多么明智和真诚。

　　3. 不能反悔

　　妥协让步一旦做出就不能反悔,要重视信誉,重视自己的形象以及企业形象。

　　(六) 达成阶段

　　双方经过几个回合的磋商,最终达成了一致意见,这就是谈判的结果。谈判的结果以合同或协议的形式形成书面文件,并经双方签字生效后,才标志谈判的真正成功。在谈判的这一最后阶段,谈判人员还应注意以下三点。

　　(1) 在谈判的达成阶段,谈判人员仍须谦虚谨慎、不骄不躁,过于冲动、急于求成或反应迟钝都是不利的。

　　(2) 要珍视成交信号,尊重彼此的合作。逐步接近目标时,成交的种种迹象就会显示出来。这一要靠谈判者积极主动的诱导,二要靠谈判者的悉心捕捉,否则会错失良机。

　　(3) 顾全大局,不再纠缠枝节问题。在不妨碍总体协议内容成交的情况下,双方可以握手定案。遗留的细节问题可以以后再议,或责成相关人员解决。

四、谈判的礼仪原则

　　商务礼仪规定,商界人士在参加谈判会时,必须更新意识,树立正确的指导思想,并且以此来指导自己的谈判表现。这就是所谓谈判的方针。谈判方针的核心,依旧是一如既往地要求谈判者在庄严肃穆、剑拔弩张的谈判会上,以礼待人,尊重别人,理解别人。具体来说,它又表现为以下六点。

　　(一) 应礼敬对手

　　礼敬对手,就是要求谈判者在谈判的整个过程中,要排除一切干扰,始终如一地对自己的谈判对手讲究礼貌,时时、处处、事事表现出对对方不失真诚的敬意。在谈判过程中,不管发生了什么情况都始终坚持礼敬对手的做法,无疑能给对方留下良好的印象,而且在今后的进一步商务交往中,还能继续发挥潜移默化的功效,即所谓"你敬我一尺,我敬你一丈"。

　　调查结果表明,在谈判会中,能够面带微笑、态度友好、语言文明礼貌、举止彬彬有礼的人,常有助于消除对手的反感、漠视和抵触心理。在谈判桌上,保持"绅士风度"或"淑女风范",有助于赢得对手的尊重与好感。

　　与此相反,假如在谈判的过程中,举止粗鲁、态度刁蛮、表情冷漠、语言失礼,不知道尊重和体谅对手,则会大大加强对方的防卫性和攻击性,无形中伤害或得罪对方,为谈判的成功增添阻力和障碍。

　　(二) 应依法行事

　　在商务谈判中,利益是各方关注的核心。对任何一方来说,大家讲究的都是"趋利避害"；在不得已的情况下，才会"两利相权取其大，两害相权取其轻"。商界人士在谈判会上，既要为利益而争，更须谨记依法办事。

所谓在商务谈判中应依法办事，是要求商务人员自觉地树立法制思想，在谈判的全部过程中，提倡法律至尊。谈判者所进行的一切活动，都必须依照国家的法律办事，唯有如此，才能确保通过谈判所获得的既得利益。法盲作风、侥幸心理、铤而走险、目无法纪的做法，都只会害人害己，得不偿失。

现实生活中，有些人喜欢在谈判中附加人情世故。这里的"人情世故"，如果是指注重处理与对手的人际关系，争取促进双方之间的理解与尊重，那么则是正确的；但如果是指要在谈判中搞"人情公关"，即与对手称兄道弟，向对方施之以小恩小惠，则是非常错误的。因为人情归人情，生意归生意，任何有经验的商界人士，都是不会在谈判会上让情感战胜理智的。在谈判中，过多地附加人情，甚至以此为重点，实在是误入歧途。说到底，犯了这种错误的人，是没有法制观念的表现，而且不懂得应当怎样做生意。

（三）应平等协商

谈判是什么？谈判就是有关各方在合理、合法的情况下，进行讨价还价。由此可见，谈判实际上是观点各异的各方经过种种努力，从而达成某种程度上的共识或一致的过程。换言之，谈判只会进行于观点各异的有关各方之间，所以假如离开了平等协商这一原则，那么成功的谈判便难以设想。

在谈判中要坚持平等协商，重要的是要注意两个方面的问题。一方面，是要求谈判各方在地位上要平等一致、相互尊重。不允许仗势压人、以大欺小。如果在谈判的一开始有关各方在地位上便不平等，那么是很难达成让各方心悦诚服的协议的。另一方面，是要求谈判各方在谈判中要通过协商，即相互商量、求得谅解，而不是通过强制、欺骗，来达成一致。

在谈判会上，要做到平等协商，就要以理服人。

（四）应求同存异

一位驰名中外的谈判大师曾说过："所谓谈判，就是一连串不断地要求和一个又一个不断地妥协。"这句大白话，或许会有助于商界人士深化对谈判本质的理解。

在任何一次正常的谈判中，都没有绝对的胜利者和绝对的失败者。相反，有关各方通过谈判，多多少少都会获得或维护自身的利益。也就是说，大家在某种程序上达到了妥协，彼此都"山重水复疑无路，柳暗花明又一村"。

有经验的商务人员都清楚，有关各方既然同意坐下来进行谈判，那么在谈判桌上就绝对不可以坚持"一口价"，一成不变，一意孤行。原因十分简单，在谈判桌上，有关的一切议题都是可以谈一谈的。

在谈判会上，妥协是通过有关各方的相互让步来实现的。所谓相互让步，即有关各方均有所退让。但这种相互让步中的"让"不等于有关各方的对等让步。在实践中，真正的对等让步总是难以做出的。在谈判会上所达到的妥协，对当事的有关各方只要公平、合理、自愿，只要尽最大程序维护或争取了各自的利益，就是可以接受的。

（五）应互利互惠

最理想的谈判结局，是有关各方达成了大家都能够接受的妥协。说到底，就是要使有关各方通过谈判都能够互利互惠。

在商务交往中,谈判一直被视为一种合作或是为合作而进行的准备。因此,一场商务谈判的最圆满的结局,应当是谈判的所有参与方都能各取所需,都取得了一定成功,获得了更大的利益。也就是说,商务谈判首先是讲究利益均沾、共同胜利的。如果把商务谈判视之为"一次性买卖",主张赢得越多越好,甚至要与对手拼个"你死我活",争取以自己的大获全胜和对手的彻底失败来作为谈判会的最终结果,则必将危及与对方的进一步合作,并使己方在社会上留下"心狠手辣""不能容人"的恶劣印象。

因此,商务人员在参加谈判会时,其所争取的结局应当是既利己、又利人的。现代的商界社会,最讲究的是伙伴、对手之间同舟共济;既要讲竞争,又要讲合作。己方所获取的利益,不应建立在有害对手或伙伴的基础上,而是应彼此两利。对于这种商界的公德,商务人员在谈判中务必遵守。

(六)应人事分开

在谈判会上,谈判者在处理己方与对手之间的相互关系时,必须要做到人与事分离,各自分别而论。

在谈判中,要将对手的人与事分开,是要求商界人士与对方相处时,要切记朋友归朋友、谈判归谈判,对于二者之间的界限不能混淆。正确的认识,是应当在谈判桌上,大家彼此对既定的目标都志在必得、义不容情。因此,既不能指望对手之中的老朋友能够"不忘旧情",良心发现,对自己"手下留情"或是"里通外国";也不要责怪对方"见利忘义""不够朋友",对自己"太黑"。

如前所述,商务谈判并不是一场你死我活的人与人的战争,因此商务人员在谈判中应就事论事,不要让自己对谈判对手主观上的好恶来妨碍解决现实问题。商界人士在谈判会上,应当理解谈判对手的处境,不要对对方提出不切实际的要求,或是一厢情愿地渴望对方向自己施舍或回报感情。

同理,商界人士在谈判会上,对"事"要严肃,对"人"要友好;对"事"不可以不争,对"人"不可以不敬。在商界,有一句名言,叫作"君子求财不求气"。即说明意气用事在商务交往中的任何场合,包括谈判会在内,都是弊大于利的。

商界同时还流行着另一句名言,叫作"君子爱财,取之有道"。将其应用于谈判之中,也是合情合理的。作为商界人士,要想在商务谈判之中尽可能地维护己方的利益,减少己方的损失,就应当在谈判的方针、策略、技巧上下功夫,从而名正言顺地在谈判会上获得成功。

第九章 商务人员仪式礼仪

社会组织、企业经常举办诸如庆典、仪式等礼仪隆重的专题活动。这些活动具有特定的程序和仪式规范需要遵循,如果主办方能够在组织、接待等程序中准备细致、操作规范,则在社会公众中将会树立良好的社会形象,可以引起社会各界的关注,从而赢得较好的美誉度、较高的知名度,使企业获得更多社会公众的认可和支持。可见,商务仪式是企业对外展示实力、强化形象、扩大影响的有效途径之一。

商务仪式的种类很多,常见的有节日庆典、庆功典礼、竣工典礼、奠基仪式、开业仪式、签约仪式、剪彩仪式、交接仪式等。不论什么仪式,都应以规模适度、仪式规范、开支合理为原则。

一、签约仪式礼仪

签约仪式是社会单位、组织与对方组织经过会谈、协商,形成了某项协议或合同,由各方代表在有关协议上签字并交换相关文本的仪式。它是一种比较隆重的活动,礼仪规范也比较严格。除了应遵循相应的签订协议的原则和做好大量的准备工作外,从商务礼仪角度来看,签约仪式主要还应注意以下方面。

(一) 签约仪式的准备礼仪

1. 准备待签文本

依照商界的习惯,在正式签署合同之前,应由举行签约仪式的主方负责准备待签合同的正式文本。

举行签约仪式是一桩严肃而庄重的大事,因此不能将"意犹未了"的"半成品"交付仪式中使用;或是在临近签字时,有关各方还在为某些细节而纠缠不休。在决定正式签署合同时,就应拟定合同的最终文本。该文本应当是正式的、不再进行任何更改的标准文本。

在准备过程中,要认真核对谈判协议条件与文本是否一致,核对各种批件(包括项目批件、许可证、设备分交文件、用汇证明、订货卡等)是否完备有效,并审核合同内容与批件内容是否相符。审核文本一定要对照原稿,一字不漏,对于发现的问题要及时通报,并通过再谈判达成谅解,根据需要可适当调整签约时间。

负责为签约仪式提供待签合同文本的主方,应会同有关各方共同指定专人,共同负责合同的定稿、校对、印刷与装订。按常规,应为在合同上正式签字的有关各方均提供一份待签的合同文本;必要时,还可再向各方提供一份副本。

签署涉外商务合同时,依照国际惯例,待签的合同文本应同时使用有关各方法定的官方语言,或是使用国际上通行的英文、法文。此外,亦可同时并用有关各方法定的官方语言与英文或法文。使用外文撰写合同时,应反复推敲,字斟句酌,不要望文生义或不解其意而乱用词汇。

待签文本应做到用纸高档,印刷精美,一般采用大八开规格,装订成册并配以仿皮等高档面料作封面,以示郑重。主办方应为文本的准备提供准确、高效、周到的服务。

2. 布置签约场所

签约场所有常设专用的,也有临时以会议厅、会客室来代替的。布置签约场所的总原则是要庄重、整洁、清静。一间标准的签字厅,室内应铺满地毯,除了必要的签字用桌椅外,其他一切陈设都不需要。正规的签字桌应为长桌,桌上最好铺设深绿色的台布,并在桌上摆好签字人姓名牌。

按照仪式礼仪的规范,签字桌应横放于室内。在桌后,可摆放适量的座椅。签署双边合同时,可放置两张座椅,供签字人就座。签署多边合同时,可以仅放一张座椅,供各方签字人签约时轮流就座;也可以为每位签字人都提供一张座椅。签字人在就座时,一般应当面对正门。

在签字桌上,按常规应事先安放好待签的合同文本以及签字笔、吸墨器等签字时所用的文具。

与外商签署涉外商务合同时,还需在签字桌上插放有关各方的国旗。插放国旗的位置与顺序必须按照礼宾序列而行。例如,签署双边性涉外商务合同时,有关各方的国旗须插放在该方签字人座椅的正前方。

3. 确定签约人员

一般来说,参加签约仪式的双方或多方的人数应大致相同。如果一方要求某些未参加会谈的人员出席,另一方应予以同意,但各方出席人数最好大体相等。为了表示对签订的协议、协定或条约的重视,往往由更高或更多的领导人出席签约仪式,但此时就不应机械地坚持"对等、相当"的要求。

签约人员一般由签字人、助签人、见证人组成。其中签字人既可以是各方的主谈人,也可以是更高级别的领导,以示重视。但应注意的是,签字人应当具备签字资格,如签字人是企业法人代表或由法人代表授权并出示委托书。助签人的职责是在签字过程中帮助签字人翻揭文本,指明签字位置。双边签约的助签人应事先选定,多边签约时可由主办方委派一名助签人依次协助各方完成签字。见证人主要是参加双方谈判的人员,必要情况下可邀请公证机关的公证员或律师参加。

按照规定,签字人、助签人以及随员在出席签约仪式时,应当穿着具有礼服性质的深色西装套装、中山装套装或西装套裙,并配以白色衬衫与深色皮鞋。男士还必须系上单色领带,以示正规。在签约仪式上露面的礼仪人员、接待人员,可以穿自己的工作制服,或是旗袍一类的礼仪性服装。

(二)签约仪式的座次礼仪

在正式签署合同时,各方代表对于礼遇均非常在意,因而商务人员对于在签约仪式上最能体现礼遇高低的座次问题,应当认真对待。

签约时各方代表的座次,是由主方代为先期排定的。合乎礼仪的做法如下。

在签署双边合同时,应请客方签字人在签字桌右侧就座,主方签字人应同时就座于签字桌左侧。双方各自的助签人,应分别站立于各自一方签字人的外侧,以便随时为签字人提供帮助。双方其他的随员,可以按照一定的顺序在己方签字人的正对面就座;也可以依照职位的高低,依次自左至右(客方)或是自右至左(主方)地列成一行,站立于己方签字人的身后。当一行站不完时,可以按照以上顺序并遵照"前高后低"的惯例排成两行、三行或四行。原则上,双方随员人数应大体上相近(如附录图9-1所示)。

在签署多边合同时,一般仅设一个签字椅。各方签字人签字时,须依照有关各方事先同意的先后顺序,依次上前签字。他们的助签人,应随之一同行动。在助签时,依"右高左低"的规矩,助签人应站立于签字人的左侧。与此同时,有关各方的随员也应按照一定的序列,面对签字桌就座或站立。

签约仪式上常见的座次安排有以下三种。

1. 主席式座次安排

主席式座次安排主要适用于多边签约仪式,具体座次安排是:签字桌在室内面对正门横放,只设一个签字座位。举行仪式时,所有参加人员皆应背对正门,面向签字席就座。签字时,各方签字人以事先规定的先后顺序依次走向签字席就座签字,各方助签人协同一起完成签字,并站立于签字人左侧(如附录图9-2所示)。

2. 并列式座次安排

并列式座次安排是举行双边签约仪式时最常见的形式,具体的座次排列方法是:签字桌在室内面对正门横放,双方出席签字仪式的全体人员在签字桌后按照"前高后低"的原则,站立于签字人身后;客方从左至右,主方从右至左排成一排或多排;双方签字人员居中面门而坐,客方居右,主方居左;双方助签人员分别站立于签字人的外侧,做好协助准备(如附录图9-3所示)。

3. 相对式座次安排

相对式座次安排与并列式座次安排基本相同。二者的区别在于:相对式座次安排将双方参加签约仪式的随员席位移至签字人的对面(如附录图9-4所示)。

(三) 签约仪式的正式程序

签约仪式的正式程序一共分为五项。

1. 签约仪式正式开始

有关各方人员进入签字厅,在既定的位次上各就各位。

2. 签字人正式签署合同文本

通常的做法,是首先签署己方保存的合同文本,再接着签署他方保存的合同文本。

商务礼仪规定:每个签字人在己方保留的合同文本上签字时,按惯例应当名列首位。因此,每个签字人均应首先签署己方保存的合同文本,然后再交由他方签字人签字。这一做法在礼仪上称为"轮换制"。它的含义是在位次排列上使有关各方均有机会居于首位一次,以显示机会均等、各方平等。

3. 签字人正式交换正式签署的合同文本

此时,各方签字人应握手,互致祝贺,并相互交换刚才使用过的签字笔,以示纪念。全场人员应鼓掌,表示祝贺。

4. 饮酒庆贺

交换已签的合同文本后，有关人员，尤其是签字人应当场干一杯香槟酒，这是国际上通行的用以增添喜庆色彩的做法。

5. 礼毕退场

主持人宣布仪式结束后，应让双方最高领导及宾客先退场，然后东道主再退场。

一般情况下，商务合同在正式签署后，应提交有关方面进行公证，此后才正式生效。仪式后，也可安排与会者观看文艺节目，参观展览，参加座谈会或宴会。

应当说明的是：签约仪式并非一定要举行不可。虽然签约仪式可以制造声势，增添影响，但对于签约本身却必须郑重对待，不可草草收场，对此必须牢记。

二、开业典礼仪式礼仪

在商界，任何一个企业的创建、开业或是本企业所经营的某个项目、工程的完工、落成，如公司建立、商店开张、分店开业、写字楼落成等，都是可喜可贺的。这是企业第一次公开向社会公众"亮相"，所以，必须经过周密的策划和精心的安排，以树立企业良好形象，提高企业知名度。因此，此类活动一向备受有经验的商家的重视。按照成例，在这种情况下，当事者通常都要为此而专门举办一次开业典礼仪式。

所谓开业典礼仪式，是指在单位创建、开业，项目完工、落成，某一建筑物正式启用，或是某项工程正式开始之际，为了表示庆贺或纪念，按照一定的程序所举行的专门的仪式。从仪式礼仪的角度来看，开业典礼仪式不过是一个统称，在不同的场合往往会采用其他一些名称，如开幕仪式、开工仪式、奠基仪式、破土仪式、竣工仪式等，但共同点是都以热烈而隆重的仪式为本单位的发展创造一个良好的开端。当然，这些仪式在不同场合的具体运作中也存在一些差异，实际操作时需要区别对待。

开业典礼仪式礼仪，是指在开业仪式筹备与运作的具体过程中应当遵从的礼仪惯例，通常包括开业典礼仪式的筹备和开业典礼仪式的运作。

（一）开业典礼仪式的筹备

开业典礼仪式的筹备要遵循"热烈、节俭、缜密"三条原则。"热烈"是指要想方设法在开业典礼仪式的进行过程中营造一种欢快、喜庆、隆重的氛围，不能沉闷乏味、平淡无奇地走过场。"节俭"是指主办单位在举办开业典礼仪式以及为其进行筹备的整个过程中，经费支出方面要量力而行，节制、省俭。"缜密"是指主办单位在筹备开业典礼仪式时既要遵循礼仪惯例，又要具体情况具体分析；应认真策划，明确分工，注重细节，一丝不苟，力求周密，避免疏漏。

具体而言，筹备开业典礼仪式时，要做好舆论宣传、来宾约请、场地布置、接待服务、礼品馈赠、程序拟定等六个方面的工作。

1. 做好舆论宣传工作

举办开业典礼仪式的主旨是塑造本单位的良好形象，因而要进行必不可少的舆论宣传，以吸引社会各界的关注，争取社会公众的认可或接受。宣传的内容多为开业典礼仪式举行的时间、地点、开业之际对顾客的优惠、开业单位的经营特色等。

2. 拟定约请来宾名单

开业典礼仪式影响的大小,实际上往往取决于来宾身份的高低与数量的多少。因此,在力所能及的条件下,要力争多邀请一些来宾,如地方领导、上级主管部门与地方职能管理部门的领导、合作单位与同行单位的领导、社会团体的负责人、社会贤达、媒体人士等都是优先考虑的重点来宾人选。

3. 做好场地布置工作

开业典礼仪式多在开业现场举行,其场地可以是正门外的广场,也可以是正门内的大厅。按惯例,举行开业典礼仪式时宾主一律站立,所以一般不布置主席台或座椅。为了表示隆重,可在来宾站立之处铺设红色地毯,并在场地四周挂横幅、标语、气球、彩带宫灯等。此外,还应在醒目之处摆放来宾赠送的花篮、牌匾;来宾的签到簿、本单位的宣传材料、待客的饮料等亦须提前备好。对于音响、照明设备以及开业典礼仪式举行时所需使用的用具和设备,必须事先认真进行检查、调试,以防在使用时出现差错。

4. 做好来宾的接待服务

在举行开业典礼仪式的现场,一定要有专人负责来宾的接待服务工作。在接待贵宾时,应由本单位主要负责人亲自出面;在接待其他来宾时,则可由本单位的礼仪人员负责。来宾较多时,须为来宾准备好专用的停车场、休息室,并应为其安排饮食。

5. 做好礼品馈赠工作

举行开业典礼仪式时,赠予来宾的礼品一般属于传播媒介的范畴。若能选择得当,必定会产生良好的效果。根据常规,向来宾赠送的礼品应具有以下三个特征。

(1) 宣传性:既可选用本单位的产品,也可在礼品及其外包装上印有本单位的企业标志、广告用语、产品图案、开业日期等等。

(2) 荣誉性:要使礼品具有一定的纪念意义,并且使拥有者对其珍惜、重视,为之感到光荣和自豪。

(3) 独特性:礼品应当与众不同,具有本单位的鲜明特色,使人耳目一新,并且可以令人过目不忘。

6. 做好程序拟定工作

从总体上看,开业典礼仪式由开场、过程、结局三大基本程序构成。开场,即奏乐,邀请来宾就位,宣布仪式正式开始,介绍主要来宾;过程,是开业典礼仪式的核心内容,包括本单位负责人讲话,来宾代表致辞,启动某项开业标志等;结局,包括开业典礼仪式结束后宾主一同进行现场参观、联欢、座谈等。

(二) 开业典礼仪式的程序

1. 礼迎嘉宾

接待人员在会场门口接待来宾,请来宾签到后,引导来宾就位。

2. 典礼开始

主持人宣布开业典礼正式开始,奏乐,宣读重要嘉宾名单。宣读顺序应为:首先是出席典礼的重要领导人名单,其次是社会知名人士名单,最后是贺电、贺词单位或个人名单。对外来的贺电、贺信等不必一一宣读,但对其署名的单位或个人应予以公布。

3. 致贺词

由上级领导和来宾代表致祝贺词,主要表达对开业单位的祝贺,并寄予厚望。贺词由谁来讲事先要定好,以免当众推来推去。

4. 致答谢词

由本单位负责人致答谢词,其主要内容是向来宾及祝贺单位表示感谢,并简要介绍本单位的经营特色和经营目标等。

5. 揭幕

由本单位负责人和一位上级领导或嘉宾代表揭去盖在牌匾上的红布,宣告企业的正式成立。揭幕时,参加典礼的全体人员应鼓掌祝贺,在非限制燃放鞭炮的地区还可燃放鞭炮以示庆贺。

6. 参观

如有必要,可引导来宾参观,介绍本单位的主要设施、特色商品及经营策略等,使来宾进一步了解企业,从而达到良好的宣传效果。

7. 迎接首批顾客

可采取让利销售或赠送纪念品的方式吸引顾客,也可邀请一些有代表性的消费者参加座谈,虚心听取消费者的意见,拉近与消费者的距离。

8. 典礼结束

根据典礼的活动计划,可在典礼结束后,安排来宾就餐或参加座谈会及观看文艺表演等,以此来扩大企业与公众的直接交流,拉近双方关系。

(三)开业典礼人员礼仪

1. 主办方礼仪

(1)着装规范,仪容整洁。

所有参加开业典礼仪式的人员,都应当适当修饰自己的仪容仪表。女士应化淡妆,男士应理发剃须。企业条件允许的话,应统一着装,以体现企业特色。

(2)遵守时间,举止文明。

出席开业典礼仪式的本企业人员,应严格遵守时间,做好充分准备,不得迟到、无故缺席或中途退场。同时应注意自己的言行举止,不得做和典礼无关的事情,更不能嬉戏打闹、心不在焉。路遇来宾应礼貌问好,主动热情地提供必要服务;对来宾的提问也应礼貌地答复;来宾致辞后,应文明鼓掌表示感谢。

2. 来宾礼仪

(1)准时到场。

应邀参加开业典礼仪式的来宾,为表示对主办方的尊重,应准时到达,一般可提前10～30分钟;如不能到场,则应及早通知主办方,并说明原因,表示歉意。

(2)赠送贺礼。

应邀参加开业典礼仪式,一般应准备合适的贺礼,如花篮、牌匾等,并写明庆祝对象、庆祝事由、贺词及祝贺单位。

(3)举止文雅。

在整个开业典礼仪式活动进程中,参加典礼的来宾应面带微笑,庄重温和,并与主办方热情问好或招手致意,不可冷若冰霜,傲慢无礼。

(4) 礼貌道别。

典礼结束后,来宾应主动和主办方及相关接待人员道别并表达谢意,不可不辞而别。

三、剪彩仪式礼仪

剪彩仪式,是指商界的有关单位为了庆贺公司的设立、企业的开工、宾馆的落成、商店的开张、银行的开业、大型建筑物的启用、道路或航线的开通、展销会或博览会的开幕等而隆重举行的一项礼仪性程序。

从操作的角度来看,目前通行的剪彩仪式礼仪主要包括剪彩的准备、剪彩的人员的确定、剪彩的程序和剪彩的做法等四个方面。

(一) 剪彩仪式准备礼仪

1. 布置剪彩仪式场地

在正常情况下,剪彩仪式应在即将启用的建筑、工程或者展销会、博览会的现场举行。

正门外的广场、正门内的大厅,都是可以优先考虑作为剪彩场地的。活动现场可略作装饰,在剪彩之处悬挂写有剪彩仪式具体名称的大型横幅更是必不可少的(如附录图9-5所示)。

2. 准备剪彩工具

与举行其他仪式相同,剪彩仪式也有大量的准备工作需要做好,其中主要涉及场地的布置、环境与卫生、灯光与音响的准备、媒体的邀请、人员的培训等。在准备这些时,必须认真细致、精益求精。

除了与其他仪式相同的准备工作外,剪彩仪式还要使用某些特殊用具,如红色缎带、新剪刀、白色薄纱手套、托盘及红色地毯,对这些用品应该仔细地选择与准备。红色缎带应是一整匹未曾使用过的,中间结成数朵花团。当然,也有稍微简单的,直接以长度为2米左右的细窄的红色绸带或以红线绳、红纸条作为"彩"。白色薄纱手套要数量充足、干净,大小要适合剪彩人员。托盘应尽可能新买,并注意颜色要与气氛协调,一般而言首选银色的不锈钢制品,可在使用时铺垫红色绸布或绒布。红色地毯不仅要簇新干净,还要注意铺设的长度及铺设位置要符合礼仪规范。特别要强调的是剪彩用的剪刀要刀口锋利、握把合手,以便于剪彩人员使用。剪彩仪式结束后,主办方可以将剪彩者使用的剪刀经过包装后,送给对方以示纪念。

3. 确定剪彩人员

所谓剪彩者,即在剪彩仪式上持剪刀剪彩之人。剪彩者是剪彩仪式上的关键人物,其仪表和举止,直接影响剪彩仪式的效果。因此,剪彩者必须认真进行选择,并于事先进行必要的培训。剪彩人员主要是由剪彩者与助剪者两部分的人员构成。

在剪彩仪式上担任剪彩者是很高的荣誉。剪彩仪式档次的高低,往往也同剪彩者的身份密切相关。因此,在选定剪彩人员时,最重要的是要把剪彩者选好。

根据惯例,剪彩者可以是一个人,也可以是几个人,但是一般不应多于5人。通常,剪彩者多由上级领导、合作伙伴、社会名流、员工代表或客户代表所担任。

确定剪彩者名单必须是在剪彩仪式正式举行之前。名单一经确定,应尽早告知对方,使其有所准备。在一般情况下,确定剪彩者时,必须尊重对方个人的意见,切勿勉强对方。需要由数人同时担任剪彩者时,应分别告知每位剪彩者届时他将与何人同担此任。这样做,是对剪彩者的一种尊重。

必要时,在剪彩仪式举行前,应将剪彩者集中在一起,告知有关的注意事项,并稍事排练。若剪彩者仅为一人,则其剪彩时居中而立即可;若剪彩者不止一人时,则同时上场剪彩时的位置必须予以重视。一般的规矩是:中间高于两侧,右侧高于左侧,距离中间站立者愈远位次愈低,即主剪者应居于中央的位置。需要说明的是,之所以规定剪彩者的位次"右侧高于左侧",主要是因为这是一项国际惯例,剪彩仪式理当遵守。其实,若剪彩仪式并无外宾参加时,执行我国"左侧高于右侧"的传统做法也未尝不可。

助剪者,是在剪彩者剪彩的一系列过程中从旁为其提供帮助的人员。一般而言,助剪者多由东道主一方的女职员担任。现在,人们对她们的常规称呼是礼仪小姐。

（二）剪彩者礼仪

1. 剪彩者仪容礼仪

按照常规,剪彩者应着套装、套裙或制服,并将头发梳理整齐;不允许戴帽子或是墨镜,也不允许穿着便装。

作为助剪者的礼仪小姐,其最佳装束应为:化淡妆,盘起头发;穿款式、面料、色彩统一的单色旗袍,配肉色连裤丝袜、黑色高跟皮鞋;除戒指、耳环或耳钉外,不佩戴其他任何首饰。有时,礼仪小姐身穿深色或单色的套裙亦可,但是,她们的穿着打扮必须尽可能整齐划一。必要时,可向外单位临时聘请礼仪小姐。

正式剪彩时,剪彩者与助剪者的具体做法必须合乎规范,否则会使其效果大受影响。

2. 剪彩者仪态礼仪

当主持人宣布剪彩仪式开始之后,礼仪小姐应率先登场。上场时,礼仪小姐应排成一行,从两侧同时登台或是从右侧登台。登台之后,拉彩者与捧花者应当站成一行。剪彩时,剪彩者要集中精力,右手手持剪刀,表情庄重地将红色缎带一刀剪断。多名剪彩者同时剪彩时,其他剪彩者应注意主剪者的动作,与其主动协调一致,力争大家同时将红色缎带剪断。

剪彩者在剪彩成功后,可以右手举起剪刀,面向全体到场者致意;然后放下剪刀、手套于托盘之内,举手鼓掌。接下来,剪彩者可依次与主人握手道喜,并列队在引导者的引导下退场。退场时,一般宜从右侧下台。待剪彩者退场后,其他礼仪小姐方可列队由右侧退场。

不管是剪彩者还是助剪者,在上下场时,都要注意井然有序、步履稳健、神态自然;在剪彩过程中,更是要表现得不卑不亢、落落大方。

（三）剪彩仪式的程序

剪彩仪式宜紧凑,忌拖沓,所耗时间越短越好。短则15分钟即可,长则不超过1小时。按照惯例,剪彩既可以是开业仪式中的一项具体程序,也可以独立出来,由其自身的一系列程序所组成。独立的剪彩仪式,通常应包含如下六项基本的程序。

1. 请来宾就位

在剪彩仪式上,通常只为剪彩者、来宾和本单位的负责人安排座席。在剪彩仪式开始时,即应敬请大家在已排好顺序的座位上就座。在一般情况下,剪彩者应就座于前排。剪彩者不止一人时,则应使之按照剪彩时的具体顺序就座。

2. 宣布仪式正式开始

在主持人宣布仪式开始后,乐队应演奏音乐,现场可燃放鞭炮,全体到场者应热烈鼓掌。此后,主持人应向全体到场者介绍到场的重要来宾。

3. 奏国歌

此刻须全体起立。必要时,亦可随之演奏本单位标志性歌曲。

4. 发言

发言者依次应为东道主单位的代表、上级主管部门的代表、地方政府的代表、合作单位的代表,等等。发言内容应言简意赅,每人不超过 3 分钟,重点分别应为介绍、道谢与致贺。

5. 剪彩

此刻,全体应热烈鼓掌,必要时还可奏乐或燃放鞭炮。剪彩前,须向全体到场者介绍剪彩者。

6. 参观

剪彩之后,主人应陪同来宾参观。仪式至此宣告结束。随后,东道主单位可向来宾赠送纪念性礼品,并以自助餐款待全体来宾。

四、庆典仪式礼仪

庆典,是各种庆祝仪式的统称。在商务活动中,商务人员参加庆祝仪式的机会是很多的,既有可能奉命为本单位组织一次庆祝仪式,也有可能应邀出席外单位的庆祝仪式。

(一)庆典的类型

就内容而论,在商界所举行的庆祝仪式大致可以分为四类。

1. 本单位成立周年庆典

周年庆典通常都是逢五、逢十进行的,即在本单位成立五周年、十周年以及它们的倍数时进行。

2. 单位荣获某项荣誉的庆典

当单位荣获某项荣誉称号、单位的主打产品在国内外重大展评中获奖之后,这类庆典基本上均会举行。

3. 本单位取得重大业绩的庆典

例如千日无生产事故、生产某种产品的数量突破万台、经销某种商品的销售额达到亿元等等,这些来之不易的成绩,往往都是要庆祝的。

4. 本单位取得显著发展的庆典

当本单位建立集团、确定新的合作伙伴、兼并其他单位、分公司或连锁店不断发展时,自然都值得庆祝一番。

就形式而论,商界各单位所举行的各类庆祝仪式都有一个最大的特色,那就是要务实而不务虚。任何理智、精明的商家都应借助庆典仪式增强本单位全体员工的凝聚力与荣誉感,并且使社会各界对本单位重新认识、刮目相看。

对商界人士来讲,组织庆典与参加庆典时,往往会有多方面的要求。庆典的礼仪,即有关庆典的礼仪规范,由组织庆典的礼仪与参加庆典的礼仪组成。

（二）组织庆典的礼仪

组织筹备一次庆典，如同进行生产和销售一样，首先要制订一个总体的计划。商务人员如果受命完成这一任务，需要记住两大要点：第一，要体现出庆典的特色；第二，要安排好庆典的具体内容。

毋庸多言，庆典既然是庆祝活动的一种形式，那么它就应当以庆祝为中心，把每一项具体活动都尽可能组织得热烈、欢快而隆重，从而体现庆典的宗旨——塑造本单位的形象，显示本单位的实力，扩大本单位的影响。庆典所具有的热烈、欢快、隆重的特色，应当在其具体内容的安排上得到全面的体现。

如果站在组织者的角度来考虑，庆典的内容安排至少要注意出席者的确定、来宾的接待、环境的布置以及庆典的程序等四大问题。

1. 应当精心确定好庆典的出席人员名单

确定庆典的出席者名单时，应始终以庆典的宗旨为指导思想。一般来说，庆典的出席者包括以下人士。

（1）上级领导。地方党政领导、上级主管部门的领导，大多对单位的发展给予过关心、指导，邀请他们参加，主要是为了表示感激之心。

（2）社会名流。根据公共关系学中的"名人效应"原理，社会各界的名人对于公众最有吸引力，能够请到他们，将有助于更好地提高本单位的知名度。

（3）大众传媒。在现代社会中，大众媒介被称为仅次于立法、行政、司法三权的社会"第四权力"。邀请大众传媒，并主动与之合作，将有助于它们公正地介绍本单位的成就，进而有助于加深社会对本单位的了解和认同。

（4）合作伙伴。商务活动中，合作伙伴经常是彼此同呼吸、共命运的，所以请合作伙伴来与自己一起分享成功的喜悦，是完全应该的，也是绝对必要的。

（5）社区关系。社区关系是指那些与本单位共居于同一区域、对本单位具有种种制约作用的社会实体，如本单位周围的居民委员会、街道办事处、医院、学校、幼儿园、养老院、商店以及其他单位等。请它们参加本单位的庆典，会使对方进一步了解本单位、尊重本单位、支持本单位，或是给予本单位更多的方便。

（6）单位员工。员工是本单位的主人，单位每一项成就的取得，都离不开他们的兢兢业业和努力奋斗，所以在组织庆典时，不应将他们完全"置之度外"。

以上人员的具体名单一旦确定，就应尽早发出邀请或通知。鉴于庆典的出席人员甚多，牵涉面极广，故不到万不得已，均不许将庆典取消、改期或延期。

2. 应当精心安排好来宾的接待工作

与一般商务交往中来宾的接待相比，对出席庆祝仪式的来宾的接待更应突出礼仪性的特点。主办方不但应当热心细致地照顾好全体来宾，想方设法地使各位来宾心情舒畅，而且应使来宾感受到主人真挚的尊重与敬意。

最好的办法，是庆典一经决定举行，即成立对此全权负责的筹备组。筹备组成员通常应由各方面的有关人士组成，他们应是能办事、会办事、办实事的人。在庆典的筹备组之内，应根据具体的需要，下设若干专项小组，在公关、礼宾、财务、会务等各方面各司其职、目标明确。其中，负责礼宾工作的接待小组常不可缺少。

庆典的接待小组，原则上应由年轻、精干、身材与形象较好、口头表达能力和应变能力较强的男女青年组成。接待小组成员的具体工作有以下几项：

（1）来宾的迎送，即在举行庆祝仪式的现场迎接或送别来宾；

（2）来宾的引导，即由专人负责为来宾带路，将其送到既定的地点；

（3）来宾的陪同，即对于某些年事已高或非常重要的来宾，应安排专人陪同始终，以便关心与照顾；

（4）来宾的招待，即指派专人为来宾送饮料、上点心以及提供其他方面的关照。

凡应邀出席庆典的来宾，绝大多数人对本单位都是关心和友好的。因此，当他们光临时，主人没有任何理由不让他们受到热烈而且合乎礼仪的接待。反之，若是在来宾的接待上得过且过、马马虎虎，则会伤害来宾的自尊心。

3. 应当精心布置好举行庆祝仪式的现场

举行庆祝仪式的现场，是庆典活动的中心地点。对它的安排、布置是否恰如其分，往往直接关系到庆典留给全体出席者的印象的好坏。依据仪式礼仪的有关规范，商务人员在布置举行庆典的现场时，需要整体思考的主要问题有以下四点。

（1）地点的选择。在选择具体地点时，应结合庆典的规模、影响力以及本单位的实际情况来决定，如本单位的礼堂、会议厅、本单位内部或门前的广场以及外借的大厅等等。不过在室外举行庆典时，切勿因地点选择不慎而制造噪声、妨碍交通或治安，顾此而失彼。

（2）环境的美化。美化环境应量力而行，着力美化庆典举行现场的环境。为了烘托出热烈、隆重、喜庆的气氛，可在现场张灯结彩，悬挂彩灯、彩带，张贴一些宣传标语，并且张贴或悬挂标明庆典具体内容的大型海报或横幅。

（3）场地的大小。在选择举行庆祝仪式的现场时，应牢记并非愈大愈好。场地的大小，应同出席者人数的多少相适应。人多地方小，拥挤不堪，会使人心烦意乱；人少地方大，则会让来宾对本单位产生"门前冷落车马稀"的错觉。

（4）音响的准备。在举行庆典之前，务必要把音响准备好。尤其是供来宾们讲话时使用的麦克风和传声设备，在关键时刻，绝不允许临阵"罢工"。在庆典举行前后，可播放一些喜庆、欢快的乐曲，只要不抢占"主角"的位置，通常是可以的。

4. 应当精心拟定好庆典的具体程序

一次庆典举行的成功与否，与其具体的程序不无关系。仪式礼仪规定，拟定庆典的程序时，有两条原则必须坚持。第一，时间宜短不宜长，一般而言应以1小时为其极限。第二，程序宜少不宜多。

依照常规，一次庆典大致应包括下述几项程序。

（1）请来宾就座，出席者安静，介绍嘉宾。

（2）宣布庆典正式开始，全体起立，奏国歌，唱本单位标志性歌曲。

（3）本单位主要负责人致辞。其内容主要是对来宾表示感谢以及介绍此次庆典的缘由等，重点应是报捷以及庆典的可"庆"之处。

（4）邀请嘉宾讲话。大体上讲，出席此次庆典的上级主要领导、协作单位及社区关系单位均应有代表讲话或致贺词。不过应提前约定好，不要当场当众推来推去。对外来的贺电、贺信等，可不必一一宣读，但对其署名单位或个人应当公布。在进行公布时，可依照其"先来后到"为序，或是按照其具体名称的汉字笔画的多少进行排列。

(5) 安排文艺演出。这项程序可有可无,如果准备安排,应当慎选内容,注意不要有悖庆典的主旨。

(6) 邀请来宾进行参观。如有可能,可安排来宾参观本单位的有关展览或车间等。当然,此项程序有时亦可省略。

在以上几项程序中,前四项必不可少,后两项则可以酌情省去。

(三) 参加庆典的礼仪

参加庆典时,不论是主办单位的人员还是外单位的人员,均应注意自己临场之际的举止表现。其中,主办单位人员的表现尤为重要。在举行庆祝仪式之前,主办单位应当对本单位的全体员工进行必要的礼仪教育。对于本单位出席庆典的人员,还须规定好有关的注意事项,并要求大家在临场之时务必严格遵守。在这一问题上,单位的负责人,尤其是出面迎送来宾和上主席台的人士,绝不允许有任何例外。因为在庆祝仪式上,真正令人瞩目的,还是东道主方面的出席人员。假如这些人在庆典中精神风貌不佳,穿着打扮散漫,举止行为失当,则很容易对本单位的形象进行"反面宣传"。

按照仪式礼仪的规范,作为东道主的商界人士在出席庆典时,应当严格注意的问题涉及以下七点。

1. 仪容要整洁

所有出席本单位庆典的人员,事先都要洗澡、理发,男士还应刮光胡须。无论如何,届时都不允许本单位的人员蓬头垢面、胡子拉碴、浑身臭汗,不允许有意无意给本单位的形象"抹黑"。

2. 服饰要规范

有统一式样制服的单位,应要求以制服作为本单位人士的庆典着装。无制服的单位,应规定届时出席庆典的本单位人员必须穿着礼仪性服装,即男士应穿深色的中山装套装,或穿深色西装套装,配白衬衫、素色领带、黑皮鞋;女士应穿深色西装套裙,配长筒肉色丝袜、黑色高跟鞋,或者穿深色的套裤或花色素雅的连衣裙。在服饰方面绝不允许任其自由放任。若有可能,应将本单位出席者的服饰统一起来最好。

3. 时间要遵守

遵守时间,是最基本的商务礼仪规范之一。对本单位庆典的出席者而言,更不得小看这一问题。上至本单位的负责人,下到普通员工,都不得姗姗来迟、无故缺席或中途退场。如果庆典的起止时间已有规定,则应当准时开始,准时结束。

4. 表情要庄重

在举行庆典的整个过程中,都要表情庄重、全神贯注、聚精会神。若庆典之中安排了升国旗、奏国歌、唱"厂歌"等程序,则一定要依礼行事:起立,脱帽,立正,面向国旗或主席台行注目礼,并且认认真真、表情庄严肃穆地和大家一起唱国歌、唱"厂歌"。

5. 态度要友善

此处所指的态度友善主要是指对来宾态度要友善。

遇到了来宾,要主动热情地问好。对来宾提出的问题,都要立即予以友善的答复。不要围观来宾、指点来宾,或是对来宾持有敌意。当来宾在庆典上发表贺词或是随后进行参观时,要主动鼓掌表示欢迎或感谢。

6. 举止要自律

既然参加了本单位的庆典,主方人员就有义务以自己的实际行动来确保庆典的顺利与成功。至少,大家不应当因为自己的举止失当而使来宾对庆典做出不好的评价。

7. 发言要简练

倘若商务人员有幸在本单位的庆典中发言,则务必谨记以下四个重要的问题。

(1) 上下场时要沉着冷静。

(2) 要讲究礼貌。在发言开始,勿忘说一句"大家好"或"各位好";在提及感谢对象时,应目视对方;在表示感谢时,应郑重地欠身施礼;对于大家的鼓掌,则应以自己的掌声来回礼;在讲话末了,应当说一声"谢谢大家"。

(3) 发言一定要在规定的时间内结束,两三分钟为宜,而且宁短勿长,不要随意发挥,信口开河。

(4) 应当少打手势。含义不明的手势在发言时应坚决不用。

外单位的人员在参加庆典时,同样有必要"既来之,则安之",以自己上佳的临场表现来表达对于主人的敬意与对庆典本身的重视。倘若在此时此刻表现欠佳,则是对主人的一大伤害。所以宁肯婉言拒绝,也绝不可去而失礼。

外单位的人员在参加庆典时,若是以本单位代表的身份而来,则更要特别注意自己的临场表现,丝毫不可对自己的所作所为自由放任、听之任之。

第十章　商务人员求职面试礼仪

求职应聘,是一个了解自己、了解用人单位,向用人单位展示自己能力与素质的过程。可以说,面试是求职者综合素质在短时间内的一次集中展示,在展示中,不仅是求职者的知识、能力、道德品质、心理素质,而且他(她)的社会交往能力、修养以及礼仪、礼貌等,都在很大程度上影响着面试官的判断,决定着其求职的成功与否。

一、求职应聘前的准备礼仪

(一) 心理准备

良好的心态是求职应聘过程中必不可少的心理准备。在求职面试的时候,求职者与主考官们要进行面对面的问答,首先必须做好充分的心理准备。

1. 客观地认识自己

在求职之前,应对自己有一个全面、客观的分析和认识,要明确自己的兴趣和专长,问问自己适合干什么,想干什么,人岗是否匹配,进而找出自己的就业目标。应避免理想主义,好高骛远;也不要盲目攀比,而是要根据自己的能力和意愿做出切合实际的选择,顺利走上职业岗位。例如,若是外语水平很高,自己又有兴趣在企业就业,可以考虑去外资企业求职;反之,则不要盲目地去外企应聘。总之,选择怎样的工作,要以是否有利于个人人力资本增值为标准。人生就如长跑,求职就像起跑点。

2. 树立自信心

俗话讲得好,"海阔凭鱼跃,天高任鸟飞","天生我才必有用"。面对求职,应聘者要充满自信,要保持良好的心态、饱满的精神和愉悦的心情。不管是初次求职还是再次求职,求职者都会有一些消极心理。例如,有的求职者对自己的能力评价太低,觉得自己什么都不会,生怕在别人面前出丑,不敢说也不敢动;有的求职者又过于自信,眼高手低,夸夸其谈,不着边际;还有的求职者心理负担过重,将求职应聘看得过重,导致心理极度紧张。其实,这都是没有必要的。在求职应聘之前,我们一定要摆正心态,克服自卑、胆怯的心理,树立自信心,不卑不亢,尽量发挥自己的优势,相信自己能够闯过难关,获得成功。

(二) 信息收集与资料准备

1. 信息收集

首先,求职者在应聘前应对就业市场信息进行收集和筛选,并对有效性进行分析。对收集到的求职信息,应按照行业性质、职业性质、工种、薪资的高低以及对所招聘人员的限定条件、职业素质要求进行筛选,根据自己的职业能力和意愿做出切合实际的选择。

其次，在确定所要应聘的单位后，应了解招聘单位的单位性质、发展规模、所属的集团或旗下的分公司、有关该公司或行业的重大事件、经营理念、产品信誉、工作条件及薪资待遇等，同时弄清招聘单位的用人需求、职位信息及应聘资格等。俗话说"知己知彼，百战不殆"，经过充分的调查研究和分析，真实准确地掌握应聘单位的基本资料，就可以做到有的放矢。求职者对用人单位了解得越多，心里就越有把握，同时也表明其对应聘单位的重视和求职的诚意。

2. 撰写求职信

求职信也称自荐信，是求职者向应聘单位进行自我介绍、自我推荐的一种实用文书，旨在向应聘单位介绍自己的基本情况、知识、能力、专业特长、兴趣爱好等综合素质，使应聘单位了解并对其产生兴趣，最终录用。

成功的求职信应符合以下要求：第一，主题突出（如将自己的优势具体化或业绩量化），文字简明，层次清晰，措辞得体，称呼得当，适度推销，切勿浮夸，杜绝错别字；第二，不提具体的薪资要求，不提与岗位无关的信息。

求职信的内容应包括：本人基本情况，所要申请的职位，胜任这一职位的条件，自己的优势和未来工作潜能，表达面谈的愿望和诚意，附上自己满意的照片，附件（个人简历和相关证书复印件）。

【例文1】

求职信

尊敬的领导：

  首先感谢您抽出时间来阅读我的求职信！

  我于2011年毕业于上海××大学的××专业，大学期间，坚持以学业为主、全面发展的原则，专业基础扎实，综合成绩排名前三名，每年都是学校"三好学生"奖学金的获得者，并获得"国家励志奖学金"。英语成绩尤为突出，大二时，以93分达到国家英语四级水平，并以90.5分通过六级考试，具有相当的口语和翻译能力，并自学了会计英语教程。此外，我还学习了公关礼仪知识教程。尽管成绩名列前茅，但我深知时代需要高素质的人才，所以，课余时间积极参加各种社会活动和知识竞赛，从事兼职和勤工俭学活动（详见简历），学以致用。在大学期间，我能处处严格要求自己，全面发展。

  我以"积极、乐观、严谨、务实"为人生信条，倘若有幸成为贵公司的一员，我将以自己的忠诚、努力和实际行动证明：您的选择是正确的！

  愿赐以面谈之荣！（诚盼回函或回电）

  此致

敬礼！

自荐人：××
联系电话：××××××××××

3. 制作简历

个人简历是求职者生活、学习、工作、经历以及以往成绩的综合概括，旨在使用人单位全面了解自己，进而为自己提供面试的机会。简单地讲，简历就是一份向用人单位推销自己的书面广告。个人简历一般作为求职信的附件,呈送给用人单位。

制作简历一般有两种格式可供选择:一种是按照年月日时间顺序列出自己的学习工作经历;另一种是根据需要有针对性地列出自己的学习、经历、优势。需要注意的是,简历中应重视实践环节,以便用人单位从应用型、有经验、动手能力强的角度认可并录用求职者。如果是应聘外资企业,还应准备相应的外文简历。

【例文2】

2011届毕业生个人简历				
姓　名		性　别		照片
出生日期		身体状况		
政治面貌		专业		
学　历		学　制		
联系电话		家庭电话		
E-mail				
学习经历				
专业核心课程				
获得技能证书				
专业实践活动				
自我介绍				
求职意向				

(三) 服饰准备

面试着装要符合求职者的身份,协调中体现人的气质与风度,稳重中透露人的可信赖程度,独特中彰显人的个性与品位。男士应显得干练大方,女士应显得庄重俏丽,给人以干练洒脱、有专业精神的印象。男士和女士在面试时都不宜穿着过分休闲的服饰,如T恤、牛仔裤、运动鞋,这样的穿着太过随意,与希望应聘成功的求职愿望不吻合,显得对求职这件事不够重视,是不受面试官欢迎的。女士在求职时不宜穿得过于招摇或性感暴露,以免给别人一种错误的信号,甚至惹来不必要的误解,对求职本身毫无益处。

不管是对于初次求职的大学生还是再次求职的人员,面试着装最重要的是得体和整洁。应根据自己的求职定位,自己的风格、习惯和所应聘企业的文化、企业对员工的要求等原则选择着装。

面试着装也不必千篇一律、千人一面,非要西装革履不可,可以根据自己的身份,结合求职的行业、单位的特点以及季节变化等因素,适当地加以变通。也就是说,面试着装同样要遵循"TPO"原则,即根据时间(Time)、地点(Place)、对象(Occasion)来选择合适的服装。例如,招聘单位的性质不同,对仪表服饰的要求也会有所变化:国家机关进行招聘,希望未来的公务员衣着端庄,体现稳健踏实的作风;公司企业(尤其是外企)则注重整体形象的漂亮、明快。职业装多强调服装与工作性质、场合的统一、协调。

目前,社会行业的特性大致可分为传统保守型(如银行、证券金融业、保险业、律师、会计师、政府单位等)、冲劲与耐力兼具型(如汽车经销商、房屋中介业等)、劳力与脑力并重型(如重工业制造业、运输业等)。此外,还有以创意为导向的流行类,如装潢设计公司、广告设计、服装设计公司等。

传统行业的从业人员,服装特质多趋向刻板保守。男性以深色西服、白衬衫搭配图案规则的领带为主;女性则以套装为主。流行类行业的从业人员,着装一般比较时尚,具有强烈的个人风格。

在应聘不同的行业时,可以参照该行业从业人员的着装风格,当然也不能照搬。例如,应聘银行、政府部门时,穿着应偏向传统正规;但像广告和出版这些比较有创意性的企业,招聘者则希望求职者穿得不那么正统,最好是款式新颖并能反映求职者个性的服装;而应聘公关、时尚杂志等,则可以适当地在服装上加些流行元素,但不要太突兀。

总之,服饰应大方得体、不俗不妖,能反映求职者的内涵、修养、审美品位。得体的服饰可以在考官眼中形成一道绚丽的风景,无形中增强个人的求职竞争能力。

二、求职应聘中的礼仪

(一) 守时

"宁早一刻钟,不晚一分钟",遵时守约是人际交往中极为重要的礼节。应聘者按约定时间提前片刻或准时到达,不仅可以熟悉一下环境,稳定紧张情绪,以最佳的精神面貌参加面试,而且体现了对面试的重视以及重诺守信的做人准则。

(二) 主动问候

进入面试房间,停住脚步站稳后,应聘者要向面试官主动问候。打招呼时,身体要正对面试官,头正肩平,背直胸挺,目光平视,面带微笑,表现出充分的自信和对面试的积极关注。应聘者应向面试官微笑致意,并说"你们好"之类的招呼语,努力在面试官与自己之间营造轻松和谐的面试氛围。

(三) 握手规范

一般而言,与面试官第一次正面交锋是从握手开始。握手是面试时很重要的一种肢体语言。面试官往往把握手作为衡量一个人是否专业、自信、有见识的重要依据。坚定自信的握手能给面试官带来好感,手与手的礼貌接触是建立第一印象的重要开始,有着举"手"轻重的地位,所以,一定要使自己的握手有感染力。专业化的握手能营造平等、彼此信任的和谐氛围,不少企业把握手作为考察一个应聘者是否专业、自信的依据。

(四) 举止得体

美国加州大学洛杉矶分校的一项研究表明,个人给他人留下的印象,7%取决于言辞,38%取决于音质,55%取决于非语言交流。由此可见非语言交流的重要性。在面试中,恰当使用非语言交流的技巧将带来事半功倍的效果。非语言交流的方式主要有手势语、目光语、面部语、服饰语等,指通过仪表、姿态、神情、动作来传递信息。在交谈中,非语言交流往往起着有声语言无法比拟的效果,是职业形象的更高境界。形体语言对面试成败尤为关键,有时一个眼神或者手势都会影响面试的整体评分。例如,面部表情的自然微笑,会体现一个人的乐观、豁达、自信。从心理学的角度来看,一个人的言谈举止反映了他(她)的内在修养。不同类型的人,会表现出不一样的行为习惯;而不同公司、不同部门和岗位,也就在面试中通过对求职者言谈举止的观察,来了解他们的内在修养、内在气质,并以此来确定其是否是自己需要的合适人选。所以,面试时应注意以下细节。

1. 坐姿端正

进入面试室后,在没有听到"请坐"之前,不要贸然坐下,应等面试官说"请坐"时才可按指定的位置就座,并道声"谢谢"。坐姿要端正,良好的坐姿是给面试官留下好印象的关键要素之一。坐椅子时适宜坐满2/3,上身挺直,从而给面试官精神饱满的感觉;同时保持轻松自如的姿势,身体要略向前倾。不要弓着腰,也不要把腰挺得很直,以免给人留下呆板的印象;应很自然地将腰伸直,并拢双膝,把手自然地放于膝上。有两种坐姿应当避免:一是紧贴着椅背坐,显得太放松;二是只坐在椅边,显得过于紧张。这两种坐法,都不利于面试的进行。坐姿要表现出精力和热忱,松懈的姿势会让人感觉应聘者疲惫不堪或漫不经心。面试时切忌跷二郎腿并不停抖动,两臂不要交叉在胸前,更不能把手放在邻座椅背上,或加些玩笔、摸头、伸舌头等小动作,以免给别人一种轻浮傲慢、有失庄重的印象。

2. 眼神真诚

眼睛是心灵的窗户,恰当的眼神能体现出智慧、自信以及对公司的向往和热情。面试时,对面试官应全神贯注,目光始终聚焦在面试人员身上,在不言之中展现出自信及对对方的尊重。正确的眼神表达应当是:礼貌地正视对方,注视的部位最好是考官的鼻眼三角区(社交区);目光平和而有神,专注而不呆板;如果有几个面试官在场,说话的时候要适当用目光扫视一下其他人,以示尊重;回答问题前,可以把视线投在对方背面墙上,思考两三秒钟;开口回答问题时,应把视线收回来。面试中切忌目光游离不定,躲避闪烁,这往往是缺乏自信的表现。

3. 微笑自然

面试时要面带微笑,亲切和蔼,谦虚坦诚,有问必答。这既是自信的表现,又可以消除紧张情绪。面带微笑会增进与面试官的沟通,提升个人的外在形象,改善与面试官的关系。聆听对方说话时,要通过适时点头等肢体语言来回应,表示自己听明白了,或正在认真听;切忌笑容过于僵硬,要体现自然和真诚。表情呆板、大大咧咧、扭扭捏捏、矫揉造作,都是不适宜的。

4. 手势恰当

在回答考官问题时,可适当配合一些手势讲解,但不要频繁耸肩或手舞足蹈。有些求职者由于过分紧张,双手不知道该放哪儿;而有些人又过于兴奋,在侃侃而谈时舞动双手,这些都不可取。应避免有太多小动作,这是不成熟的表现。面对较难回答的问题时,切忌抓耳挠腮或用手捂嘴说话,这样显得紧张,不专心交谈。去外企参加面试时,应事先了解中外手势的不同含义,以免造成不必要的麻烦和误解。

(五) 介绍准确

如果说外在形象是面试的第一张名片,那么语言就是第二张名片,它客观反映了一个人的文化素质和内涵修养。谦虚、诚恳、自然、亲和、自信的谈话态度会让面试官对应聘者产生良好的印象。面试官一般比较欣赏谈吐优雅、表达清晰、逻辑性强的职位应试者。面试时,应对所提出的问题对答如流，恰到好处，耐人寻味，同时又不夸夸其谈，夸大其词。因此，面对面试官进行自我介绍时，应把握以下细节。

（1）要突出自己的优点和特长，并要有相当的可信度。特别是具有实践工作经验的求职者，要突出自己在某方面的优势，最好是通过自己曾经做过什么项目、获得什么成绩这样的方式来叙述一下；语言要简洁、概括、有力，不要拖泥带水，主次不分。重复的语言虽然有强调的作用，但也可能使面试官产生厌烦情绪，因此重申的内容必须是浓缩的精华，要突出应聘者与众不同的个性和优势，从而给面试官留下难忘的印象。

（2）要展示个性，使自己形象鲜明，可以适当引用别人的言论，如以前的同事、老师、朋友等的评价来支持自己的观点。

（3）坚持以事实说话，少用虚词、感叹词之类。

（4）要符合常规，介绍的内容和层次应合理、有序地展开。要注意语言逻辑，介绍时应层次分明、重点突出，使自己的优势很自然地逐步显露。

（5）尽量不要用简称、方言、土语和口头语，以免对方难以理解。当不能回答某一问题时，要如实告知对方，应避免含糊其辞和模棱两可的回答。

三、求职应聘后的礼仪

（一）礼貌告别

面试结束后，应起身离座，把刚才就座的椅子摆正，与面试官以规范的握手方式礼貌告别。此时可趁机再次表白，如"谢谢，请多关照""非常感谢贵公司为我提供面试机会""如能有幸成为贵公司一员，我将全力以赴努力工作"，以体现自己的礼貌和对应聘岗位的兴趣。然后，拿好随带物品，走到面试房间门口，回身鞠躬行礼，再次说"谢谢您，再见"，退出面试室，把门轻轻关上。需要注意的是，告别语言要真诚、自然、发自内心，才能让面试官产生好感和"回味"。这样既保持了与应聘单位主管的友好关系，又表现出自己良好的人际关系能力，以便在用人单位最后确定人选时增加自己被录用的砝码。

（二）及时感谢

应聘应善始善终，面试结束并非意味着求职过程的结束，更不代表可以静待录用通知的到来。很多求职者重视面试前的礼仪细节，却往往忽视面试后的工作，给人做事有头无尾的感觉。因为面试官对求职者的记忆是短暂的，所以，通过感谢信来加深面试官对个人的印象是非常有必要的。感谢信可以是电子邮件形式，也可以是书面形式。如果面试前是通过电子邮件形式与招聘单位联系的话，在面试结束后24小时内可以发一封电子感谢信，感谢招聘单位提供的面试机会，这样既方便又得体。

如果招聘单位是非常传统的企业，那么书面感谢信则是比较好的选择。在书写感谢信时应注意：

（1）写给具体负责人收启，不应写"某部门负责人收"，感谢信的开头应写清自己的姓名、基本情况、面试的时间，并对面试官表示感谢；

（2）重申自己对该公司、该岗位的兴趣；

（3）再次表示对获得这个岗位成为公司一员的迫切心情，以及希望为公司的发展做出贡献的决心。

(三) 礼貌询问

面试结束后,在招聘单位许诺的答复期限到来时,如果还没有收到招聘单位的回复,可以打电话给招聘单位或面试官,礼貌询问面试的结果,其目的有三。

(1) 提醒招聘单位,自己对该企业及招聘岗位很感兴趣。

(2) 如果面试官对录用人选难以确定时,适时地礼貌询问可能会增加被录用的机会。

(3) 通过对面试官答复的分析,进一步修订自己的求职方向和目标,为下一次面试能有更好的表现做准备。

求职面试礼仪清单

1. 求职面试前的礼仪

(1) 头发干净清爽,无异味,如需染发应注意颜色与发型要大方得体,符合身份。

(2) 服饰大方整洁合身,男女皆以时尚大方的套服为宜。

(3) 面试前一天修剪指甲,女士忌留长指甲和涂抹艳丽指甲油。

(4) 不宜佩戴夸张的、标新立异的装饰物。

(5) 选择平时习惯穿的皮鞋,出门前一定要擦拭干净。

2. 求职面试过程的礼仪

(1) 进入面试室应先礼貌敲门。

(2) 待人态度从容,有礼貌。

(3) 目光平视,面带微笑。

(4) 说话清晰,音量适中。

(5) 神情专注,切忌边说话边整理头发。

(6) 手势不宜过多,需要适度配合。

(7) 进入面谈室前,应缓和稳定紧张的情绪。

3. 求职面试结束时的礼仪

(1) 礼貌地与面试官握手并言谢。

(2) 轻声起立并将座椅推至原位置。

(3) 出公司大门时对接待人员表示感谢。

(4) 24 小时之内发出书面感谢信。

第十一章 商务服务礼仪

商务服务是指在商业事务和商业服务工作中,工作人员遵照被服务方的意思和要求,为满足被服务方需要而提供相应满意活动的过程。服务过程中包括两方:一方是服务方,一方是被服务方。服务方是根据被服务方的意愿提供服务活动的一方,在服务过程中处于被支配地位;被服务方是提出服务要求并需要服务方满足的一方,在服务过程中处于支配地位。

商务服务礼仪则是指商业服务人员在自己的工作岗位上应当严格遵守的行为规范,也就是商业服务人员在工作岗位上,通过言谈、举止、行为等,对服务对象表示尊重和友好的行为规范和惯例。简单地讲,商务服务礼仪就是商业服务人员在工作场合使用的礼仪规范和工作艺术,其行为规范主要包括服务人员在服务过程中所应具备的仪容仪表和言谈举止。

一、商场服务礼仪

商场,是商品零售企业进行商品买卖的场所。顾客在商场购物时,不仅需要得到购物方面的便利,同时体验人际关系,希望得到人格的尊重,即被当成"上帝"尊重的精神愉悦。所谓商场礼仪,是指商场的员工在接待顾客、满足顾客选购商品的过程中,对自身的言行举止进行礼貌的规范工作,以达到尊重顾客、礼貌交易的一系列文明优质服务的礼仪规范,它是商业竞争的重要手段。

顾客走进商场时,不仅希望买到称心的商品,同时还希望能享受到良好的购物环境,得到满意的服务。而服务礼仪能够使顾客在购物的过程中,不仅得到物质上的满足,而且得到心理上、精神上的满足,从而在无形中增加商品的价值,使企业的经济效益得以提高。因此,服务礼仪是企业的无形财富,能够发挥"硬件"所起不到的作用。

商场的柜台,是商业服务人员为顾客服务的重要场所,也是最能体现服务礼仪质量的重要窗口。

一般来讲,商场服务员为顾客提供服务的过程,大体可以分为四个阶段:准备阶段、迎接顾客阶段、接待顾客阶段、恭送顾客阶段。在每个阶段,服务员都要注重礼仪,为顾客提供满意的服务。

(一) 营业前的准备阶段

服务员在迎接顾客时,首先要做好营业前的准备工作。

1. 环境卫生准备

在顾客到来之前,服务员要提前到达工作现场,清扫环境卫生。货架、柜台、地面都要保持清洁,商品陈列应整齐、有序、美观。服务员不仅要保证购物环境的清洁,还要保证商品包装及商品本身的整洁,从而给顾客一个整洁舒心的购物环境。

即使此时没有顾客光临,服务员的心里也要想着顾客,时刻提醒自己注意是否有顾客到来。一旦顾客到来,就应立即停止手中的活,热情接待。

2. 营业用具准备

服务员要准备好各种工作的用具,如尺、计算器、发票、笔等。例如,经营食品的柜台,不仅要求服务员戴口罩,穿制服,而且还要准备食品夹,为顾客夹取食品,绝不能用手去抓食品。

3. 仪容仪表准备

服务员要整理好个人仪容、仪表,精神饱满地等待顾客的到来。服务员在第一线工作,每天都要接待许多顾客,其仪表举止不仅关系到个人的形象,更代表着所在企业的整体形象。服务员仪表得体,首先要求服装整洁、大方、合体。有条件的企业应采用统一的制服,一方面有利于员工增强自信心和责任心,另一方面也便于顾客辨认,给人一种整齐有序的感觉。其次应佩戴好工牌,女服务员要淡妆上岗,不要浓妆艳抹。对于顾客来讲,服务员的风度、修养比漂亮更重要。

4. 物品陈列准备

服务员要注意陈列好商品,方便顾客挑选与购买。商品的摆放要分门别类,突出重点。对畅销或交易频繁的商品,或流行的商品,应尽可能地摆放在顾客易拿、宜选的地方,陈列在服务人员的周围,上下左右在60厘米左右之间,以便加速售货速度。

5. 价码价签准备

明码标价,保证货真价实。质量是产品或服务进入市场的通行证,只有质量有保证,才能在市场上赢得竞争力。所以,商品的价钱标注一定要明确,符合价值标准及市场规律。不要利用欺诈的手段哄抬物价、欺骗顾客,侵犯消费者的合法权益。

(二) 迎接顾客的礼仪

俗话说:"来有迎声。"为表示对顾客的尊重和友好,服务员应时刻做好顾客光临时的第一声问候,做到顾客到、微笑到、问候到。具体规范是:服务员首先要以标准的姿势站立,双手自然地叠放于小腹或交叉于背后,双腿端正站立,面带微笑,表情自然地耐心等候顾客;当顾客走近时,表示出观看或浏览商品停留之时,服务员要主动亲切问候:"您好,我能为您做些什么?"或问候一句:"您好,欢迎光临。""您好,您需要点儿什么?"切忌在客人浏览商品时摆出一副懒散的面孔或是眼直勾勾地盯着顾客;也不能与同事聊天,冷落客人,或一边与他人说笑一边接待客人;更不可以对顾客不理不睬,目中无人。

(三) 接待顾客的礼仪

接待顾客是整个服务过程的关键环节。在这一环节,服务员应注重服务礼仪,讲究服务技巧,尽可能达到顾客满意;即使不成交,也要使顾客产生被重视的愉悦感。

1. 礼貌待客、规范服务

服务员在接待顾客时,要重视每一位光临的顾客,不能厚此薄彼。

(1) 要对顾客一视同仁。服务员在接待顾客时要不以年龄、性别、服饰、相貌、地域取人,要平等对待。例如,对于穿着普通的顾客,服务员要同样做到热情接待、亲切问候。切忌"以貌取人",对客人不理不睬;或面露轻蔑的神色,用异样的目光去上下打量顾客;更不要在服务顾客时厚此薄彼。服务员应对每一位光临商场的顾客都平等对待,不要挑剔顾客,要运用微笑服务于每一位光临的顾客。

能否微笑服务,一方面体现了一个服务员是否爱岗敬业的外在精神风貌,另一个方面也体现了一个商场的管理、服务水平乃至整个商场的形象和文化。

微笑作为一种体态语言,有时比有声语言更能表达友好的目的。如果服务员对于来到商场的每一位顾客都能笑脸相迎、热情接待,则顾客对此必有良好的反应,也会更加信任服务员。在这种情况下,顾客也就比较容易接受服务员的建议。可以说,微笑是愉快交往和顺利成交的前提条件。

微笑服务会向顾客传递商场的良好形象。迈进商场的大门之际,最能使顾客直接感觉到满意的就是服务员自然、充满诚意的笑容,这无形中缩短了彼此间的距离。在激烈的竞争中,在同等条件下要争取和留住顾客,就要用诚意来打动他们,而微笑服务作为一种礼仪方式,已经被证明是非常重要和有效的沟通方式之一,正在参与为企业创造经济效益。所以,顾客到商场里来,就是商场的客人;无论买与不买,服务员都要以礼相待、热情服务,而不能对顾客态度冷淡、言语生硬,甚至顶撞顾客。

(2) 要"接一、顾二、招呼三"。当客人较多时,服务员一定要按先后依次接待,做到"接一、顾二、招呼三",即手上接待第一位顾客,眼睛照顾第二位顾客,嘴里招呼第三位顾客,对其他顾客要微笑点头示意,并说:"对不起,请稍等一会好吗?"接待久等的顾客时要先致歉,如"真对不起,让您久等了",然后才为其服务。

(3) 应优化接待方式。服务员的赞美不应只是赞美商品,而是要赞美所接待的顾客。人人都喜欢被赞美,这是人的一种天性。因此,服务员在向顾客提供具体服务的同时,要善于发现对方的优点,并及时、恰到好处地对其表示欣赏、肯定。这样做的好处是可以争取顾客的合作,从而使服务员和顾客彼此双方在整个服务过程中能够和睦友善地相处。所以,服务员一定要学会赞美别人,而且只有对不同的对象从不同的角度给予赞美才能取得良好的效果。但是,如果服务员对顾客的赞美充斥于整个服务过程中,则不但会使顾客不自在,而且也会使赞美本身贬值,失去其实际意义。因此,赞美要讲究艺术,要注意分寸,适可而止。此外,服务员还必须清楚,真正的赞美是建立在实事求是的基础之上的,是对别人优点的一种客观的认可与肯定,而不应是无中生有或夸大其词地恭维与奉承,否则就会背离"诚实守信"的服务宗旨,让顾客感觉是在蒙人、骗人,从而让对方感到反感,进而失去一位好顾客,严重时会对商场的形象造成不好的影响,这对商场的发展是非常不利的。所以,赞美要实事求是,要真诚,要恰到好处,让顾客充分感觉到诚意。

此外,服务员要注意服务语言的技巧。俗话说:"话有三说,巧者为妙。"一名优秀的柜台服务员在为顾客提供服务的过程中,要懂得讲究语言艺术,努力使自己表达的意思完整准确,不可出现歧义,避免不必要的误会。对不同的顾客要使用不同的措辞,尽量做到准确、规范。例如,给顾客包扎东西,应说"我给您包起来"而不是"我给您捆一下"。同时,语言应尽量委婉,并恰当地运用褒语,从而解决各种难题,顺利地促成交易。服务员在服务过程中应做到"六不讲",即低级庸俗话不讲,生硬唐突话不讲,讽刺挖苦话不讲,有损顾客人格话不讲,伤害顾客自尊的话不讲,期满哄骗顾客的话不讲。

2. 实事求是,为顾客当好参谋

顾客是商场的衣食父母。服务员要深刻认识到每位顾客都是"上帝",没有顾客,商场就无立足之本,而服务员更无存身之地。

(1) 服务员为顾客服务时,要站在顾客的角度,为其利益着想,当好导购。

当向顾客介绍商品时,服务员要简洁明了地表达,实事求是,有一说一,切忌欺瞒顾客。遇到比较急躁或者提问题较多的顾客时,服务员一定要有耐心,要为顾客解释清楚每一个问题,不要支支吾吾,或说不清楚、不知道、不了解等话语,给顾客一种不信任的感觉。

为顾客导购时,有两种情况。一是主动导购,指当服务员发现顾客有导购需要时,在征得对方同意后为其服务的一种方式;另一种是应邀导购,是指顾客主动需要服务员的帮助而由服务员为其服务的一种方式。应邀导购多适用于顾客较多时,具有针对性强、易于双向沟通等优点。

一般来说,商场的金牌导购应具有如下礼仪素质:整洁的仪容仪表;真诚自然的微笑;饱满的工作热情;良好的人际关系,高尚的人格品质;爱岗敬业,业务熟练;积极好学,有创新能力;沟通能力强,有随机处理事件的能力。

(2) 为顾客当参谋时,要以顾客的喜好、审美为前提,礼貌地征求顾客的意见,做到点到为止,如"您看这件怎么样"。切忌进行过度的产品推介,如商品是否时尚、价格是否公道,顾客对此是心明眼亮的,过度的推介反而会使顾客产生反感。

同时注意不要使顾客勉为其难,更不要将自己的兴趣、爱好强加于顾客。如"我看这件衣服很好,您就买了吧,否则,过了这村就没这店了",给人一种强买强卖的感觉,使顾客产生反感,对商场和服务员留下不好的印象。

(3) 服务员在为顾客介绍商品时,要运用全面的商品知识,介绍到位,因为有时服务员给出的专业性建议能大大增强顾客的购买信心和欲望。

一般来说,影响顾客购买商品的因素通常有五个,即诚实服务、信誉服务、情感服务、形象服务、价值服务。

(1) 服务员要诚信服务。在现代社会里,服务员的诚实与否是深受顾客重视的。爱屋及乌,如果服务员的服务态度不真诚,顾客也会认为商场的商品质量也不会怎样;如果对顾客诚实无欺,则必为顾客所信任,使之更加放心地进行交易,甚至会成为"商场常客"。

(2) 服务员要讲信誉服务。这主要是要求服务员在为顾客服务时,必须遵诺守信,说到做到,说话算数,实事求是地对待顾客。

(3) 服务员要运用情感服务。服务员应以情感服务来感动顾客,满足顾客的心理需要。

(4) 服务员要注意形象服务。以形象服务,就是要求服务员面对顾客时,要树立良好的个人整体形象。

(5) 服务员要以价值服务影响顾客。一方面,要注重商品、服务的价值;另一方面,要注重价格。商品的价格是价值的表现形式,要运用合理的价格来影响顾客的购买欲望。

此外,服务员还要学会运用"FABE"的服务方式,其中,"F"指商品的特征,"A"指商品的优点,"B"指顾客的利益,"E"指可资证明的证据。这就要求服务员要懂得商品的有关专业知识和服务技能,从而使顾客放心购买,同时树立了商场优质服务的形象。

3. 有问必答,百问不厌

(1) 服务员在服务时,既是销售人员,又是顾客的咨询人员。所以,对于顾客提出的问题,服务员要认真解答,不能模棱两可,更不能充耳不闻。在回答顾客的问题时,要简洁明了。无论顾客提出什么样的问题,服务员都要礼貌地予以答复,不能露出厌烦或不屑一顾的表情,更不能用"别乱动,你赔得起吗"或"买不起,就别浪费时间"等服务忌语来讽刺、挖苦顾客。

(2) 服务员给顾客递送商品时服务动作要迅速敏捷,符合规范。当顾客指出所要商品时,应迅速取出并礼貌地递到顾客手中,并说:"这是您要的商品,请核对。"同时耐心等待客人的回应,不要扔、抛商品,给顾客一种不被尊重的感觉,从而引起误会。当顾客反复挑选商品时,服务员要耐心服务,不要表现出厌烦情绪或厌烦的话语,应说:"没关系,如果不满意我再给您换一件。"直到顾客满意为止。如果顾客选不到满意的商品,应说:"非常抱歉,欢迎下次光顾。"

4. 善解人意,"零干扰"

服务员要采用"零干扰"式服务,即服务员对顾客既表现得热情、周到、体贴、友善,同时又能够善解人意,给顾客充分的自由,不使顾客在享受服务的过程中,受到服务员无意的打扰、骚扰或者影响。这就要求服务员要善于观察,例如,对刚刚进门、神态悠闲的客人不要直接征询,紧紧地追问客人"您想买点什么"或"这个怎么样"等干扰性话语,让未定主意的顾客为难或产生反感的情绪。有些服务员甚至未经顾客要求,便一厢情愿地将自己正在销售的商品硬塞到顾客手中,请对方"看一下""试一试"。实际上,这是一种强加于人的不负责任的表现。此时应给顾客充分的时间慢慢观察和欣赏,从而确定是否有需要购买的商品。

对于正在选购商品的顾客,服务员不要瞪大眼睛有意识地盯着对方,制造紧张气氛;也不要亦步亦趋,紧跟顾客其后,像看贼一样。总之,不要热情过度,以免引起顾客的反感情绪。

5. 唱收唱付,礼貌递交钱款

对于购完商品来收银台结账的顾客,收银员接过钱时,要唱收唱付。例如要说:"您好,收您100元,找您20元。"如果一时无法找给顾客零钱,要以"困难留给自己,方便让给顾客"的原则处理问题,切不可说一句"找不开",便把难题推给顾客,或拒收零钱,让顾客得不到应有的尊重。

收款时如果发现假币,应向客人和蔼说明,不要斥责客人,或与其发生争吵。如果客人的要求非常苛刻,服务员同样要感谢顾客的建议与批评。顾客在选购商品的过程中,可能因某种原因,在计价收款后临时反悔,服务员要一如初始,尊重顾客的意愿,在不违背商场规章的前提下,尽量方便和满足顾客要求。

(四) 恭送顾客的礼仪

如果说"来有迎声"是对光临商场的顾客的温馨问候,那么"去有送声"则是对惠顾商场顾客的诚意感谢。对此,服务员一定要做到善始善终。当顾客离开柜台时,不管其是否购物,服务员都应点头致意,微笑送别,并致道别语,如"欢迎您下次再来""谢谢您的惠顾""您慢走""请您走好"等。

对于临近下班前光临商场的顾客,服务员也要耐心接待,不可流露出不耐烦的"逐客"之意,更不应做出关灯、拉帘、理货、对账等明显地"逐客"行为。

二、酒店服务礼仪

酒店,又叫饭店,是指规模较大、设备较好、档次较高的旨在为客户提供饮食起居、娱乐及购物等综合服务的场所。酒店服务具体包括前厅服务、客房服务和餐厅相关服务。

(一)前厅服务礼仪

前厅即前台,它担负着协调酒店所有对客人服务部门的重任。前厅服务人员是客人进住酒店最先接触到的酒店服务人员。客人对酒店形成的第一印象和最终印象往往就是通过前厅这一部门服务人员所提供的服务形成的。前厅的职责很多,这里主要介绍一下前厅在对客服务中最重要的几个环节所应具备的礼仪服务。

1. 迎宾员礼仪

(1)迎宾员的着装与仪态。

迎宾服务是酒店服务的第一个环节,迎宾员是酒店的"脸面"。迎宾员的举止谈吐、仪表着装、服务态度等影响客人对酒店的第一印象,体现酒店全体员工的精神面貌,代表酒店的整体管理水平和服务水平。因此,迎宾员的着装与仪态应具备以下要求。

① 迎宾员工作时要着淡妆,体现出端庄大方、气质高雅的良好形象。切忌男迎宾员衣冠不整、蓬头垢面,女迎宾员浓妆艳抹、着装怪异,引客人侧目。

② 迎宾员在工作时应统一着装,规范、整洁。

③ 迎宾员要仪态优雅大方,站立要挺直,不要含胸、驼背、双手叉腰、倚靠他物;女迎宾员走路时应飘逸、轻盈;男迎宾走路时应稳重、雄健,表情自然友善,面带微笑。

(2)对步行而至的宾客的迎接礼仪。

宾客到来时,迎宾员要用心运用"接一、顾二、招呼三"的服务规范。首先,迎宾员要主动上前亲切地问候。例如,对初次入住的客人应热情致意:"您好,欢迎光临×××酒店";对常住客人更应礼貌问候:"您回来了,请进。"其次,迎宾员要运用标准的手势为客人进行服务。例如,用手示意客人进入酒店,对非自动门或旋转门则要为客人打开正门。又如,客人的行李较多时,迎宾员应立即招呼行李员帮忙为客人搬运行李,并注意轻拿轻放;凡遇老、弱、病、残、孕、幼的客人,应经客人允许后进行搀扶,倍加关心,切不可袖手旁观,不理睬客人的到来,甚至给客人白眼,冷漠对待客人。

(3)对乘车宾客的迎接礼仪。

当宾客乘坐的车辆停在酒店正门时,迎宾员应主动走向前微笑致意,用敬语向客人打招呼,并帮助客人开启车门,迎接客人下车。一般应先开启右侧车门,并用手挡住车门上方,以免客人碰头。但应当注意,凡是信仰佛教、伊斯兰教的客人,因教规、习俗原因,不能为其护顶。判断这两类客人的依据,主要是靠观察客人的着装、言行举止、外貌以及日常积累的工作经验等。如果一时难以判断,则可将手抬起而不护顶,但应做好防范的准备。对老、幼、病、残及女客人下车,征得同意后可予以必要的扶助,上下台阶时应注意提醒并适当搀扶。如遇雨天,还要为客人主动打伞,以防客人被雨淋湿。

(4)对团体宾客到来时的迎接礼仪。

对入住酒店的团体宾客,迎宾员更要注意工作的礼仪规范。接待团体宾客时,应连续向宾客面带微笑地点头致意并躬身施礼。应使每一位宾客都能听到问候语,问候时要目光注视宾客,不得东张西望或注意力不集中。如遇宾客点头致意,要及时鞠躬还礼。

(5) 对离店宾客的送别礼仪。

客人离店时,迎宾员首先应主动上前问候,并提醒客人将个人物品携带好,不要遗漏。

其次,经客人允许为其叫车,车停稳后替客人打开车门并请客人上车。如果客人有行李,则应主动协助行李员把行李装到车上,并核对行李件数。待客人事毕上车坐好后再关车门,关车门时不可用力过猛,并防止夹住客人的手脚。车辆开动时,迎宾员应躬身立正,站在车的斜前方约1米处,上身前倾15°,双眼平视客人,举手致意并致道别敬语,如"再见、祝您一路平安""谢谢您的光临""欢迎您再来"等。

2. 行李员礼仪

行李员按站立服务的规范要求,立于大厅中便于看到客人的位置。客人抵店时,行李员首先应向客人微笑点头致意以示欢迎,然后帮客人小心卸下行李,清点行李件数并检查有无破损,请客人核实。随后,行李员应引导、协助客人办理相关入住手续。客人在总台办理手续时,行李员应站立于客人身后约1.5米处,看管行李并随时听候吩咐。待客人办妥手续后,行李员引领客人到所住房间。注意,行李员在引领客人去房间时,要走在离客人两三步远的斜前方;遇拐弯时,应慢步侧身回头微笑示意,并提醒客人。

(1) 引领客人进出电梯的礼仪。

乘电梯时,行李员要注意位次礼仪。首先,行李员应一手按住电梯门,请客人先进入。其次,进电梯后行李员应靠近控制台站立,并操纵电梯。最后,出电梯时,要让客人先行走出。切忌与客人抢行、拥挤客人,使客人发生危险。

(2) 引领客人进房间的礼仪。

进房间前,首先,行李员应请客人稍候,然后先按门铃,再敲门,房内无人再用钥匙开门。其次,开门后打开灯的总开关,并将钥匙交还客人,请客人先进入,然后按客人吩咐把行李放好。切记对行李要轻拿轻放,不得摔、碰,行李要请客人清点确认,以免出现差错。最后,简单向客人介绍房间的设施设备和正确的使用方法。服务完毕后应征询客人是否还有其他吩咐,如没有,则向客人告别,祝客人愉快,退出房间,轻关房门。

(3) 送别客人离店时的礼仪。

送客人离店时,行李员应提醒客人交回房间钥匙,并再次请客人清点核实行李件数,然后将其装上车。最后向客人道谢,并祝客人旅途愉快。

3. 总台服务礼仪

总台是酒店的中枢,起着对内协调、对外联络的重要作用。总台服务质量得好坏在很大程度上影响客人对酒店的满意程度,为此,总台服务员在工作中应做好以下几方面的礼仪服务。

(1) 接待问讯的礼仪。

酒店总台服务员在服务岗位上要做到耐心、准确。首先,在服务时要按规范的站姿站立服务,着装整洁,精神饱满,举止大方,彬彬有礼。其次,当客人到达总台时,服务员应当放下手头工作,热情接待来宾;如果特别忙碌,应请客人稍候,并致歉。

(2) 答复问讯的礼仪。

对于客人提出的各种问题,酒店总台服务员要全神贯注地倾听并耐心回答,要做到百问不厌、口齿清楚、用词恰当、简明扼要;对自己不确定的问题,不可不懂装懂,切忌用"也许"

"大概""可能""差不多"等模糊语言应付客人,应向客人表示歉意后迅速查阅相关资料或向他人请教,政策性的问题向主管领导请示,然后答复客人;当客人犹豫不决时,服务员可应客人要求,热心为其提供信息,当好参谋,但应注意只能当参谋,不应参与决策,更不能干涉客人的私人生活。

(3) 接待住宿的礼仪。

首先,服务员对每一位来店宾客都要热情问候,如"您好,欢迎光临""您好,请问您预定过房间吗"等。其次,为客人办理入住手续时,应做到准确、耐心、快捷。核对客人证件时,应"请"字当头,"谢"字收尾。例如,向客人询问时,应用"对不起,请问……",同时态度要温和且有礼貌;如需让客人登记或办理其他手续时,应用"麻烦您,请您……";当需要打断客人的谈话时,应用"不好意思,打扰一下……",并注意语气和缓,音量要轻。对客人所提供的帮助和支持,均应表示感谢,如"谢谢"或"非常感谢"。无论客人等候时间长短,均应向客人表示歉意,如"让您久等了",并双手递还客人证件并予以感谢。最后,服务员将钥匙递给客人时,态度要热情,并伴以简单的礼貌用语。切忌将钥匙不作声地扔给客人。

此外,服务员在接受房间预定时应详细询问客人抵、离店的日期、时间、所需房间数量及种类,对楼层朝向的具体要求,并向客人说明不同房型的价格及收费方式,团队订房的优惠办法,以及确认、修改、取消预定的方法。对宾客的要求要尽量满足,如无法满足则应致歉并提出可行的建议。切忌以"不行"或"没有"回绝客人。

(4) 处理客人投诉时的礼仪。

对待客人投诉,总台服务员尤其要慎重对待,不要因此影响酒店的形象。

首先,服务员应保持冷静,以谦虚的态度感染客人。当客人来总服务台投诉时,应起身热情接待,请客人就座;如果客人执意不坐,接待人员也不要坐。

其次,精力集中,耐心倾听,并适时给予安慰。对客人的投诉要以慎重、富有同情心的态度仔细倾听,对投诉所反映的问题要仔细询问,当面记录,以示郑重。

再次,合理解决投诉问题,尽量让客人满意。必要时可以找相关负责人出面解决,以示对客人的尊重。如果当场能够解决的,就不要含糊其辞或有意拖延。应在自己的职权范围内,提供解决问题的有效办法,供客人选择。如果一时难以解决或超越了自己的职权范围,也不要扯皮推诿,应向客人说明情况,取得客人的谅解,同时采取积极的措施,向主管汇报或通知有关部门及时予以解决。总之,在对客人的任何意见和投诉,均应采取积极的态度,给予明确合理的答复。对客人提出的善意批评、合理建议和可以理解的投诉应表示诚意的感谢。

无论何种原因,都不应和客人争执,应做到原则问题不放弃立场,但同时注意语言的艺术性,尽量维护客人的自尊,并且要维护酒店的形象和声誉。

(5) 电话总机服务礼仪。

总台电话总机服务员是酒店的窗口人员,因此一定要注意接打电话的行为礼仪。美国一家最大的电话公司——贝尔电话公司就要求自己的总机话务员要"带着微笑的声音去接电话",同时,服务员还应具备非常强的责任感,爱岗敬业、业务熟练,能为客人提供热情、快捷、高效地服务。

第一,凡有来电,应在铃响三声之内接洽。

第二,服务员应用语文明规范,吐字清晰,语言亲切,音量适中。

第三,要注意聆听客人讲话,不可随意打断对方,重要话语应加以重复、附和,并做出积极反馈。

第四,对语言表达不畅的客人要有耐心。

第五,对待客人留言应主动及时做好记录;对于来电查询的客人,应热情相待;对于拨错号的客人,同样应以礼相待,而不应恶语相加;对于接转电话应准确无误。

(二)客房服务礼仪

酒店的客房部是以出租房间并提供劳务的方式给客人住宿的场所提供服务。客房是客人在酒店里停留时间最长的地方,故应使客人有"宾至如归"的感觉,使客人处处感到安全、舒适、清洁、安静。把客房建成"客人的家"一直是各大酒店追求的目标。能否把客房建的像家一样,在酒店中有着重要作用。因为客房部的服务与管理将直接影响酒店的运行与管理。

客房服务是酒店服务质量的重要标志。纽约广场饭店的总经理曾说:"影响客人是否再次光临酒店的第一因素就是该酒店的清洁卫生状况。客人在酒店的主要生活区域是客房,客房服务工作得好坏、服务质量得高低将直接影响客人对酒店的总体评价和看法。"所以,客房卫生应做到"六无",即无虫害、无灰尘、无碎屑、无水迹、无锈蚀、无异味。

1. 迎客前的准备工作

这是客房服务的第一个环节,是为其他几个环节的顺利进行准备物质条件的基础环节。迎客前的准备工作主要包括以下几个内容。

(1)了解客人情况。

了解客人情况是正确地进行准备工作的依据。客房部在接到前厅总台的客人开房通知单后,应尽可能地了解客人的有关情况,如人数、性别、年龄、国籍、身份、到店时间、离店时间、收费办法、风俗习惯、宗教信仰、日程安排等。

(2)整理房间。

客房部应根据接待规格、客人的生活特点,对客房进行针对性的布置整理,调整房内设备设施,配齐房内各种用品。

(3)检查设备设施和用品。

完成房间的整理布置后,要再进行一次细致的检查,查看房内电器设备是否正常运行;房内设施是否完好;家具是否完好无损;物品是否补充齐全并按规定位置摆放;卫生是否达到标准等。

2. 迎接礼仪

服务员在做好各项准备工作后要注意对自身的仪容仪表进行整理,以饱满端庄的精神面貌迎接客人的到来。

(1)梯口迎宾。

对于一般客人,服务员可以不出服务台,待客人到达楼层服务台时,再面带微笑,主动向客人问候并致欢迎词:"您好,欢迎您入住×××酒店。"之后,服务员引领客人到房间,对老、弱、病、残、孕、幼等宾客应主动予以关心帮助。

(2)端茶送巾,介绍情况。

客人进入房间后,服务员应及时送上茶水、香巾或时令水果,同时向客人作自我介绍,并表示"很高兴为您服务"。经客人同意,可简单向其介绍房间的设施设备和正确的使用方法,并把酒店的餐厅、咖啡厅、商务中心、娱乐中心等位置、工作时间简要介绍给客人。服务完毕后,应征询客人是否还有其他需要,如没有,则向客人礼貌告别,不要逗留。退出房间时,应先退两步再转身走出房间,轻轻将门关上。

3. 清扫房间的礼仪

(1) 进入客房时的礼仪。

服务员进客人房间前要先敲门,经客人准许才可进入;若客人不在,应事前与客人说明缘由,才可开门进入。敲门的方法是:用食指、中指关节的力量敲门,力量应适中,缓慢而有节奏地叩两到三下。切忌按门铃按住不放或大声敲门。进入房间后,若客人在,要先主动问候,以示"打扰了";若客人不在,则不要乱动客人的个人物品,办完事情后轻轻地离开,保留客人原来房间的样子。

(2) 客房清扫的操作规范。

客房服务员要按照客人的接待规格和酒店的规定整理房间,打扫时须开门进行。客房清扫时要注意"三轻"。第一,走路要轻。为了不打扰客人,客房服务员在清扫房间时,应走路轻稳,最好穿布鞋。切忌大声走路或跑步、跺脚。第二,说话要轻。服务员在工作过程中应轻声轻语,音量控制在对方能听清为宜。不可大声叫喊,以免影响客人休息或对外造成素质低下的不良影响。第三,操作要轻。清扫房间和整理房间时应注意动作的幅度,搬运物品时轻拿轻放。客人的物品清扫后应放归原处。损坏客人物品要勇于承认并道歉,主动提出赔偿事宜。

(3) 客房清扫时的注意事项。

为表示对客人的尊重,切忌未经允许随便丢弃客人的物品。例如,对于女性用的化妆品,只需稍加整理,不要随便挪动位置;即使化妆品用完了,也不可擅自将空瓶或纸盒扔掉;对于客人的文件、杂志、书报、画册及纸条等小物品,只需稍加整理,不得乱动,不准随意翻阅,不要弄错位置;对于客人的照相机、计算器、笔记本、钱包之类的物品,不要随便触摸,以免引起不必要的麻烦。此外,不能擅自接听客人房间的电话;不得拿取客人的食品品尝;不可借整理房间之际看电视。

清扫客房时,如果万一不小心损坏了客人的物品,服务员应主动如实地向主管汇报,并主动向客人赔礼道歉。如果是贵重物品,应由主管陪同前往,征求客人意见;若对方要求赔偿,则应根据具体情况,予以赔偿。

4. 在酒店遇见客人时的礼仪

在酒店,客房服务员均应向遇见的客人主动问候,点头致意;若遇到认识的老客户,有时还要招手致意,热情寒暄。一般情况下,服务员在楼道里应沿着墙边走,如果遇客人迎面到来,则应放慢行走速度,并在距离客人两三米处停止,站立,向客人微笑问好。切忌与客人抢行或从谈话的客人中间插过。如有急事必须超过,不可跑步,可急行几步超过并表示歉意,道声"对不起"。如果手持重物或推手推车,需要客人让行时,应礼貌说明并致歉。

5. 安全防范,为客人保密

客人入住酒店后,酒店应全方位地尽量满足客人,并为客人提供高质量的服务,安全保密工作也不例外。服务员在工作中,安全防范意识要强。首先,在客人个人人身安全方面要注意防范。其次,在面对没有证实而要求进入客人房间的客人时,服务员不得将客房钥匙随便交给他人。应注意保守客人秘密,不要将客人情况告诉无关人员,不要将不认识的来访者带入客人房间。

6. 提高警惕，防止意外

在酒店，服务员对待客人应比对待家人还要细心周到，以防止意外发生。例如，酒店服务员对醉酒的客人要特别照顾，可以帮助客人回房间或提供一杯醒酒的饮品；对于患病客人或个别超过起床时间仍无动静者，必须小心谨慎，提高警惕；发现客房内有从事非法活动或大声争吵等不正常情况时，应立即报告主管人员，以提高警惕，保护客人利益。

7. 送客礼仪

酒店服务员应提前了解客人离店的时间及所乘交通工具的种类。首先，要做好客人离店准备。例如，首先，在客人离店前问清客人是否需要提前用餐，而对于早晨离店的客人应询问是否需叫醒服务等。其次，帮助客人办理离店的有关手续，叮嘱客人个人物品是否携带齐全。最后，客人离开楼层时，应帮助提拿行李，服务员要送至电梯口，并礼貌地说"欢迎您再次光临""祝您旅途愉快"等。

从上述可知，酒店的客房日常服务量较大，涉及面广，变化性多，综合性强。一些具有良好声誉的酒店一般都要做好"八字"——迎、问、勤、洁、灵、静、听、送，"五声"——迎送声、告别声、致谢声、道歉声、慰问声，"五个服务"——主动服务、站立服务、微笑服务、敬语服务、灵活服务，"礼貌十一字"——您、您好、请、谢谢、对不起、再见等规范性服务。总之，客房服务质量的好坏，取决于服务员的素质、经验及礼貌程度。作为酒店"软件"的服务员，应不断提高业务水平和服务能力，不断提高自己的工作主动性和积极性，这样才能适应飞速发展的社会需求。

(三) 餐厅服务礼仪

餐厅是酒店宾客就餐的主要场所，是酒店的重要服务部门。餐厅是宾客就餐和进行人际交往的重要场所。因此，餐厅服务人员不仅要全面掌握所在岗位的业务技能，同时又必须全面了解并遵守服务中的各项礼仪规范，在服务中做到热情、亲切、周到、细致而又富有人情味，以优质的服务塑造酒店的良好形象。

1. 餐前准备礼仪

为了能够为宾客提供整洁幽雅的就餐环境和热情周到的服务，在宾客到来前，服务员应做好充分的准备工作。

(1) 服务员的仪容仪表礼仪。

由于服务员在工作中一直与餐具、食品接触，所以个人卫生十分重要。餐厅服务员应养成良好的个人卫生习惯，勤洗澡、勤理发、勤修剪指甲；上岗前不要食用如韭菜、大葱、大蒜等带有强烈刺激性气味的食品；在饮食区内禁止吸烟、嚼口香糖、补妆；上岗时，工装应整洁干净，无油污和破损，头发应清洁，发型大方得体；女服务员应淡妆上岗，不得佩戴夸张的手镯、耳环等饰品，不得留长指甲和涂抹指甲油。

(2) 就餐用具的清洁整理礼仪。

餐厅服务员一到岗位，就应尽快进入服务员的角色，把餐厅的地面、椅子、桌子、布件、餐具等认真予以清洁和布置整理，从而达到清洁、美观、整齐、完备无缺。

2. 迎宾礼仪

迎接宾客时，服务员应按规范站姿站于餐厅门口或餐厅内便于环顾四周的位置。当宾客进入餐厅时,服务员应主动上前并热情问候,如"您好""欢迎您来用餐"等,不能因忙碌而对宾客熟视无睹。对于来用餐的年老体弱的宾客,要主动上前照顾或搀扶。如果宾客有衣帽或雨伞等物,服务员应主动接过并征得宾客同意后放好。

服务员在为宾客引座时,应遵循"迎客走在前、送客走在后、客过要让路、同行不抢道"的基本原则。

(1) 引座时的操作规范。

引客入座时,服务员应热情招呼宾客,"请跟我来""您请这边走",同时伴之以规范的引领手势,即手臂自然弯曲,手指并拢,掌心斜向上方,以肘关节为轴,指向目标,动作幅度不要过大。切忌用一个手指指指点点。引领宾客行走时,服务员应走在宾客的左前方约1m处,并不时回头示意宾客。服务员应根据宾客的人数和意愿安排恰当的座位;同时,应为宾客拉椅让座。

(2) 因人而异的引座技巧。

服务员在为宾客引座时,应注意因人而异,一般应遵循"尊重客人,方便宾客,为宾客着想"的原则。例如,对于年老体弱的宾客,应尽量安排在行走路线较短、出入比较方便且较安静的位置;对于商务人员或情侣来用餐,宜引领到餐厅内环境优雅安静的位置;对于贵宾,应把他们安排到餐厅最好的位置;对于带小孩的宾客,宜安排在靠近墙等小孩不易下位乱跑的位置;对于个人用餐者,可安排在靠近窗边的位置。

3. 餐前服务礼仪

(1) 斟茶、递巾礼仪。

将宾客引领到合适位置后,服务员应为宾客斟茶、递毛巾。斟茶时,不要将水倒得太满,以免外溢,约占水杯的3/4即可。斟茶时,不可碰到嘴唇所接触的杯口部分;茶杯的杯把要转到宾客右手顺手可握的角度。应从宾客的右边斟茶,并且应先给主宾或女宾倒水。分发毛巾时,要将毛巾放在小碟内,用夹钳递给宾客,并礼貌地轻声招呼宾客"请用毛巾"。

(2) 恭请点菜礼仪。

为客人斟茶递巾后,服务员要及时递送干净、无污渍的菜单,恭请客人点菜。递送菜单时,应从客人座位左侧双手递上,态度要恭敬,一般先给主宾、女宾或长者。呈上菜单后,服务员不要催促,应离开一会儿,让客人从容选择至少5分钟后再回桌边礼貌地询问客人所点菜品是否确定,然后认真记录菜名。等记录完毕后,服务员应将每一道菜向客人复述一遍,以免听错、记错。如果客人对酒店菜肴不熟悉,服务员也可适时地根据客人的性别、年龄、大致身份、籍贯、客人人数、季节等具体情况主动为客人推荐菜肴,例如,可向客人推荐本酒店的拿手菜、特色菜、美味时令菜等。切忌勉强或硬性推荐,更不要一味推荐高价菜肴,以免引起客人的反感。

4. 用餐服务礼仪

(1) 斟酒礼仪。

服务员在为客人斟酒时,应征得客人的同意。酒瓶开启前,服务员应左手托瓶底,右手扶瓶颈,商标向主人,请其辨认。斟酒时,应在客人的右侧站立,手指不要触摸酒杯杯口。应先给主宾、再给主人斟酒,然后顺时针方向依次绕台斟酒。如果是两名服务员服务,则应一个从主宾开始,另一个从副主宾开始,依次绕台斟酒。

(2) 上菜、撤盘礼仪。

客人点菜后,要保证10分钟内凉菜上桌,热菜不超过20分钟,以免客人等候时间过长,产生不满情绪。

传菜、取菜时应用托盘,走路要轻,保持身体平衡,端平走稳,保证菜及汤汁不洒、不滴。端菜时,服务员手指不能触及盘碟上口或浸入菜和汤内。服务员大拇指要跷起,不要按着盘子的边缘,更不能将大拇指插入汤中。

上菜时,要从客人的左侧上菜,一般不要在主宾和主人之间上菜,而应在翻译、陪从之间上菜,速度应适中。每上一道菜,应介绍菜名,必要时可简要介绍所上菜肴的特色典故、食用方法、风味特点等,然后请客人品尝。

摆菜时,动作要轻,并讲究艺术性,如将荤素、干湿、色泽搭配开来,形状美观大方。切忌将菜肴胡乱地堆放到客人的餐桌上。

撤菜时,除空盘和碟外,一定要征得客人的同意后才可撤离,以免引起客人的误解。撤菜时应从客人的右侧操作。应先收银器、筷子,后收碗、勺、调味碟、水杯。切忌在客人面前刮盘子或传递污碟、盘,更不能将客人还没吃完或正在食用的菜肴撤下。

(3) 席间服务礼仪。

为了使客人进餐满意,在客人进餐时,服务员还要细心周到地做好席间巡视服务,对客人就餐过程中发生的事情做出及时地处理。例如,及时为客人斟酒、添加饮料、催取菜肴;及时更换骨碟、烟灰缸及不慎弄脏的餐巾;调整音乐及空调温度等。

(4) 处理客人投诉时的礼仪。

俗话说"众口难调",即使服务员的服务很规范、很周到,有时也难免百密一疏,因某种原因而使客人不满意。所以,当客人投诉时,服务员一定要做到"两心、一尊",即对待客人的投诉要耐心地倾听并诚心地给予解答,同时尊重客人的合理要求。这样有助于大事化小,小事变得更容易解决。切忌与客人动怒或争吵,因为正确地处理客人投诉,可以提高餐厅的服务质量和声誉,进一步树立酒店的良好形象。

5. 餐后服务礼仪

(1) 结账礼仪。

结账服务也是餐厅服务中的重要环节。客人用餐结束后,服务员要及时呈上账单。提供结账服务时也要讲究方式,如果不分场合与服务对象的具体情况,一味机械地按照服务规范去结账,服务效果并不一定好。例如,就餐者若是两位异性,结账时账单要先给男士,以尊重男士的风度;多人用餐时,要礼貌地问清结账的主人是谁;如果是住店客人签字,服务员要立即送上笔,并礼貌地请客人出示酒店的欢迎卡或房间钥匙;无人结账时,服务员要了解清楚是否用其他结账方式等。注意,服务员递送账单和所找零钱要用小托盘,不应徒手递接。

(2) 送客礼仪。

客人结账完毕,起身离座准备离开时,服务员要提醒客人不要遗忘所带物品,礼貌地与客人道别,并说一些"欢迎下次光临"或"请提宝贵意见"等话语。当客人走出店门时,两旁的服务员应主动向客人致意,以示感谢客人的光临,并欢迎客人再次光临;切忌对客人不闻不问。待客人走出店门后,服务员才可以撤台、重新摆台。操作时要轻拿轻放,以免影响他人继续用餐。

总之,餐厅服务员在为客人提供服务时,应做到"眼勤、嘴勤、手勤、腿勤"。"眼勤"是指要眼观六路,耳听八方,能够根据宾客的往来、进餐程度、举止动作,判断宾客的要求,及时主动地提供服务。"嘴勤"是指对用餐宾客的要求应有问必答,有呼必应,主动向宾客介绍和询问有关情况,及时应答。"手勤、腿勤"是指在自己负责的餐台前自然地走走看看,及时地为客人斟茶、撤换餐具、端送菜肴等。只有这样,服务员才能为宾客提供主动、热情、周到、细致的优质服务。

餐厅服务用语

您好,欢迎您来××餐厅用餐。
请问,您预订了吗?
请问,您一共几位?
请往这边来;请跟我来;您请坐。
对不起,请问现在您可以点菜吗?
您有兴趣尝尝我们餐厅的特色菜吗?
请问,您喜欢喝什么酒?我们有……

请问,您还需要什么吗?
请问,现在可以上菜吗?
请问,现在可以结账吗?这是您的账单,请过目。
这是找您的零钱,请收好。
希望您吃得满意,请您多提宝贵意见。
谢谢,欢迎再来,再见。

三、导游服务礼仪

导游员,即在游览过程中对游客起着向导、讲解作用的旅行社工作人员。导游员是旅行社的支柱,是与游客打交道最多的人,被称为旅游者的"指南针"。导游员的言行举止会给游客留下很深的印象,其服务质量的好坏直接影响旅行社的形象。所以,导游员不仅要具备熟练的专业技能,更应当具备较高的接人待物、与人沟通的能力。导游服务礼仪,就是指导游服务人员在为游客提供导游服务过程中所应遵循的礼仪规范。

(一)导游服务的礼仪要求

(1)遵守时间。导游员应把每天的时间安排准确地告诉游客,并及时提醒,且出发前应提前到达指定地点。

(2)导游员应沉着、灵活地处理突发事件,耐心地向游客解释,以取得对方的谅解和协助。

(3)导游员应了解并尊重游客的宗教信仰和风俗习惯,尊长爱幼,助残扶弱。

(4)游客转移酒店时,导游员应提醒游客携带好个人物品,不要遗漏。

(5)外出游览前,导游员应核查人数;上车后,导游员应致欢迎词,并注意适时地调节、活跃车内气氛;游览中,导游员既要尊重景点所在地的陪同(俗称"地陪"),又要满足游客的各项合理要求。

(6)欢送游客时,导游员要致欢送词,并力所能及地为游客提供离开时的服务;导游员对服务中存在的不足诚恳地向游客道歉。

(7)在整个导游服务过程中,导游员要处理好与相关部门及人员的关系,切实保障服务各环节的顺畅。

(二)导游接待服务礼仪

1. 迎客前的准备礼仪

首先,要熟悉并掌握接待计划。导游员应采集旅游团游客信息,即所接待团队的人数、姓名、年龄、国籍、民族等情况。其次,导游员应了解接待的标准。对不同的旅游团体,应采用不同的标准以满足游客的需求,如接待标准、住房情况、相关景点的消费标准等。最后,导游员应了解团队的游览日期和行程计划,如抵离时间、航班、车次及各接站地点和人员。

此外,对于全程导游员,不仅要熟悉景点情况,还要认真了解沿途城市的历史、地理及风土人情;对于地方导游员,则要落实接待车辆、就餐和交通购票等,同时做好接团的各项准备,如领取各种票证、导游旗、接站牌等。

2. 接站服务礼仪

作为导游员,首先应做好迎接工作,从而使游客倍感亲切和温暖。因此,导游员应着装规范,端庄大方得体,佩戴导游证,打导游旗,提前10～30分钟到达接站地点,精神饱满地迎接旅游团的到来。其次,游客抵达后,导游员要主动持接站牌上前迎接,礼貌问候并核实团队人数和行李的托运情况等。再次,在前往酒店的路上,导游员应作自我介绍及介绍其他陪同的服务人员,同时还要致欢迎词并介绍沿途风光。最后,抵达酒店前,应向游客详细介绍酒店的基本情况,如酒店的历史、地理位置、周围环境等,从而使整个团队的气氛既热烈又温馨,给游客留下深刻的印象。

3. 游客入住酒店的服务礼仪

抵达旅游目的地后,导游员要与领队协商做好游客的入住工作,主要包括以下三个方面。

(1)积极协助游客办理入住登记。

由于旅游团的人员较多,每一位成员的生活习惯不同,所以要妥善做好游客的住宿工作。首先,在办理入住登记时,导游员应积极主动地协助领队和游客做好填写住宿单和分发房号的工作。其次,导游员应协助领队控制整个团队的秩序,切忌游客互相拥挤,扰乱酒店正常的工作秩序,造成不良影响。

(2)妥善安排好游客的行李。

办理完入住登记后,导游员还应协助领队及所住酒店的行李员一起把每一位游客的行李送到各自的房间,并进行核实,以确保无误。导游员一定不能因忙于其他事务而忽略了对游客的照顾,致使游客发生丢失物品或错拿、错放物品的现象,使游客因发生此类事件而影响旅游的情绪,进而影响旅行社的整体服务形象。

(3)做好游客入住后的安全预防工作。

为了能够及时预防游客入住后可能发生的突发事件,导游员应熟悉并掌握游客的住房位置及房间号、安全通道等,记住领队房间号、电话号码,同时告知对方自己的房间号及电话号码,以便游客与之及时联系。

4. 带客游览服务礼仪

首先,在出发前,导游员应了解游客的身体情况,重申出发时间、乘车(船)地点,提醒游客带好游览时所需的物品,如照相机、摄像机、身份证以及其他随身贵重物品等。等所有游客坐稳后,导游员才可示意司机开车(船)。

其次,车行途中,导游员应向游客介绍一天的行程及旅游须知等内容。如果行程较长,导游员应适时地安排一些娱乐节目,如唱歌、猜谜语、讲故事等,以活跃车内气氛,调动大家的积极性和游览情绪;也可以向游客介绍沿途所见的风情景物。到达景点后,导游员应向游客讲明停车地点、集合时间等。

再次,在景点途中讲解时,导游员要做到:熟知各旅游景点的典型景观以及与其相关的历史典故、逸闻趣事、民间传说等,进一步增加游客的游览兴趣;对游客提出的问题,导游员应给予适当的解释;在讲解时,导游员应口齿清晰、解说详细、数字或事实确凿、条理清晰、主次分明、有声有色。对于那些有特色的景观,要给游客留有摄影的时间。

最后,在返回酒店的途中,导游员要告知游客第二天的活动安排,集合时间、地点。抵达酒店后,导游员应主动与领队沟通,征询游客对导游服务的意见与建议,并协商解决游览中出现的问题。

5. 旅途生活、安全服务礼仪

首先,为了保证旅游的整个行程顺利、愉快地进行,导游员应和领队一起照顾好每一位游客的生活,切实安排好他们的衣食住行,及时了解游客所需,急游客所急,想游客所想。应对于老、弱、病、残、幼等特殊游客进行有针对性的特殊照顾,做好与其相关的生活服务,使他们能够顺利地观光游览,愉快地度过旅途时光。

其次,游客的安全工作也不容忽视。在旅途过程中,导游员应时刻注意保护游客的人身安全及财产安全。每到一处景点,导游员都应积极配合领队清点游客人数,并随时提醒游客注意携带、保管好个人的贵重物品,以防走失或丢失。

6. 送客离店礼仪

在游客结束旅游活动前,导游员应为游客预订好返回的车(机、船)票,并尽量将游客乘坐的车厢、船舱集中安排,以利于旅游团队的统一协调。在游客即将离开酒店的前一天晚上,导游员应准确告知游客次日出发的时间、集合地点,并提醒游客提前整理好自己的随身行李物品。游客临行前,导游员还应亲切询问游客有无需要自己代为办理的事务,再次提醒游客携带好自己的行李物品。火车、轮船开动或飞机起飞后,导游员应向客人挥手致意,祝客人一路平安,使游客充分感受到自己的热情、诚恳礼貌和修养。

导游、导游员及其分类

一、导游,顾名思义是指引导他人游览,即引路并做讲解,帮助旅游者参观游览。随着旅游业的发展和导游工作的开展,"导游"被赋予了新的含义,即导游还应是为组织、协调旅游活动,满足旅游者"求知、求新、求奇、求乐"愿望的旅游服务工作。

二、导游员,是指为旅游者在旅行游览活动中提供向导、讲解服务和生活服务的人员。中国国家旅游局在《导游员职业等级标准》中,对导游员做出了如下定义:导游员是指"运用专门知识和技能为旅游者组织、安排旅行和游览事项,提供向导、讲解和旅途服务的人员"。

三、导游员的分类

导游员的工作范围广泛,工作对象众多,使用的语言各异,工作性质、接待方式也不尽相同。下面以中国导游员的习惯称呼为准,从不同角度将导游员进行分类。

（一）按等级分类

1. 初级导游员：获导游员资格证书1年后,就技能、业绩和资历对其进行考核,合格者自动成为初级导游员。

2. 中级导游员：获初级导游员资格2年以上,业绩明显,考核、考试合格者晋升为中级导游员,是旅行社的业务骨干。

3. 高级导游员：取得中级导游员资格4年以上,业绩突出、水平较高,在国内外同行和旅行商中有一定影响,考核、考试合格者晋升为高级导游员。

4. 特级导游员：取得高级导游员资格5年以上,业绩优异,有突出贡献,有高水平的科研成果,在国内外同行和旅行商中有较大影响,经考核合格者晋升为特级导游员。

（二）按职业性质分类

1. 专职导游员：是指长期受雇于某家旅行社,为该企业正式职员的导游员,亦称"固定职业导游员"。现在他们是我国导游队伍的主体。

2. 兼职导游员：亦称"业余导游员",是指不以导游工作为主要职业,而是利用空余时间从事导游工作的人。

（三）按工作区域分类

1. 国际导游员：亦称领队、团长或随员,是指受雇于派出方旅行社,负责陪同国际旅游团的全程旅游活动,并协调与接待方旅行社关系的旅游工作人员。

2. 全程导游员：在我国亦称全陪,是指由接待方旅行社委派或聘用,负责向旅游者提供境内全程导游服务的人员。

3. 地方导游员：在我国亦称地陪,是指由地方接待旅行社委派或聘用,负责为旅游者在当地游览时提供导游服务的人员。

4. 定点导游员：亦称讲解员,是指在博物馆或重要景点为旅游者导游讲解的人员。

从工作性质看,国际导游员和全程导游员不以导游讲解为主要工作,所以在西方称他们为"陪同";地方导游员称为"导游翻译员";博物馆的定点导游员则被称为"讲解员"或"报告员",在西方是级别最高的导游人员。在西方大多数国家,对这三类导游人员的培养和考试的内容及方式各不相同,其中对博物馆或重要景点导游员的考试极为严格。在我国,已开始培训国际导游员,并将为他们另行制定培训和考试标准,颁发专门的导游证。

此外,根据我国的特殊情况,以语言为标准,可将我国的导游员分为四类,即外语导游员、汉语普通话导游员、地方方言导游员和少数民族语言导游员。

(资料来源：http://www.examw.com/dy/fuwu/zhidao/11441/Index.html)

第十二章　商务人员涉外礼仪

随着我国经济及现代交通、通信手段的发展，国与国之间的交往越来越频繁。在对外交往的过程中，我们既要遵行国际上通用的礼仪规范，又要尊重外宾所在国和民族的习俗，做到胸有成竹、互相理解、互相尊重。只有这样，才能更好地增进友谊、促进合作，并有助于维护国家的形象和尊严。

一、涉外礼仪的基本原则

涉外礼仪是指在涉外交往与工作中，用以维护自身和国家形象，并向外宾表示尊重、友好、礼貌的各种礼仪规范。涉外礼仪是在长期的国际交往实践中逐步形成的，是国际通用的礼仪规范。

涉外礼仪的原则，是根据礼仪规范与涉外交往活动实践，从整体性、普遍性高度加以概括形成的，对涉外交往具有普遍指导意义。

（一）维护国家利益原则

维护国家利益是我国涉外活动必须遵守的基本准则，任何组织和个人在涉外交往活动中都必须贯彻执行。该原则强调在尊重他国的利益和尊严的基础上，更要维护本国的利益和尊严。要做到这一点，最重要的是要热爱祖国和人民，时刻不忘祖国的利益高于一切。在参与涉外交往活动时，应时刻意识到在外国人眼里，自己是国家、民族、单位组织的代表，必须做到不卑不亢。在涉外交往中，我们不仅要热情友好，使对方感到亲切、自然，还要把握热情友好的分寸，切不可过犹不及、事与愿违。"过头"了就会给人以卑躬屈膝、低三下四之感，"不及"则可能给人留下自大狂傲、放肆嚣张的印象。涉外交往既不能自吹自擂、自我标榜、一味抬高自己，也不要妄自菲薄、自我贬低与自轻自贱，言行应当从容得体，堂堂正正、不卑不亢。

（二）诚信守约原则

当前，在国际交往活动中，人们把对交往对象的重视、恭敬、友好作为涉外礼仪的核心。正所谓"言必信，行必果"。取信于人，早已被公认是建立良好人际关系的基本前提，同时也是现代人所应具备的优秀品德。尊重对方、取信于人的关键就是遵循"诚信守约"的规则，即在一切涉外交往中，都必须认真而严格地遵守自己的所有承诺，说话务必要算数，许诺一定要兑现。

涉外交往中，我们必须做到遵守承诺、言而有信。如果言而无信、有约不守或守约不严，不仅是不尊重对方，更是有辱国格、人格。

(三) 入境问禁、尊重礼俗原则

在涉外交往中,要真正做到尊重交往对象,就必须了解和尊重对方所特有的风俗习惯。否则,对于交往对象的尊重、友好和敬意便无从谈起。这就要求我们在涉外交往中必须注意以下两点:其一,要充分地了解与交往对象相关的风俗习惯,即在衣食住行、言谈举止、待人接物等方面所特有的讲究与禁忌;其二,对交往对象所特有的种种习俗要充分尊重,既不能妄加非议,也不能少见多怪,更不能以我独尊,我行我素。

由于各国的文化背景、社会制度各不相同,所以,在其历史发展的基本进程中形成了各自的宗教、语言、文化、风俗和习惯,并且存在着不同程度的差异。正所谓"入境问禁,入乡随俗",彼此尊重,求同存异,加强沟通与理解才是涉外交往的有效方法。

(四) 尊重隐私、把握分寸原则

涉外礼仪强调以人为本,要求尊重个人隐私,维护人格尊严,并以此作为有无教养、能否尊重和体谅交往对象的重要标志。因此,自觉地、有意识地回避对方个人隐私至关重要。凡涉及经历、收入、年龄、婚恋、健康状况、政治见解等均属个人隐私,别人不应查问,即在社交往来中对这些问题应把握分寸。否则,极有可能会引起对方的误解,使其感到不悦,甚至还会因此损害双方之间的关系。因此,"尊重隐私、把握分寸"应成为涉外礼仪的一项要旨。

(五) 尊重女士、女士优先原则

在西方,"女士优先"被认为是男士具有绅士风度的表现。当今,尊重女士已是国际社会公认的一条重要的礼仪原则,也是衡量男子是否具有教养与风度的重要标准。

尊重女士、女士优先的本意,是要求每一位成年男子,在社交场合里都要尽自己的一切可能来尊重女士、体谅女士、帮助女士、照顾女士、保护女士,并且随时随地义不容辞地主动挺身而出替女士排忧解难;同时还要求男士们对于所有的妇女都要一视同仁,无论是同一种族还是其他种族的,无论是熟悉的还是陌生的,无论是年轻貌美的还是年老体衰的,无论是有权有势的还是孤苦无依的。总之,在涉外交往中,"尊重女士、女士优先"这一礼仪原则早已逐渐演化为一系列具体的、可操作的规范。例如,在社交场合介绍来宾时,应先把男士介绍给女士;当男女双方握手时,只有等女士伸出手之后,男士方可与之相握;参加社交聚会时,宾客见到站在一起的男女主人时,应先与女主人打招呼;女士进入聚会场所时,先到的男士应站起来迎接;在上下车、进出电梯时,均应让女士先行,男士应主动予以照顾;在旅途中,遇到携带行李的女士,男士应帮助提携并放好行李;如果男女并排行走,男士应当自觉请女士走在人行道的内侧,自己走在外侧;在同时需要称呼多人时,合乎礼仪的称呼方法是"女士们,先生们",而不是反过来;男士言辞必须文明高雅,表达分寸要得当,不得当着女士的面讲粗话、脏话或开低级下流的玩笑。

(六) 遵守法律、爱护环境原则

目前,我国正在大力倡导建设和谐社会、法治社会,所以在与外商进行交往时,一定要遵守法律,做守法公民。例如,有些人不顾国家保护珍稀动物的相关法律,花巨款购买珍禽异兽款待外宾,以示隆重与热情,殊不知却给对方留下了目无法纪的不良印象,导致生意无法合作。

注重环保是国际舞台上备受关注的热点和焦点话题。在日常生活中能否以实际行动爱护环境,已被视为一个人是否有教养、是否讲公德的重要标志之一。

二、涉外迎送礼仪

迎来送往是涉外礼仪中相互呼应的两个重要环节,甚至是对外贸易和商务活动成功与否的关键环节。一个精心安排的欢迎仪式,能为客人建立难忘的第一印象;而一个周到完美的欢送仪式,又会为客人留下一段美好的回忆,使对方久久不能忘怀。在涉外活动中,对外国来宾,一般应视其身份和采访性质等因素,安排相应的迎送活动。

(一)确定迎送规格

迎送规格的高低,体现了对来访客人的重视程度和受欢迎程度,也是涉外交往中的敏感环节。一般而言,确定礼宾规格往往要考虑三个因素:身份的高低、规模的大小、费用的多少。迎送外宾,无论是个人还是团体,都应事先确定迎送的规格。

迎送规格宜采用对口、对等的原则,双方应身份相同、职位相等,这是对来宾的礼遇。因为特殊原因而不能完全采用对等原则的,双方身份也不能相差悬殊,可以灵活变通、综合平衡,由职位相当的人士或副职来替代。例如,来访者是企业总裁或董事长,那么接待方也应是总裁、董事长或企业的最高负责人。如果被确定前去迎送的人由于某种特殊原因而不能或不便前去迎送,则应从礼貌出发,向对方做出解释,以示对客人的尊重,避免产生不必要的误会。

(二)迎送准备

确定好迎送规格之后,紧接着要对迎送的各环节做好周密的准备工作。

1. 迎接外宾的准备

迎接外宾时,首先,应事先根据来访者的身份、地位及来访者的人数安排好下榻宾馆。最好在对方尚未出发之前,了解清楚宾客对住宿有何具体要求。如果对方是初次到访,对我国的情形较为生疏,那么最好代为预订在国外闻名的国内宾馆、饭店。在外宾到达之前,如果能事先将精心准备好的带有来宾所在国风土人情的礼物摆至客房,会给外宾一个意外的惊喜,使其有一种宾至如归的感觉,是一种很得体的做法。

其次,要掌握客人抵达的时间,提前备好交通工具。迎接宾客,应事先了解外宾对乘坐的车辆是否有具体要求,并根据来宾的身份、地位及对车辆的喜好准备好交通工具,安排好车辆,不可临时调动,给人以仓促之感。为了顺利地迎接来宾,接待人员必须准确掌握来宾乘坐的飞机或火车、船舶的抵离时间。如果对方是重要的外宾或者是初次来华,接待人员一定要前往迎接;到机场迎接客人,必须提前10~20分钟抵达;前往迎接的人员宜安排和对方身份对等的人员,如果需要可带翻译;如果要迎接的客人是初次见面,则一定要事先了解其外貌特征,并准备一块迎客牌(接站牌,特别隆重的可用横幅),用中英文书写"欢迎××先生(女士、小姐)"及本组织的名称。

2. 送别外宾的准备

送别时,如有欢送仪式,应在欢送仪式举行之前到达,并等客人乘坐的交通工具看不见时才可离去。所谓细节决定成败,这些看似不起眼的细节,会直接关系到外宾对接待工作的满意度,决定着双方合作的成败与否。

(三) 迎宾礼仪

1. 献花

献花仪式一般适用于接待规格高的外宾,如各国在接待国家元首、政府首脑的正式访问时,往往都举行隆重的迎宾礼仪。迎接期间,在宾主见面和相互介绍完毕之后,由东道主一方组织少年儿童或年轻女士将用鲜花扎成的花束献给外宾,并向其行礼。需要注意的是,鲜花一定要整洁、鲜艳,并应根据来宾的国家和民族的喜好与禁忌来确定鲜花的品种及颜色。一般而言,忌用菊花、杜鹃花、石竹花和黄色花朵。

2. 行见面礼

迎接时,客人走下飞机、火车或轮船时,主人应主动热情迎上去,礼貌问候寒暄,并行见面礼。见面礼有握手礼、拥抱礼、鞠躬礼等,应根据来宾国家民族的风俗习惯或国际惯例来确定。一般以握手礼为国际通用。现在许多国家的迎宾场合,宾主通常是握手、拥抱、左右吻面或贴面等连贯性礼节。

3. 宾主相互介绍

行见面礼后,宾主双方开始互相介绍。通常由迎接方身份最高者或熟悉外宾的人员出面作介绍,应首先将参加欢迎的主方人员按身份依次介绍给来宾。亦可由礼宾专职工作人员、接待翻译来介绍。

有的国家(如日本)的客人习惯于以交换名片来介绍自己的姓名和身份。双方如果是初次见面,应首先将自己的名片递给对方,使对方对自己的姓名、职务一目了然。

4. 陪车

在客人抵达或离开之时,主人应准备专车接送,并由有关人员陪同乘车。车辆应先于来宾的时间到达机场、车站或码头。遵循乘车的礼节和规范也是涉外迎宾礼仪的一个重要环节。上车时要"尊者先行""女士优先",即先请长辈、身份地位高者及女士上车。座位安排遵循"以右为尊"原则,即主人陪车,应请主宾坐在主人右侧,随从人员坐在副驾驶座位,而且一般客人从右侧车门上车,主人则从左侧车门上车,待来宾坐好后方可关门;若是主人亲自驾车,则主宾应安排坐在副驾驶座位上。下车时,要遵循"尊者、女士居后",即长辈、身份地位高者及女士后下车,迎宾者应提前下车,为来宾打开车门,并用手挡住车门上框,协助其下车。

关于车的前排与后排位置,我国和亚洲许多国家习惯以后排右边的座位为上,主人陪同客人坐于轿车后排,以示敬意;但是欧美有些国家却把前排视为上座,他们认为前排座位视野开阔,便于观赏景致,把客人安排在后排则被视为"失礼"。所以,座位一定要根据外宾所在国家的风俗习惯来安排。宾客上车后,主人应通过交谈来活跃车内气氛,主要话题是本地风俗人情、人文景观等,也可介绍沿途景点,还可将日程安排表送到客人手中,以便其安排私人活动或回访、宴请等时间。

迎接人员在接待外商的过程中,应始终面带微笑,不要故作矜持,一语不发,以免使客人有受冷落之感。

（四）其他迎送礼仪

除了要遵循上述的迎宾礼仪外,在迎送外宾的过程中,还应注意以下礼仪细节。

(1) 迎送贵宾时,应事先在机场(车站、码头)安排好贵宾休息处,并准备好茶水、饮料。

(2) 客人到达住处后,应给予足够的休息时间,再开展其他活动。

(3) 客人的住宿、膳食应事先根据来宾的习惯、喜好订好,并提前通知到具体客人。

(4) 客人离开时,应派专人协助办理出入境手续及机票(车票、船票)、行李提取与托运手续等。

(5) 飞机起飞或轮船、火车开动之后,送行人员应向外宾挥手致意,直到飞机、轮船、火车在视野里消失才可以离去。整个迎送活动要安排的热情、周到、有条不紊,使来宾乘兴而来,满意而归。

三、礼宾次序与国旗悬挂礼仪

（一）礼宾次序

1. 礼宾次序及原则

礼宾次序是指在国际交往中对出席活动的国家、团体人士的位次,按某些规则和惯例进行排列的先后次序。礼宾次序体现东道主对各国宾客所给予的礼遇,是一个政治性较强又极为敏感的问题。如果安排不当或不符合国际惯例,则会引起不必要的争执与交涉,甚至会影响国家之间的关系。

因此,在组织和安排涉外活动时,应高度重视礼宾次序,并遵循以下原则。

(1) 主次有序。在需要接待多方来宾时,应对来宾进行必要的顺序、位次的排列,如介绍时有先后之分,安排座位时有主次之别。

(2) 平等待客。应通过遵守礼宾次序规范来体现在接待多方来宾过程中的一视同仁和平等友善的待客之道。

2. 礼宾次序的要求

我国在礼宾次序中采用约定俗成的国际惯例"以右为尊"的原则。无论是悬挂国旗,会见、会谈的座次安排,国宴的席位安排,还是乘车、行走,凡涉及位次排列时,都讲究以右为尊。

根据国际惯例,将多人进行并排排列时,最基本的规则是右高左低,即以右为上,以左为下;以右为尊,以左为次。例如,与人并行时,主人应主动居左,请客人居右;男士居左,女士居右;晚辈居左,长辈居右;下属居左,上司居右。重大宴会的礼宾次序主要体现在桌次、席位的安排上。国际惯例是桌次的高低以离主桌位置远近而定,位次顺序是主宾或主宾夫人坐在主人右侧,以客人职务、社会地位依次分插排序(如附录图12-1所示)。现在,我国领导人在会晤外宾时也遵循国际惯例,安排外宾坐在自己的右侧,以示对国际友人的尊重与友好。

3. 礼宾次序的排列方法

根据国际惯例,常见的礼宾次序排列方法有以下三种。

(1) 按来宾身份与职务高低顺序排列。在国际交往中,一般按来宾的身份与职务的高低顺序安排礼宾次序,这是礼宾次序排列的主要依据。例如,按国家元首、副元首、政府总理(首相)、副总理(副首相)、部长、副部长等顺序排列。在部长级人员中,外交部部长应列首位。各国提供的正式名单或正式通知是确定职务高低的依据。由于各国的国家体制不同,部门之间的职务高低也有所区别,所以,在多边涉外活动中,有时也按其他方法排列,但无论按何种方法,都必须考虑身份与职务的高低。

(2) 按参加国国名字母顺序排列。在国际性会议、多边谈判、国际体育比赛等活动中,礼宾次序多按参加国国名字母顺序排列。一般以英文字母顺序排列居多,少数也有按其他语种的字母顺序排列的。联合国大会的席位次序,也是按英文字母顺序排列,但为了避免一些国家总是占据前排席位,因此每年要抽签一次,以决定本年度大会的席位以哪个字母为首,以使各国都有机会排在前列。在国际体育比赛中,体育代表团名称的排列、开幕式出场的顺序,一般都按国名字母顺序排列(东道国排在最后)。

(3) 按代表团组成的日期排序。在多边涉外活动中,如果遇到各代表团的身份、规格大体对等的情况,一般按照通知代表团的日期先后排列。例如,东道国对同等身份的国外代表团,可按派遣国通知代表团的日期先后顺序排列,或按代表团抵达活动地点的时间先后顺序排列,或按派遣国决定应邀派遣代表团参加活动的答复时间先后顺序排列。究竟采用何种排列方法,东道国在致各国邀请书中都应有明确注明。

实践中,礼宾次序排列往往是几种方法交叉采用,并考虑其他因素,如国家之间关系、地区所在、活动性质和内容、对活动贡献大小以及参加活动的威信、资历等。

(二) 国旗悬挂

国旗,是指某个国家由宪法规定的代表国家的旗帜,它是国家的标志和象征,代表着一个国家的尊严。国旗能够唤起国民的爱国热情及对国家的责任感和荣誉感。

人们往往通过悬挂国旗来表示对他国的尊重或对本国的热爱。在一个主权国家的领土上,一般不得随意悬挂他国家国旗,许多国家对悬挂外国国旗都有专门规定。在国际交往中,还形成了悬挂国旗的一些惯例,为各国所公认。

1. 悬挂国旗的场所

(1) 一个国家的外交代表在接受国境内,有权在其办公处和官邸以及交通工具上悬挂本国国旗。

(2) 一国元首、政府首脑在他国国土上访问,在其住所及交通工具上悬挂本国国旗(或元首旗)是一种外交特权。东道国在接待来访的外国元首、政府首脑时,在隆重场合、贵宾下榻的宾馆、乘坐的汽车上悬挂对方(或双方)的国旗(或元首旗),是一种礼遇。

(3) 在国际会议上,除会场悬挂与会国国旗外,各国政府代表团团长亦可按会议组织者的有关规定,在一些场所或车辆上悬挂本国国旗。

(4) 双方对座会谈时,主客双方分别在各自主谈人桌子上用旗架悬挂本国国旗。

2. 悬挂国旗的要求

(1) 在建筑物或室外悬挂国旗,应日出升旗,日落降旗。参加升降国旗仪式者,应服装整齐,立正,脱帽行注目礼。升旗一定要升至杆顶。

(2) 悬挂双方国旗,以右为上,左为下。两国国旗并挂时,应以旗本身面向为准,右挂客方国旗,左挂主方国旗。在汽车上挂国旗时,以汽车行进方向为准,司机右手为客方,左手为主方。

(3) 国旗不能倒挂,一些国家的国旗由于文字和图案的原因,也不能竖挂或反挂。有的国家甚至明确规定,凡竖挂则需另行制作国旗,将图案转正。正式场合悬挂国旗要把正面面向观众,即以旗套的右边为准。如果把两国国旗挂在墙壁上,应避免采用交叉挂法或竖挂法。

(4) 致哀应降半旗。降半旗的方法是先将旗升至杆顶,再下降至离杆顶约 1/3 杆长的位置;降旗时,也应先将旗升至杆顶,然后再下降(有的国家不降半旗,而在国旗上方挂黑纱致哀)。

3. 国旗的大小

各国国旗的式样、图案、颜色、尺寸、比例都是依照本国宪法中的有关规定制作而成的。不同国家的国旗,其长、宽比例是不同的,因此在并排悬挂时,应按同一比例略放大或缩小,使旗的面积大致相等。同时,旗面应完好、整洁,不能使用有污损的国旗。

四、涉外会见与会谈礼仪

在涉外交往中,会见与会谈是一种十分重要的交往形式,它既具有礼仪性,又具有实质性,并有广泛的适用范围,可以在不同的层次和各个不同方面的人员中进行。

(一) 会见与会谈

1. 会见

会见是指人们在某些正式场合的见面。按国际惯例,凡身份高的人会见身份低的人或东道主会见来访者,称作接见或召见;凡身份低的人会见身份高的人或是来访者会见东道主,称作拜会或拜见。我国不作上述区别,一律统称会见。

会见从内容方面可分为礼节性的、政治性的和事务性的,或兼而有之。礼节性会见时间较短、话题较广泛,一般不涉及具体实质性问题,重在联络感情、增进友谊。政治性会见一般涉及双边关系、国际局势等重大问题,时间可长可短。事务性会见指一般诸如外交交涉、经济、科技、文化交流以及业务商谈等内容,时间较长,也较严肃。

2. 会谈

会谈是双方或多方就实质性的问题交换意见、进行讨论、阐述各自的立场,或为求得对某些具体问题的解决而进行的严肃而正式的商谈。如各国贸易代表、各国企业、公司之间关于商务、经济合作等方面的会谈。会谈一般内容较为正式,专业性较强。

会谈也可按不同的类型进行分类。按会谈首席代表的身份、地位,可分为最高层次会谈、专业人员会谈等;按会谈内容性质,可分为实质性会谈、技术性会谈等;按会谈程序又可分为预备性会谈、正式会谈和善后性会谈等。

(二) 会见与会谈前的准备

1. 确定时间与地点

会见与会谈的时间、地点应由双方事先约定。如果一方要求拜会另一方,应提前将会见与会谈的时间和地点告知对方。接到要求的一方,如同意对方的请求,也应及时通知对方;不予答复或无故拖延有可能会导致双方关系恶化,从而导致合作失败。通常情况下,会见与会谈应经双方协商,安排在双方都认为合适的时间、地点进行。高级领导人之间的会见通常安排在重要建筑物中宽敞的会客厅内进行,也可以安排在宾客下榻的酒店的会客室或办公室内进行。

2. 确定参加成员

双方确定会见与会谈的时间和地点后,提出要求会见与会谈的一方,应提前将自己一方出席人员的名单(包括姓名、性别、职务)提供给对方。接到要求的一方,也应把自己一方参加人员的名单通知对方。参加会见与会谈的成员人数及双方最高领导者的身份、地位应大体对等。

3. 准备会谈资料

不论是作为主方还是客方,与外宾会见与会谈都应事先了解与对方相关的信息资料,包括其习俗、禁忌、礼仪特征等。参加会谈还应对会谈内容做好充分的准备,如需提供外方参阅的,还要准备好外文资料。

(三)会见与会谈场所的布置与座次安排

外事会见与会谈的会场布置与座位安排,都应体现礼仪的规范与对来宾的尊重。

通常情况下,一般公务性或商务性的会见与会谈,在国外多在主人的办公室内进行,在我国则大多在会客室或会议室进行。

1. 会见与会谈场所的布置

在涉外活动中,东道主应根据来访者的身份和访谈目的,安排人员对场所进行精心布置,使其宽敞明亮、干净整洁,以体现对外宾的礼貌和尊重,同时也是向外宾展现企业的良好形象。任何一个公司和企业的会客室,不论其面积大小,档次高低,从礼仪的角度来看,其光线、色彩、温度与湿度四大要素都应优先考虑。会客室的陈设与装饰应简洁、实用、美观、整洁。会谈桌上通常放置两国国旗。会谈桌事先要安排好座位席签,现场每一个座位上都应放置中外文座位卡,上写中文,下写外文。卡片字体应工整、清晰,以便于与会者对号入座。如果会谈场所面积较大,人数较多,还应安排扩音设备。会谈场地正门口还应有专人安排迎送。对于级别高的客人,应将其送达座位,并安排入座。会客室的座位应按照参加会见与会谈的人数设置充足。

此外,还应备有一定的茶具、茶水或饮料。场所周围应备有完好的通信、传真、复印设备及必要的文具,以备不时之需。

2. 会见与会谈座次的安排

按照惯例,由主方负责安排会见与会谈时的宾主座次。

(1)会见座次安排。

会见通常安排在会客室或办公室,宾主各坐一边。某些国家元首的会见还有其独特礼仪程序,如双方简短致辞、赠礼、合影等。我国习惯在会客室会见,客人坐在主人的右边,译员、记录员安排坐在主人和主宾的后面。其他客人按礼宾顺序在主宾一侧就座,主方陪见人在主人一侧就座。座位不够可在后排加座(如附录图 12-2 所示)。

(2)会谈座次安排。

一般来说,会谈的内容较为正式,政治性或专业性较强。双边会谈通常采用长方形或椭圆形桌子,宾主相对而坐,以正门为准,主人在背门一侧,客人面向正门;主谈人居中。我国习惯把译员安排在主谈人右侧,但有的国家亦让译员坐在后面,一般应尊重主人的安排。其他人按礼宾顺序左右排列。记录员可安排在后面,如果参加会谈的人数少,也可安排在会谈桌就座。

① 横桌式:面门为上,居中为上,以右为上(如附录图12-3所示)。

② 竖桌式:以右为上,居中为上(如附录图12-4所示)。

当然,小范围的会谈,有时也可以不用长桌,只设沙发。双方座位按会见座位安排(如附录图12-5所示)。

3. 会见与会谈中的细节礼仪

(1) 主方应提前到达会见或会谈场所,以迎候外宾到来。外宾抵达时,主人应站立于门口迎接,与客人握手、致意;或由专门的迎宾人员迎接,主人在主宾左侧,陪伴客人一起步入会见厅。

(2) 会见与会谈期间,应准备招待的茶水或饮料,如夏天准备冷饮。如果会见的时间过长,可适当准备咖啡(红茶)和点心。

(3) 重要的会见、会谈,除陪同人和必要的译员、记录员外,其他工作人员安排就绪后均应离开。如果允许记者采访,也只是在正式谈话开始前采访几分钟,然后全部离开。会谈过程中,外人不要随意进出。

(4) 如需合影,应事先做好安排,如摄影器材、人员、摄影场地等。合影时,双方主要领导居中,主人右侧为尊,双方分两边排列站好。如果人数较多,可排成数排,身份高者站(坐)在前排,其余按顺序排后。事先应准备好后排站人的梯架。摄影师要注意使所有人都摄入镜头(如附录图12-6所示)。

(5) 会见与会谈结束后,主人应将客人送至门前或车前,握手惜别。客人应表示感谢,并可适时发出邀请。主人应目送客人离去后方可转身离开,至此整个会见与会谈程序及接待工作才算圆满结束。

涉外交往中的数字、肢体和颜色禁忌

1. **数字禁忌**。各民族及不同宗教信仰的人们对数字均有一些忌讳,如信奉天主教、基督教的信徒十分忌讳"13"和"星期五",认为这一数字和日期是厄运和灾难的象征。在涉外活动中要避开与"13""星期五"有关的一些事情,更不要在这一天安排重要的政务、公务、商务及社交活动。日本人忌讳"4"字,是因"4"字与"死"的读音相似,意味着倒霉和不幸。所以与日本友人互赠礼品时切记不送数字为4、谐音为4的礼品;也不要安排日本人入住4号、14号、44号等房间。

2. **肢体禁忌**。同一个手势、动作,在不同的国家里表示不同的意义。例如拇指和食指合成一个圈,其余三个手指向上立起,在美国表示"OK",但在巴西则是不文明的手势。在中国,对某一件事、某一个人表示赞赏,会跷起大拇指,表示"真棒";但是在伊朗,这个手势是对人的一种侮辱,不能随便使用。在中国,摇头表示不赞同;在尼泊尔则正相反,表示很高兴、很赞同。另外,注意适当地运用手势,可以增强感情的表达。但与人谈话时,手势不宜过多,动作不宜过大,应给人含蓄而彬彬有礼的感觉。

3. 颜色禁忌。日本人认为绿色是不吉利的;巴西人以棕黄色为凶丧之色;欧美国家以黑色为丧礼的颜色;叙利亚人将黄色视为死亡之色;比利时人最忌蓝色;土耳其人认为花色是凶兆,布置房间时不用花色;埃及人认为蓝色是恶魔的象征。

(资料来源:http://www.wenming.cn/sjwm_pd/gjly/201011/t20101125_20238.shtml)

附 录

第二章 商务人员职场形象设计

图 2-1 眉形

图 2-2 眼影

图 2-3 唇形

图 2-4 规范的站姿

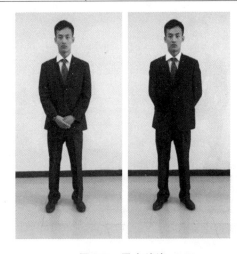

图 2-5 男士站姿

图 2-6 女士站姿（一）

图 2-7 女士站姿（二）

附 录

图 2-8　规范的坐姿

图 2-9　正坐式坐姿

图 2-10　侧坐式坐姿

图 2-11　交叉式坐姿

图 2-12　重叠式坐姿

图 2-13　侧挂式坐姿

图 2-14　前伸式坐姿

图 2-15　前后式坐姿

 图2-16 标准式坐姿
 图2-17 分腿式坐姿
 图2-18 重叠式坐姿

  图2-19 不正确的坐姿
  图2-20 规范的走姿

 图2-21 交叉式蹲姿
 图2-22 半跪式蹲姿
 图2-23 高低式蹲姿

图2-24　规范的手势　　图 2-25　平视　　图 2-26　俯视　　图 2-27　仰视

第三章　商务人员交际礼仪

图 3-1　规范的握手姿势　　　　　图 3-2　居间介绍

图 3-3　应酬式名片　　　　　　　图 3-4　社交式名片

《交际之友》杂志社

葛如慧　主任编辑

单位地址：北海市南宁区成长路200号
办公电话：050-8671627×××××
传　　真：050-8671627×××××
邮　　编：100035

图3-5　公务式名片

《交际之友》杂志社

欢迎投稿、订阅、刊登广告、形象宣传
欢迎代理发行、广告业务
邮发代号：××-×××

图3-6　公务式名片的背面

图3-7　递送名片的方式

第五章　商务人员拜访与接待礼仪

	译员	主宾	
8	4 2	1 3	5 7 9
9	5 3	1 2	4 6 8
	主人	译员	

—————正门—————

图5-1　"相对式"座次

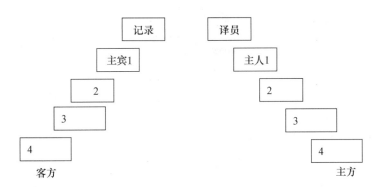

图 5-2 "并列式"座次（一）

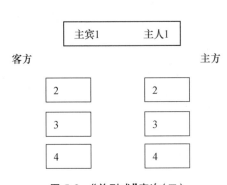

图 5-3 "并列式"座次（二）

图 5-4 引领礼仪

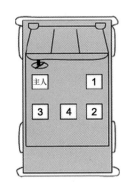

图 5-5 双排 5 人座小轿车座位秩序（一）

图 5-6 双排 5 人座小轿车座位秩序（二）

图 5-7 双排 6 人座小轿车座位秩序（三）

图 5-8　双排 6 人座小轿车座位秩序(四)

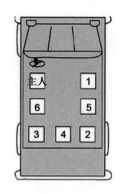

图 5-9　双排 7 人座小轿车座位秩序(五)

图 5-10　双排 7 人座小轿车座位秩序(六)

图 5-11　双排 9 人座小轿车座位秩序(七)

图 5-12　双排 9 人座小轿车座位秩序(八)

图 5-13　吉普车座位秩序

图 5-14　多排座客车座位秩序

第六章　商务人员宴请礼仪

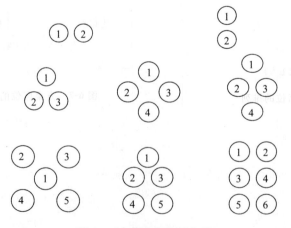

图 6-1　中餐宴会台形布局

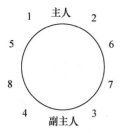 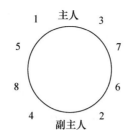 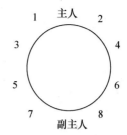

图 6-2 中餐宴会席位安排

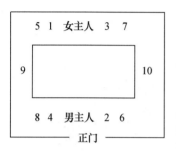

图 6-3 长桌席位的排列(一)

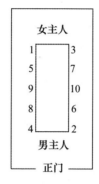

图 6-4 长桌席位的排列(二)

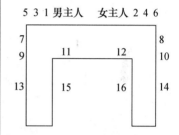

图 6-5 长桌席位的排列(三)

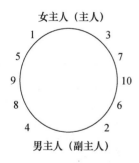

图 6-6 圆桌席位的排列

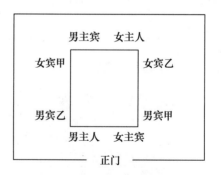

图 6-7 方桌席位的排列

第七章　商务人员会议礼仪

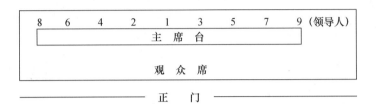

图 7-1　会议座次安排

第八章　商务人员谈判礼仪

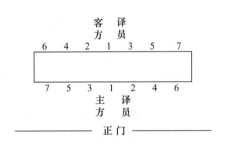

图 8-1　谈判座位安排（一）

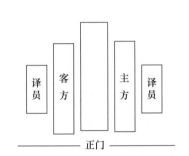

图 8-2　谈判座位安排（二）

第九章　商务人员仪式礼仪

图 9-1　签约仪式

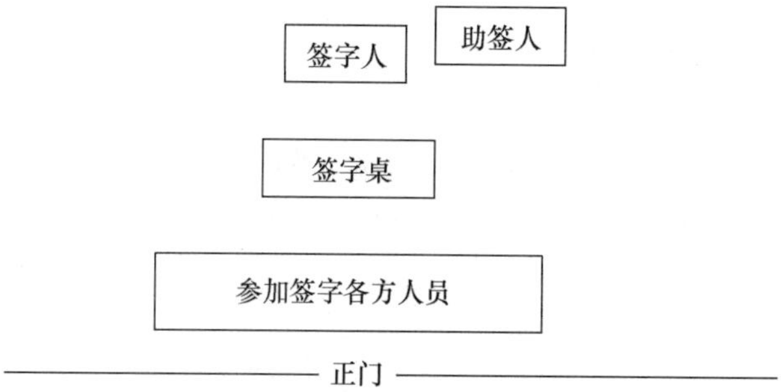
签字人
助签人
签字桌
参加签字各方人员
正门

图 9-2　主席式座次安排

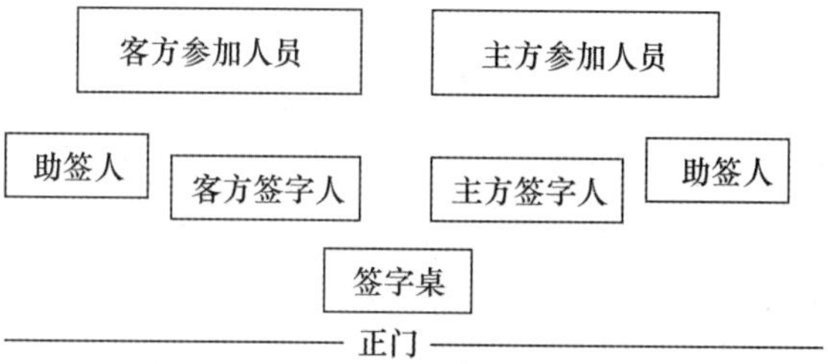
客方参加人员
主方参加人员
助签人
客方签字人
主方签字人
助签人
签字桌
正门

图 9-3　并列式座次安排

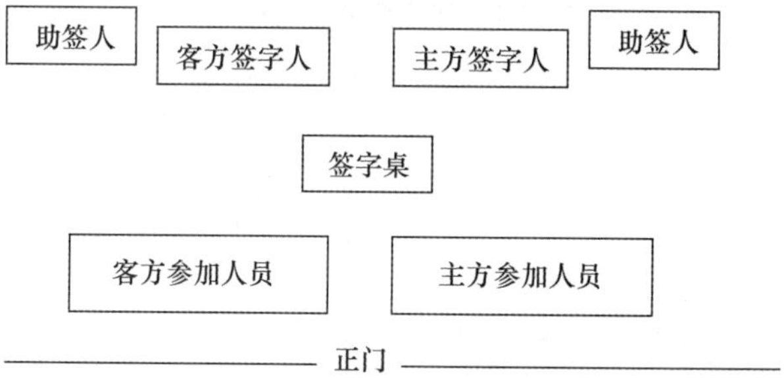
助签人
客方签字人
主方签字人
助签人
签字桌
客方参加人员
主方参加人员
正门

图 9-4　相对式座次安排

辽源市2009年18个首批亿元以上开工项目
集中剪彩仪式

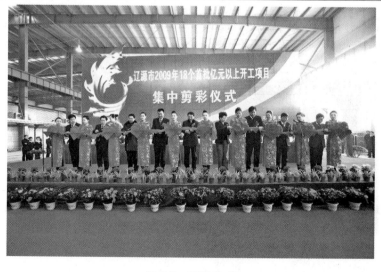

图 9-5　剪彩仪式

第十二章　商务人员涉外礼仪

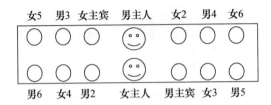

图 12-1　宴会排序

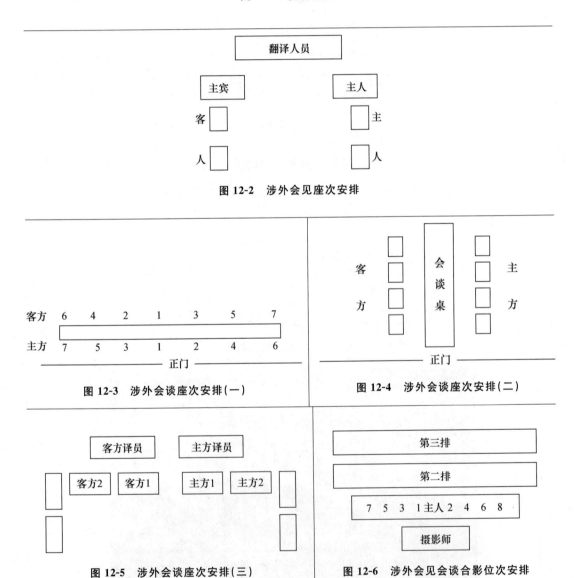

图 12-2　涉外会见座次安排

图 12-3　涉外会谈座次安排（一）

图 12-4　涉外会谈座次安排（二）

图 12-5　涉外会谈座次安排（三）

图 12-6　涉外会见会谈合影位次安排

参 考 文 献

[1] 卢新华,康娜.社交礼仪[M].北京:北京大学出版社,2008.
[2] 唐树伶,王炎.服务礼仪[M].北京:清华大学出版社,交通大学出版社,2006.
[3] 刘小清.现代营销礼仪[M].大连:东北财经大学出版社,2002.
[4] 段建国,李莉.旅游接待礼仪[M].第二版.北京:中国人民大学出版社,2002.
[5] 刘平.现代礼仪[M].青岛:中国海洋大学出版社,2004.
[6] 陈国强.面试礼仪与口才[M].北京:中国经济出版社,2008.
[7] 陈文汗.商务谈判实务[M].北京:电子工业出版社,2009.
[8] 金正昆.商务礼仪[M].北京:中国人民大学出版社,2007.
[9] 甘露,郭晓丽,杨国荣.商务礼仪[M].北京:北京理工大学出版社,2010.
[10] 吴静.社交礼仪实用教程[M].北京:清华大学出版社,2011.
[11] 蓝天.有礼走遍天下[M].北京:北京大学出版社,2010.
[12] 张晓梅.晓梅说礼仪[M].北京:北京青年出版社,2008.
[13] 成志明.涉外商务谈判[M].南京:南京大学出版社,2007.